KB055853

CAMP SiX

CAMP SIX by Frank S. Smythe
© 1937 by A. AND C. BLACK, LONDON

Korean translation copyright © 2017 by Haroojae Club

* 이 책의 한국어판 저작권은 '하루재클럽'에 있습니다.
저작권법에 의하여 한국 내에서 보호를 받는 저작물이므로
무단전재 및 복제를 금합니다.

* 이 도서의 국립중앙도서관 출판예정도서목록(CIP)은
서지정보유통지원시스템 홈페이지(http://seoji.nl.go.kr)와
국가자료공동목록시스템(http://www.nl.go.kr/kolisnet)에서
이용하실 수 있습니다.(CIP제어번호: CIP2017024724)

CAMP SiX

프랭크 스마이드 지음　김무제 옮김

하루재클럽

CAMP SIX

초판 1쇄   2017년 10월 13일

지은이   프랭크 스마이드Frank S. Smythe
옮긴이   김무제

펴낸이   변기태
펴낸곳   하루재 클럽
주소   (우) 06524 서울특별시 서초구 나루터로 15길 6(잠원동) 신사 제2빌딩 702호
전화   02-521-0067
팩스   02-565-3586
홈페이지 www.haroojae.co.kr
이메일   book@haroojae.co.kr
출판등록   제2011-000120호(2011년 4월 11일)

윤문   김동수
편집   유난영
디자인   장선숙

ISBN   978-89-967455-9-4 03900

* 책값은 뒤표지에 있습니다.

프랭크 스마이드, 에베레스트, 1933

나는 기회가 있을 때마다 우리의 에베레스트 등반은 우리보다 먼저 에베레스트로 갔던 사람들의 영감과 경험 덕분이라고 말해 왔다. 그 용감했던 사람들 중에서 특정 인물만 언급한다면 아마 다른 사람들이 서운하게 생각할지 모른다. 왜냐하면 에베레스트라는 어려운 상황에서는 한 몸처럼 움직인 그들의 협동 정신 속에 헌신의 진정한 가치가 있기 때문이다. 그렇지만 프랭크 스마이드는 이런 특별한 언급을 받을 만한 인물이다. 스마이드보다 10년 먼저 에베레스트를 오른 맬러리Mallory의 경우처럼, 스마이드라는 이름은 — 1930년대의 주요한 에베레스트 원정대의 앞날에 대한 논의가 있을 때마다 십턴Shipton과 함께 — 사람들의 입에 가장 많이 오르내렸다. 이 책은 1933년 원정대에 대한 기록인데, 그해의 원정대는 1930년대의 원정대 중에서 가장 뛰어났다.

　스마이드는 산악인이자 좋은 작가였다. 그는 자만심이나 허풍이 전혀 없는 보기 드문 산악인이고, 내가 아는 가장 겸손한 사람이었다. 그는 등산의 극적인 상황과 산의 풍경에 대한 자신의 느낌을 초보자도 쉽게 이해할 수 있을 정도로 생생하게 묘사했다. 최근에는 등산에서 이룬 업적에 대한 기준이 점점 강화되는 경향을 보이면서 등산 문학 또한 점점 더 간결해지고, 특색 없는 내용에 전문 용어 사용이 늘어가고 있다. 그 결과 산을 오르지 않는 사람들의 등산 문학에 대한 관심이 줄어들고 있다. 이런 이유와 그가 오늘날의 영국 산악계에 전한 영감으로 인해, 아마 프랭크 스마이드가 없었더라면 우리는 지금보다 훨씬 더 빈곤했을 것이다. 만일 그가 살아있었더라면 1953년 5월 29일[01]을 어떤 식으로 축하했을까?

그를 알았고, 등반과 스키도 함께 했으며, 그를 친구로 생각했으니 나로서는 큰 영광이다.

1955년 캠벌리에서[02]

존 헌트 JOHN HUNT[03]

---

01 인류가 최초로 세계 최고봉인 에베레스트 정상을 오른 날

02 이 책의 초판은 1937년에 출간되었으며 존 헌트의 이 서문은 1956년 발간된 책에 실렸다.

03 1910-1998, 영국의 군인이자 등산가로 1953년 영국 에베레스트 원정대의 원정대장이었다. 그가 이끈 1953년 원정대의 대원인 힐러리가 세계 최초로 세계 최고봉인 에베레스트를 올랐다. 그 후 영국 알파인클럽 회장을 역임하기도 했으며, 에베레스트 등정의 공로로 왕실로부터 작위도 받았다. 저서로는 『에베레스트 등정The Ascent of Everest, 1953』이 있다.

이 책은 1933년 에베레스트 원정대에 대한 내 개인적인 기록으로, 마지막 캠프까지 갖고 가서 쓴 일기를 토대로 했다. 물론 에베레스트위원회의 허락도 받았다.

대규모 원정대에 대한 개인적인 기록이라는 점에서, 이 책을 통해서는 원정대를 전체적으로 정당하게 평가할 수 없다는 한계가 있기 때문에 보다 종합적인 기록을 원하는 독자는 원정대의 공식 보고서인, 휴 러틀리지의 『에베레스트 1933』을 참고하기 바란다.

지금까지 에베레스트에는 여섯 번의 원정이 있었고, 그중 둘은 정찰이 주목적이었다. 일곱 번째는 1938년에 계획되어 있다. 네 번째인 1933년 원정은 1924년 때처럼 거의 성공할 뻔했었다. 참가했던 대원들은 다음과 같다.

휴 러틀리지Hugh Ruttledge(원정대장)

쉐비르E. O. Shebbeare(부대장 겸 수송)

크로포드C. G. Crawford

버니 대위E. St. J. Birnie

휴 보스테드 소령Huge Boustead

브로클뱅크T. A. Brocklebank

레이먼드 그린 박사Dr. C. Raymond Greene(의료 담당)

윈 해리스P. Wyn Harris

롱랜드J. L. Longland

맥클린 박사Dr. W. McLean(부 의료 담당)

에릭 십턴Eric E. Shipton

스미스 윈덤 중위W. R. Smijth-Windham(통신 담당)

프랭크 스마이드Frank S. Smythe

톰슨 중위E. C. Thompson

웨거L. R. Wager

조지 우드 존슨George Wood-Johnson

육체적인 어려움에 대한 내 기억은 다행스럽게도 너무 허황되어, 지금 와서 생각해보면 내 일기가 과장된 것 같다는 생각이 들기도 한다. 우리가 1933년에 실제로 이런 불쾌한 시간을 보냈을까? 이와 관련해서는 아마도 내가 이전 에베레스트 등산가의 일기를 언급해도 되겠다. 베이스캠프 위쪽에서 등산가들은 그날그날의 사건에 대한 기록을 한결같이 "또 다른 잔혹한 날"로 시작하고 있다.

인간은 본능적으로 자신의 환경을 지배하려 한다. 그리고 에베레스트는 지표면에서 인간에게 마지막 남은 가장 큰 숙제 중 하나다. 이 문제를 풀기 위해서 인간은 과학 지식을 더 늘려야 하고, 또 육체적, 정신적으로 모험을 해야 한다.

에베레스트가 등정될 것이라는 점은 의심의 여지가 없다. 아마도 내년이거나 다음 세대일지 모른다. 모든 원정대는 이 문제를 해결하기 위해 지식을 쌓아야 한다. 그렇지만 결국 등산가가 성공하기 위해서는 운이 따라주어야 할 것이다. 에베레스트 등정에는 해결해야 할 네 가지 문제가 있다. 첫째는 등반 자체의 어려움인데 8,500미터에서는 이것이 상당히 크다. 둘째가 고도이고, 셋째가 날씨다. 첫째, 둘째 문제는 기술과 지식으로 해결할 수 있겠지만, 날씨는 변함없이 예측 불가능한 문제로 남을 것이다. 1933년과 1936년 원정대가 인간이 인공적인 보조기구 없이 8,500미터 위쪽의 희박한 공기 속에서 생존할 수 있다는 사실을 입증해주기는 했지만, 결국 그들을 패배시킨 것은 날씨였다.

끝으로 에베레스트 문제에 대한 어떤 것도 ― 비록 그 문제가 아무리 사소하더라도 ― 셰르파족과 보티아족에 대한 언급을 빼고서는 완전할 수 없다. 우리가 거의 성공할 수 있도록 그들은 자신의 임무를 잘 수행했다. 그들의 헌신과 용기에 대한 이야기는 에베레스트가 정복되는 마지막 순간에 반드시 글로 남겨 영원히 기억되어야 한다.

CHAPTER
1

다르질링

캘커타Calcutta는 2월인데도 더웠다. 나를 잘 대해주던 친구들과 헤어지자니 아쉽기도 했지만, 무엇보다도 영국에서 다르질링Darjeeling까지 마지막 여정을 기차로 시작하게 되어 한편으로는 기뻤다.

'다르질링 메일(기차 이름)' 안에서 답답한 밤을 보냈다. 굶주린 모기 때문에 밤새 잠을 설쳤다. 하지만 새벽에는 기온이 내려가 시원해지면서 상큼한 공기가 차창으로 들어왔다.

기차가 실리구리Siliguri로 다가가자 갑자기 하늘이 장밋빛으로 밝아졌다. 그리고 작은 물웅덩이들이 벵골 평원의 논에서 조용히 눈을 떴다.

낮은 산들이 빼곡한 북쪽을 차창 밖으로 바라보는데, 하늘 높이 작고 뾰족한 금빛이 보였다. 기차가 굽은 길로 들어서서 시야를 가리기 전 잠시 동안 그 빛은 점점 커졌다. 그것은 160킬로미터나 떨어져 있는 칸첸중가Kangchenjunga 정상이었다.

실리구리에서 산자락은 평원을 만나고, 산자락의 사람은 평원의 사람을 만난다. 승강장에 나온 사람 절반은 맥없는 벵골인이고, 나머지는 널찍한 얼굴에 턱이 커 활기차 보이는 티베트인이었다. 티베트인들은 매끈한 피부에 태도가 차분한 시킴Sikkim 출신 렙차족Lepcha과 키가 작고 강인한 네팔 출신 셰르파족Sherpa이었다. 그들은 먼 곳을 바라보고 있어서 그런지 이마에 주름이 잡혀 있고, 고개에 쌓인 눈에 햇빛이 반사되자 눈을 찌푸렸다. 또한 상인들과 거지들, 라마교 순례자들, 다르질링에서 온 인력거꾼들 그리고 차밭에서 일하는, 얼룩덜룩한 작업복 차림의 키 작은 인도 여자들도 있었다. 여자들은 잔가지로 엮어 만든 원뿔형 바구니를 지고 있었는데, 무엇이 즐거운지 금방이라도 웃음을 터트릴 것 같았다.

나는 아침을 먹고 나서 세계적으로 유명한 다르질링행 기차를 탔다. 작은 기관차가 용감하게 객차를 끄는데, 객차가 너무 넓어서 좁은 철로에서 넘어질 것 같았다. 게다가 기차 앞면에 배치된 두 남자가 레일에 모래를 뿌리지 않으면 급경사 길을 못 올라갈 것 같기도 했다.

기차는 야단법석을 떨며 처음에는 평원을 지나 히말라야의 산자락을 따라서 수십 킬로미터 펼쳐진 아열대숲으로 들어갔다. 그리고 잠시 평편한 곳에 있는가 싶더니 어느새 가파른 언덕길을 오르고 있었다.

영국의 숲처럼 차분하면서도 평범하고 아름다운 풍경이 지나가면, 낯설지만 인상적인 히말라야의 숲이 나온다. 햇빛은 숲의 무성한 나뭇잎을 뚫고 들어가지 못하고, 나뭇잎 아래에서는 온갖 잡목이 조금이라도 햇빛을 더 받으려고 태양을 향해 필사적으로 경쟁한다. 거대한 덩굴이 문어발처럼 이끼 낀 나무를 감고 있고, 습한 기후의 상징인 착생성着生性 양치식물 덩굴손이 길게 나뭇가지에 매달린 모습은 해초가 뒤엉킨 바다 밑을 걸어가는 듯한 착각을 불러일으킨다. 그리고 커다란 나무마다 새와 곤충 떼가 무리지어 살고, 셀 수 없이 많은 재봉틀과 제재용 톱이 보이지 않는 손에 의해 돌아가는 듯, 윙윙거리는 소리가 쉼 없이 난다.

자연에서 아름답고 고상한 것만 볼 줄 아는 범신론자는 열대나 아열대숲을 방문해 보아야 한다. 그곳에선 역겨움과 투쟁이 으뜸음이고, 주된 모티브는 죽음과 죽음에 대한 공포다. 아름다운 영국 교외에 대한 기록은 많지만 정글을 표현한 시인은 대체 어디에 있는가?

기차가 멈추자 붉은 머리의 아일랜드인이 탔다. 그는 호랑이를 잡으려 밤샘을 했는데 성공하지 못했다고 하면서, 화가 난 표범으로부터 천우신조로 도망친 친구 이야기도 들려

줬다. 자칭 표범 사냥꾼이라는 그 친구가 총신이 두 개인 덤덤탄dumdum彈[01] 엽총의 첫 총알을 발사했는데 그만 빗나가고 말았다. 다음 총알은 불발이었다. 그러자 표범이 그를 덮쳤고, 힘이 센 그는 고개를 숙여 피하면서 그놈을 땅바닥에 메쳤다. 표범은 이런 '일련의' 날렵한 순간적 대처에 깜짝 놀라 도망쳤다. 그런데 그 사냥꾼은 표범에게 한쪽 팔을 심하게 다쳐서 나중에 패혈증으로 팔을 잘랐다. 이 이야기는 사냥꾼이 자신을 돌보던 간호사와 결혼하는 것으로 로맨틱하게 끝난다.

이제 숲을 벗어나 다랑이 논이 있는 산자락으로 나왔다. 이곳은 규모가 알프스와 비슷했다. 단번에 내 시선이 안개가 자욱한 깊은 계곡에서부터 해발 300미터가 채 안 되는 곳으로, 그리고 3,000~3,700미터의 산들로, 이어서 히말라야의 먼 설원으로 옮겨갔다. 설원은 푸른 산기슭에서 천천히 피어오르는 원기둥 같은 구름에 그 모습이 반쯤 가려져 있었다. 그때 존 러스킨John Ruskin[02]의 장엄한 글귀가 생각났다.

---

01 인체나 동물의 몸에 명중하면 보통 탄보다 상처가 크게 나도록 만들어진 특수 소총탄으로, 19세기 영국이 식민지 인도의 내란 진압용으로 인도의 공업도시 덤덤에 있는 무기공장에서 만들었기 때문에 이와 같은 이름이 붙었다. (역주)

02 영국의 미술 평론가이자 사회사상가(1819~1900). 예술이란 민중의 사회적 힘의 표현이라는 예술관을 가졌으며, 나중에 사회 문제로 눈을 돌려 당시의 기계 문명이나 공리주의 사상을 비판했다. (역주)

구름 기둥이 지나갈 때 그 기둥 사이로 끝없는 산들의 거대한 성벽같이 드러났는데 감동이었다.

톰 브로클뱅크Tom Brocklebank가 역으로 마중 나와 그와 함께 다르질링의 가파른 거리를 걸어서 플랜터스 클럽Planters Club으로 갔다. 그곳에서 나는 클럽 사무국장인 랭엄 하디 Wrangham Hardy 씨 부부로부터 따뜻한 환대를 받았다. 그 클럽의 바깥 테라스는 전망이 너무 좋아, 방문자들은 편안한 의자에 앉아 음료수를 마시며 다르질링의 지붕들 너머로 세계에서 가장 웅대한 광경 중 하나를 바라볼 수 있다.

휴 러틀리지Hugh Ruttledge와 다른 대원들이 지난 두 주 동안 열심히 일한 덕분에 대부분의 짐꾼이 선발됐고, 피마자유와 산토닌으로 그들을 구충시키기 위한 조치가 병원에서 이루어졌다. 원정대가 티베트를 천천히 횡단해, 4월 20일쯤 베이스캠프를 설치한다는 것이 그의 계획이었다. 그는 이렇게 하는 것이 원정대가 고도에 차차 적응하는 데 도움이 되리라 생각했다. 이런 일련의 과정을 돕기 위해 퍼디 크로포드Ferdie Crawford의 책임 아래 대부분 고소 경험이 없는 사람들로 구성된 선발대가 본대에 앞서 출발했다. 그들은 촘고 Tsomgo(3,657m) 방갈로에서 며칠간 머물 예정이었다. 그곳은 나투 라Natu La(4,358m)의 시킴 쪽 사면에 있는데, 우리는 그 고개로 히말라야 산맥을 넘어 티베트로 갈 예정이었다.

알리포르Alipore의 기상학자로 원정대에 기상 정보를 제공해주는 센Sen 박사가 몬순이 일찍 온다고 예보해, 날씨가 조금 걱정이었다. 우리는 이것이 여러 상황을 조합해서 만든 약삭빠른 예보라는 것을 알고 있었지만, 경험 많은 기상학자가 상당한 데이터와 깊은 숙고 없이 그저 추측만으로 예보를 하지는 않는다는 것 또한 알고 있었다. 그래서 우리의 평화로운 마음에 걱정의 파문이 일었다. 사람들은 예년에 비해 설선雪線이 비정상적으로 낮아졌다고들 했는데, 특히 히말라야 산맥 쪽 날씨가 불안정했다. 겨울이 끝나고 몬순이 시작되는 기간에 화창하고 바람 없는 날이 얼마나 계속될지에 모든 것이 달려 있다. 이런 날씨가 없으면 우리는 실패할 수밖에 없다.

원정대장이 걱정하고 책임질 일은 많다. 그렇지만 아무리 세심하게 준비해도 결국 성공 여부는 운명의 수레바퀴가 어떻게 돌아가느냐에 달려 있다. 이번에도 마찬가지다. 그렇지 않으면 등산은 따분한 일일 테니까.

짐꾼들 중에는 '노병老兵' 니마 텐드룹Nima Tendrup이 있다. 그는 칸첸중가와 카메트Kamet 원정에서 내 시중을 들었고, 그 이전 세 번의 에베레스트 원정에도 모두 참가했다. 짐꾼은 젊은이들만으로 조직됐다. '노병'은 투덜대면서 동료에게 불만을 전염시키는 나쁜 버릇이 있기 때문이다. 게다가 과거 원정에 참가했던 짐꾼 몇몇은 여전히 에베레스트에 얽힌 미신에 사로잡혀 있었다. 그렇지만 니마 텐드룹은 특별히 예외였다. 그는 보티아Bhotia 짐꾼들처럼 나이가 많았다. 말로는 스물넷이라고 했지만 실제로는 마흔이 넘어, 아마 3캠프 이상은 못 올라갈 것이다. 하지만 나는 그가 허드레일꾼으로서 최선을 다해 나를 잘 도와주리라 확신했다. 나의 히말라야에 관한 많은 기억은, 늘 수심에 찬 표정이기는 하지만 이따금 환하게 웃는 그의 근엄한 얼굴과 떼어놓을 수 없다.

레와Lewa는 또 다른 베테랑이다. 그 또한 이전의 모든 에베레스트 원정과 세 번의 칸첸중가 원정에 참가했다. 카메트 원정대의 사다Sadar였던 그는 이제 히말라야 짐꾼들이 꿈꾸는 에베레스트 원정대의 사다가 된 것이다. 그는 카메트에서 동상으로 발가락을 모두 잃었지만 지금껏 자신의 등반 능력을 발휘하는 데 아무런 문제가 없었다. 산비탈을 올라간 사람 중 그보다 강인하고 백전노장인 사람은 없었다. 카메트의 고소에서 짐꾼 한 명이 완전히 탈진해 짐을 내려놓자, 그는 자기 짐에 그것까지 지고 총 45킬로그램이나 나가는 짐을 가장 높은 캠프(7,100m)까지 옮겼다.

또 한 사람의 베테랑은 1924년 에베레스트에서 6캠프 (8,170m)까지 짐을 옮긴 락파 체디Lhakpa Chedi다. 다르질링에서 웨이터로 편하게 일하던 그는 우리의 쿡이 되길 원했고, 누구보다 높이 오르려는 자신의 생각을 조금도 숨기지 않았다. 그리고 마지막으로 온디Ondi[03]를 빼놓을 수 없다. 1930년 칸첸중가에서 그를 처음 봤을 때 나는 저렇게 거친 사람은 평생 처음이라 생각했지만, 깡패 같은 외모 뒤에 숨겨진 변치 않는 충성심과 아름다운 마음씨를 나중에야 알게 됐다. 원정 도중 9미터 깊이의 크레바스로 추락한 그를 천우신조로 내가 발견했다. 그는 크게 충격을 받아서 베이스캠프로 이송됐고, 의사가 베이스캠프에 남아 있으라고 했지만, 이에 아랑곳하지 않고 사흘 후 다시 위쪽 캠프에 나타나 일을 달라고 졸라댔던 인물이다.

셰르파족과 보티아족의 에베레스트에 대한 열정은 대단하다. 원정대가 온다는 소식이 돌면, 그들은 네팔 솔라쿰부 Sola Kumbu 계곡의 먼 마을에서부터, 혹은 티베트나 인도 사이의 높은 고개를 넘어 다르질링으로 모여든다. 물론 가난한 그들은 평소 하는 일이 매우 고생스럽고, 그래서 그런지 어마어

---

03 『에베레스트 1933』의 왕디Wangdi다. 『카메트 정복Kamet Conquered』과 『칸첸중가 모험The Kangchenjunga Adventure』에서 나는 그의 이름으로 '온디'를 계속 사용했다. {원주}

마한 양의 짐을 나르는 데도 익숙하다. 그렇지만 돈이나 좋은 신발, 따뜻한 옷 따위를 얻으려 해서가 아니라, 진심으로 원정대를 따라가고 싶어 했다. 그들은 모험가였다. 그들은 에베레스트가 등정되는 순간을 직접 목격하고 싶어 했다. 물론 그렇게 되면 그들에게는 큰 영예가 될 것이다.

확실히 에베레스트 짐꾼의 임금은 차 농장 일꾼의 임금보다 낫다. 게다가 고소캠프 짐꾼으로 선발되면 상당한 보너스를 받을 수 있다. 그렇지만 짐꾼들은 낙천적 성격이라 이렇게 갑작스레 돈이 생겨도 한 시간 만에 한 달분 임금을 노름에 탕진하기도 하고, 단 한 번의 그럴듯한 꼬임에 속아 노름 한 판에 돈을 몽땅 날리기도 한다. 생명보험을 들고 '안전제일'을 추구하는 요즘 시대에 생각해보면, 이 사람들의 정신세계에는 분명 신선한 면이 있다. 고용자에 대한 이들의 마음가짐은, 그들 중 한 명이 러틀리지에게 한 말 속에 잘 담겨 있다. "저희는 가능한 한 높이 짐을 올릴 것입니다. 마무리는 나리님(인도인이 유럽 남자를 부를 때는 사힙sahib[04]이라는 존칭을 쓴다.)들께 달려 있습니다." 우리 대원들 대부분도 언젠가는 이들 짐꾼 중 한 명이 대원들과 함께 에베레스트 정상에 서는 날이 오게 되길 진심으로 바라고 있다. 그날이 오면 그들의

---

04 '나리'로 번역했다. (역주)

짐꾼들, 온디 누르부(왼쪽)

'꿈'이 비로소 이루어질 것이다.

다르질링에서는 하루하루가 즐겁고 빠르게 지나갔다. 수송 책임자 쉐비르Shebbeare[05]가 칼림퐁Kalimpong의 노새 임대 대행자와 티베트 캄파쫑Kampa Dzong까지 짐 수송 계약을 체결했다. 이제 우리는 지나가는 곳마다 그 지역의 쫑펜Dzongpen(쫑의 관리 책임자)이 빌려서 우리에게 제공하는 야크와 당나귀를 사용해야 한다.

원정대에 제공된 무선통신은 일기예보를 수신하거나 뉴스를 언론사에 보내는 데 사용됐다. 다르질링에서는 D. S. 리처즈Richards가 상설 방송국을 운영하고 있었는데, 그는 이런 무선통신 서비스를 독자적으로 제공할 능력이 있다. 그리고 통신대 장교인 톰슨Thompson과 스미스 윈덤Smijth-Windham이 베이스캠프까지 동행해서 다르질링과 연락을 취하고, 에베레스트의 3캠프와 노스콜North Col 사이에 전화선을 까는 일도 도와줄 것이다.

마침내 준비가 완료됐다. 원정대가 다르질링을 떠나기 앞서 그곳 사원의 주지가 우리의 안전을 기원해주었다. 이는 칸첸중가의 빛나는 설원을 배경으로, 눈부신 햇살 아래에서 진행된 흥미로운 의식이었다. 쌀을 조금씩 받은 대원들은 의

---

05 쉐비Shebby라고도 불린다. [역주]

식용 스카프를 목에 감았고, 주지의 염불이 끝나자, 신에게 올리는 공물로 쌀을 허공에 뿌렸다. 이어 주지는 우리가 성공하고 무사귀환 할 수 있도록 부처님이 소원을 들어줄 것을 기원해주었다. 이런 의식은 짐꾼들에게 매우 중요하고, 그들이 담대한 마음을 갖도록 하는 데 큰 도움이 된다.

선발대가 3월 3일 다르질링을 출발했다. 크로포드는 화려한 줄무늬의 큰 우산을 하나 샀는데, '소형' 오스틴Austin 자동차를 거의 가릴 정도로 큼지막했다. 그와 동료 대원 몇몇이 이 차를 타고 처음 몇 킬로미터를 달렸다. 차에 탄 사람들의 환호성과 함께 우산과 자동차는 길모퉁이를 돌아 사라졌다. 그들이 떠날 때 히말라야 산맥 쪽 날씨는 흐렸고, 칸첸중가는 새로 내린 눈으로 회반죽을 바른 듯했다. 이 거대한 산의 장엄하고도 아름다운 모습을 제대로 감상하려면, 여행자는 아침 일찍 일어나 도보로 시내 중심에서 조금 떨어진 전망 좋은 언덕을 찾아야 한다. 이 지점에서 보면, 북쪽으로 80킬로미터 떨어진 설원의 전망을 방해 없이 볼 수 있다. 그래서 사람들은 란기트Rangit 계곡의 아열대 깊숙한 정글 너머, 산기슭의 굽이굽이 연이은 작은 언덕들을 지나, 단번에 거대한 히말라야 산맥의 장벽과 마주하게 된다.

나는 예전에 여러 번 이 전망 좋은 언덕에 서서 칸첸중가 정상의 새벽과 일몰을 바라보았었다. 다르질링을 떠나기 하루 이틀 전 어느 날 아침에도 이렇게 일찍 일어나 이 언덕을 올랐다. 아주 고요한 아침이었고, 산들바람에 언덕 마루의 사원 주변을 장식한, 기도문이 적힌 많은 깃발이 가볍게 나부꼈다. 그때 칸첸중가가 햇빛에 빛났다. 잠시 그 빛은 자신의 수명을 확신하지 못하는 듯 꾸물대더니 밀물처럼 아래쪽으로 내려갔다. 이어 서서히 더 작은 봉우리들이 드러나면서 마침내 거대한 빨간색 커튼이 어둑한 북쪽 하늘에 내걸렸다. 이 장엄한 산들은 너무나 멀리 있어서 몇 주 후 우리가 그 속에 있게 되리라는 생각은 전혀 현실감이 없었다. 앞으로는 산이 더 이상 안락하고 평안하며, 아름다운 경치로만 남아 있지 않을 것이다. 우리는 곧 산의 바람과 추위를 느끼게 될 것이고, 이어 가혹한 힘과 잔인함을 알게 될 것이다.

시킴을
지나가는
행군

내가 속한 두 번째 일행이 3월 8일 다르질링을 떠나 칼림퐁으로 향했다. 한 무리의 '소형' 오스틴 자동차와 쉐비의 화물차가 우리를 싣고 티스타Teesta 계곡 쪽 길을 따라 몇 킬로미터를 갔다. 이 자동차는 다르질링 지역에서 차를 재배하는 사람들의 외로움을 덜어주는 데 큰 역할을 해왔다. 한때는 자동차가 못 다닐 것 같았던 좁고 구불구불하고 가파른 오솔길이 이제는 당연한 듯 이용되고 있었다. 나는 화물차를 탔는데, 처음에는 눈을 감고 간절하게 기도를 올리고 싶었다. 왜냐하면 바퀴 바로 옆이 절벽이나 마찬가지인 데다, 좁고 가파른 길이 모퉁이를 돌고 돌아 계속 이어졌기 때문이다. 그런데 내가 쉐비의 운전 실력을 오해하고 있었다. 그는 언덕길에 익숙했고, 현기증 나는 U자형 비탈길을 잘 달렸다.

굼Ghum 마을에서 세 명의 구르카Gurkha가 원정대에 합류했다. 하빌다르 가간 싱 푼Havildar-Gaggan Singh Pun 소령, 하빌다르 락크만 싱 사히Havildar-Lachman Singh Sahi 그리고 나이크 바하두르 구룽Naik Bahadur Gurung이 이들이었다.

하빌다르 가간 싱 푼 소령과 나이크 바하두르 구룽은 체구는 작았지만 근육질의 다부진 몸에다 활기차며 쾌활한 것으로 봐서 힘이 넘치는 이 종족의 전형적 인물이었다. 처음에는 부끄러워하기도 하고 긴장도 하더니, 곧 본래의 모습으로 돌아가 큼지막한 얼굴에 환한 미소를 띠었다. 이런 사람들에게는 힘이 드는 육체 노동이 진정한 즐거움이며, 그 일이 흥미롭고 위험하면 그만큼 더 좋을 것이다. 셰르파, 보티아와 마찬가지로 구르카에게 삶은 도전일 때 가장 가치가 있다.

락크만 싱은 동료들과 생김새가 달랐다. 키가 크고 호리호리해, 얼핏 보기에도 산사람이 아니라 평지인의 특징이 더 많은 듯했다. 검고 뾰족한 얼굴과 반짝이는 커다란 갈색 눈에는 사려 깊은 마음과 교양이 배어 있었다. 또한 언어 능력이 좋아 원정대의 복잡한 금전 계산을 도와줄 수도 있을 것 같았다.

길은 굼 마을을 지나 산비탈의 숲을 지나갔다. 높은 곳의 아침은 시원했다. 축축한 안개가 숲에 가득했지만, 그곳을 내려가자 차차 따뜻해졌고, 안개 지대를 벗어나니 햇볕이 쏟아졌다.

다르질링을 떠난 후, 여덟 개의 중간 역을 지난 뒤부터는 소형차인 오스틴 세븐Austin Seven조차도 갈 수 없는 길이 시작됐다. 여기서 짐꾼 몇이 우리를 기다리고 있었는데, 그들 중에는 내 사진 장비를 운반시키려 고용한 친 누르부Tsin Nurbu도 있었다. 1930년 칸첸중가 원정등반 때 그는 쿠르츠Kurz의 시중을 들었고, 존송피크Jonsong Peak(7,483m)도 나와 함께 등반해서 나는 그를 잘 알고 있다.

나는 몇 주 동안 몸을 많이 쓰지 않아 발이 허약했다. 그리고 새 등산화를 신고 거친 산길을 걷자니 발에 금방 물집이 잡혔다. 새 등산화를 신고 긴 행군에 나서는 것은 우리가 일상에서 흔히 저지르는 사소한 실수 중 하나인데, 이번 경우에도 그랬다. 히말라야 행군은 등산가가 다락방에서 나뒹구는 한물간 등산화를 꺼내 신을 좋은 기회다.

길이 가파르게 내려가며 고도가 낮아지자 티스타 계곡의 더위가 엄습했다. 산비탈은 온통 차밭이었다. 차밭의 짙은 초록은, 햇볕이 내리쬐는 길 위에 7~8센티미터나 쌓여 있는 먼지와 대비되어 상큼해 보였다. 먼지 속에서는 돌비늘이 희미하게 빛났다.

우리가 리스터Lister 씨의 저택에 잠시 들러 음료수를 마신 것은 잘한 일이었다. 그는 방갈로 베란다 벽에 이전 에베레스트 원정대원들이 도달한 높이를 새겨놓고 있었다. 최근까지는 노턴Norton[06] 준장이 다른 이들을 압도했지만, 이제는 레이먼드 그린Raymond Greene이 그를 능가했다. 우리는 그늘진 서늘한 베란다와 갖가지 꽃이 핀 그의 정원을 서둘러 떠날 수밖에 없어 아쉬웠다.

우리는 아래로 또 아래로 먼지 덮인 길을 걸어 내려가 이윽고 정글로 들어갔다. 탁 트인 산비탈에 햇볕이 작렬해, 더위는 괴롭고 견디기 힘들었다. 이끼로 덮인 커다란 나무들, 뱀처럼 감긴 덩굴 식물들 그리고 빽빽한 덤불이 눅눅한 공기를 가두어놓아서 그런지, 정글에는 썩어가는 구중중한 냄새가 가득했다. 또한 습지마다 미친 듯이 울어대는 개구리와 윙윙거리는 곤충 소리 때문에 공기가 부들부들 떠는 것 같았다.

파리 떼가 귀찮게 괴롭히는 것으로 보아 베엘제불Beelzebub[07]의 수도라고 해도 괜찮을 정도의 더러운 마을을 지나, 우리는 티스타 강에 매달린 구름다리를 건넜다. 티스타 계곡은 겨우 해발 180미터 정도지만, 계곡의 세찬 격류에서 이는 서늘한 바람이 우리에게 먼 설원을 떠올려주었다.

---

06 에드워드 펠릭스 노턴Edward Felix Norton(1884~1954)은 1924년 영국 에베레스트 원정대장이었던 브루스Bruce가 병으로 임무를 수행할 수 없게 되자 그에 이어 대장이 됐다. 에베레스트에 대한 그의 많은 지식은 그 후 영국이 에베레스트를 초등하는 데 큰 역할을 했다. {역주}

07 '베엘제불'이라는 용어는 본래의 형태나 의미가 분명치 않다. 아마도 파리들의 지배자나 똥거름 더미의 군주를 뜻하는 별명으로서 사탄을 가리키는 통칭으로 쓰인 것 같다. {역주}

다행히 자동차 한 대가 기다리고 있다가 우리를 칼림퐁으로 실어 날랐다. 잘 만들어진 길로 가파르게 올라가 이 마을로 들어가기는 했지만, 원주민 운전사의 기계 조작능력은 정말이지 엉망이었다. 원주민들은 길 감각은 있지만 기계 감각은 전혀 없었다. 유럽 운전사는 상단 기어로 올라갈 수 있는 만큼 최대한 올라간다. 이는 명예가 달린 문제라서 자동차가 완전히 멈추려는 위험한 순간에만 기어를 하단으로 내린다. 물론 그때까지 엔진은 저주받은 영혼같이 격렬하게 저항하며 신음한다.

우리는 칼림퐁에서 오들링Odling 부부의 반가운 환영을 받고 예약된 방갈로에서 편히 쉬었다.

칼림퐁의 일인자는 그레이엄Graham 박사였다. 칼림퐁 홈스Kalimpong Homes(집 없는 사람들의 수용시설)는 혼혈 어린이들을 교육시키고, 그들이 제힘으로 생계를 꾸릴 수 있도록 수공예 기술을 가르치는 세계적 명소다. 대부분의 아이들은 네팔 여인이 낳은 차 재배인의 사생아였다. 가구에서 철물, 예술품에 이르기까지 온갖 종류의 물품이 이곳 널따란 작업장에서 제작된다.

조용하고 시원해 기분 좋은 저녁이었다. 나는 베란다에서 침낭으로 잤는데, 니마 텐드룹이 아침 일찍 차를 내왔다.

그의 환한 미소를 보니 원정이 시작됐다는 느낌이 들었다. 칼림퐁에서는 해야 할 일이 많았다. 그중에는 장비를 풀고 분류하는 일도 있었다. 수송 담당자는 우리들의 짐을 확인하고 통제하는 그곳의 기괴한 시스템 때문에 크게 곤욕을 치르는 중이었다. 비품 목록과 비교해보면 즉시 내용물 확인이 가능하다는 가정 아래 여러 가지 색으로 짐 상자에 줄무늬가 칠해졌다. 이는 이론상으로는 완벽했지만, 실제로는 색이 빨리 닳아 없어지거나 다른 색과 섞여 알쏭달쏭한 색으로 변하는 문제가 있었다. 나중에 알고 보니 수송 담당자 중 한 명이 색맹이었다. 게다가 아무렇게나 짐을 포장해 더욱 큰 문제가 발생했다. 그렇지만 오랫동안 고생하는 수송 담당자들의 수고를 덜어주려고, 샴페인 열두 병과 고글 여섯 개, 양말 세 짝이 든 상자 하나는 분류하지 않고 그대로 내버려두었다.

행군을 위한 조랑말이 각자에게 분배됐다. 내 것은 인도의 부탄 정부 대표자 격인 칼림퐁의 고위 관리 라자 도르제 Raja Dorje의 것이었다. 이름이 렐링Relling인 그놈은 힘이 넘쳤다. 그놈을 타고 아래쪽이 절벽인 좁은 산길을 지나갈 때는 라자 도르제가 인심 좋게 공짜로 조랑말에 끼워준 신형 안장조차도 혹시 조랑말과 함께 절벽 아래로 추락할 수 있다는 내두려움을 덜어주지 못했다.

3월 12일, 일찍 일어나 노새에 짐을 실을 준비를 하고 있는데, 늘 일어나는 일이 또 일어났다. 노새보다는 언제나 짐이 더 많아 노새를 추가로 투입해야 했다. 행군에 앞서 우리는 그레이엄 박사가 집전하는 선교교회Mission Church 예배에 참석했다. 나는 늘 그렇듯 교회에 늦게 도착한 데다 교회 바깥에서 렐링 때문에 애를 먹었다. 그놈이 갑자기 교회 현관으로 똑바로 내닫기 시작해, 한순간 드라마틱하게 입장해서 회중석의 중앙 통로로 시끄럽게 들어가는 내 모습이 머릿속에 그려졌다. 렐링도 새 주인이 사육사가 아니라는 것쯤은 알고 있었다. 나는 렐링을 가까스로 진정시키고 찬송가가 시작될 무렵에 몰래 들어갔다.

러틀리지가 먼저 독송하자 쉐비가 뒤를 이었다. 그들이 징 박힌 등산화를 신고 미끄러운 중앙 통로를 걸어가는 소리는 감동이었다. 그레이엄 박사가 설교에 이어 우리의 성공과 무사귀환을 위한 기도를 하고 예배가 끝났다.

예배 후 그레이엄 박사가 자신의 집으로 우리를 초대했다. 숲 자락이 내려다보여 마음에 드는 곳이었다. 그 후 교회 어린이들의 환호성에 이은 그곳 사람들의 "성공을 빕니다."라는 말과 함께 에베레스트로의 긴 행군이 시작됐다.

칼림퐁에서 페동Pedong까지는 19킬로미터다. 이 길은 인도와 티베트 간의 주요 통상로 중 하나로, 길을 따라 라싸 Lhasa와 외부 세계를 이어주는 한 줄의 전신선이 지나가는데, 대충 잘라 만든 전봇대가 그 선을 이어주고 있었다. 어설프게 자갈이 깔린, 끝없이 쭉 뻗은 길을 걷자니 몹시 피곤했다. 우거진 숲 자락의 측면으로 난 길은 북쪽으로 갈수록 점차 오르막이었다.

페동의 역전 방갈로는 랑리추 Rangli Chu 계곡이 건너다보이는 탁 트인 비탈면에 있다. 시킴에 있는 대부분의 역전 방갈로처럼 이곳에서도 넓고 아름다운 전망이 보이는데, 이는 클라우드 화이트 Claude White라는 시킴의 전직 관료가 위치에 대한 선견지명과 정확한 직관을 가진 덕분이다.

이곳에서 조지 우드 존슨 George Wood Johnson과 보스테드 Boustead가 합류했다. 존슨은 다르질링 근처의 차 밭에서 왔고, 보스테드는 수단 Sudan에서 왔다.

그날 밤은 쌀쌀했다. 행군용으로 지급된 양털 침낭 안에서 잠을 자려 애쓰는 조지의 투덜거리는 소리에 나는 몇 차례 잠에서 깼다. 양털 침낭은 베이스캠프 위쪽 지역에서 사용할 계획인 양털오리 침낭보다 무겁기만 했지 따뜻하지 않았다. 따뜻함과 편안함에 있어서 양털오리 두 겹 침낭과는 비교가 안 됐다. 초기 원정 때 양털 침낭을 사용해본 사람들의 의

견대로 양털 침낭 사용은 재고되어야 한다는 것이 확인된 셈이다.

대부분 베란다에서 잔 우리는 숲에서 나는 종소리 같은 히말라야 뻐꾸기 소리를 들으며 서늘한 새벽에 일어났다.

페동에서부터는 길이 시킴과 영국령 인도를 나누는 경계인 랑포Rangpo 강으로 급격하게 내려갔다. 그 경계 지점에서 키는 작지만 말쑥하고 유능해 보이는 구르카 부사관이 통행증을 검사했다. 강에서 시작하여 빽빽한 숲을 지나가는 가파른 길을 올라가니 파콩Pakyong의 역전 방갈로가 나왔다. 우리는 덥고 목이 타서 파콩 인근의 번잡한 시장에서 오렌지를 샀다.

방갈로에서 북쪽으로 난 작은 길은 경치가 좋고 풀이 많은 능선이라, 빌 버니Bill Birnie와 나는 그곳에서 한 시간을 빈둥거렸다.

시킴의 주도州都인 강토크Gangtok의 집들이, 우리 앞 계곡 건너편 몇 킬로미터 뒤쪽의 능선 높은 곳에 있었다. 그리고 더 멀리 짙푸른 안개 속에 반쯤 잠긴 듯한 히말라야 산맥이 보였고, 그 안개에서 기둥 같은 구릿빛 천둥구름이 피어올랐다. 오후가 한참 지나 안개는 먹물처럼 변했고, 천둥이 산맥 위에서 우르릉거렸다.

시킴을 지나가는 행군

해질녘에 천둥 구름이 가득했던 하늘이 개자, 부탄의 낮은 산들 위로 달이 떠오르며 나무가 우거진 능선들을 비추었다. 그러자 능선들 사이에 있는 깊은 계곡의 그림자가 더욱 도드라졌다.

다음 날 아침은 전날보다 훨씬 아름다웠다. 대기가 산속 개울물처럼 투명한 데다 안개까지 사라져, 북쪽으로 암청색 쿠션 모양의 작은 언덕 위에 칸첸중가가 다듬지 않은 보석처럼 반짝였다.

강토크로 가는 행군은 한 번 더 길고 가파른 비탈면을 내려가야 했다. 이어 똑같이 가파른 비탈면을 올라가야 했는데, 그곳에서는 조랑말이 고마웠다. 렐링은 길가나 길 위의 특이한 물건에 호기심이 많았다. 하지만 "추, 추(이 지역에서 '이랴!'를 의미)" 하고 소리치자 용감하게 움직였다. 나는 쉐비가 이 길 전 구간을 걸어간 것을 알고 있다. 베이스캠프까지 걸어가려 하다니 그는 정말로 인내심이 대단하고, 용감하며, 자기희생적인 사람이다.

산비탈을 반쯤 올라가 점심을 먹는데, 내 테라이Terai 모자챙에 거머리 한 마리가 붙어 있었다. 그놈은 지금까지 우리가 만난 유일한 해충이었다. 그렇지만 나중에 빗속을 뚫고 되돌아가는 행군을 하면서는 많은 해충을 보았다.

강토크는 능선 한쪽에 난잡하게 배치되어 있는데 가장 위쪽에 마하라자Maharajah 궁전이 있다. 이 궁전은 수수하면서도 매력적인 중국식 건축물로, 한 점에서 시작해서 완만한 경사를 이루며 네 방향으로 뻗어나간 널따란 지붕과 포르티고(기둥을 받친 지붕이 있는 현관)가 딸려 있다. 내가 1930년에 보아서 기억하고 있는 그 둥글넓적한 사과 같은 얼굴의 초우키다르Chowkidar가 역전 방갈로에서 우리를 맞아주었다. 등산가의 갈증을 잘 알고 있는 그는 시장에서 재빨리 맥주를 사왔다.

스물다섯 개의 고소용 침낭에 플란넬flannel 안감을 덧대는 따위의 해야 할 일이 많았다. 하지만 나는 무엇보다도 아름다운 자연 환경과 건강에 좋은 기후 그리고 환대를 받은 곳으로 강토크를 기억하고 있다. 시킴의 주재관인 윌리엄슨Williamson이 그날 밤 베풀어준 저녁은 당분간 문명사회에서 다시 맛볼 수 없는 마지막 식사였다. 우리는 남김없이 먹어치웠다. 그는 1935년 라싸에서 사망해, 슬프게도 우리 중 누구도 다시는 그의 환대를 받을 수 없게 됐다.

시킴을 지나가는 행군

CHAPTER

3

나투라

사흘이 후딱 지나가면서 우리는 3월 16일에 출발했다. 이런 곳에서는 가능할 때 문명의 혜택을 마음껏 즐겨야지 그렇지 않으면 기회가 다시 오지 않는다는 것을 잘 아는 짐꾼들이 출발 전날 밤 시장에서 술판을 크게 벌였다. 그 때문인지 다음 날 카르포낭Karponang을 향해 무거운 발걸음으로 오르막을 오르는 몇몇 짐꾼들의 일그러진 얼굴에는 숙취로 인해 힘든 표정이 역력했다. 쉐비와 나는 함께 이동했는데 우리 둘은 목적지인 방갈로까지 내내 걷기로 했다. 이제 내 발 상태는 많이 좋아졌다. 나는 걷는 것을 좋아하고, 높은 산이 가까울수록 더욱 그렇다.

올라가면서 차츰 식물상이 변했다. 강토크는 서리선 아래에 있어서 난초나 나무고사리 같은 아열대 식물이 무성하다. 450미터쯤 더 위쪽 숲에는 목련꽃이 눈처럼 하얗고, 길가에는 아마릴리스의 우아한 잎이 한들거렸다. 그리고 그 위쪽으로는 하얀 목련꽃 사이로 로도덴드론이 피를 뿌려 놓은 듯 붉게 피어 있었다.

　양모를 지고 가는 노새와 조랑말 떼를 만났다. 이어 마르고 주름진 얼굴에 미소 짓고 있는, 주황색 옷을 입은 라마교 순례자를 만나 서로 인사했다. 우리는 티베트로 가는 장삿길을 따라 가는 중이었다.

　우리는 이제 산악지역 속으로 들어와 있었다. 카르포낭에 도착하기 훨씬 전부터 물기 없는 잔설을 밟고 왔는데, 이제는 계곡의 눅눅한 악취가 고지의 나무진 냄새로 바뀌었다. 공기가 상쾌했다. 우리는 16킬로미터를 이동해 네 시간 만에 1,200미터를 올랐다. 그렇게 무리한 탓에 목이 말랐다. 나는 목적지에 도착해서 물을 열 잔이나 마셨고, 이곳에 먼저 온 락파 체디가 만든 오믈렛을 허겁지겁 먹었다.

　베란다로 에워싸인 카르포낭의 방갈로를 보니 오스트리아의 산간 호텔이 떠올랐다. 해발 고도가 2,900미터나 되다 보니 쌀쌀했지만 따뜻한 옷을 입게 되어 다행이었다. 우리가 해야 할 일 중에는 고도 상승으로 인한 기압 차 때문에 휘발유와 등유 통에서 기름이 새지 않도록 통 속으로 공기를 넣어 주는 일도 있었다. 말이 난 김에 하는 말이지만, 나의 히말라야 원정 행군 중 원정대가 휘발유나 등유의 1/4~1/3을 땅바닥에 흘리지 않은 적이 없다.

그날 저녁, 우리는 타오르는 장작불 옆에 앉아 파이프를 물고 앞으로의 계획을 논의했다.

나는 촬영기사와 함께 다음 날 아침 다른 사람들보다 먼저 출발했다. 친 누르부는 실력이 별로여서 강토크에서 키가 작고 몸집이 다부진 텐싱Tensing으로 촬영기사를 바꾸었다. 고양이 다리처럼 무릎이 밖으로 굽은 그는 순진하면서도 애교 띤 미소를 갖고 있었다.

길은 어느 정도까지 산비탈을 가로질러 북쪽으로 돌아나갔다. 나는 800미터를 렐링을 타고 갔다. 그런데 그날 아침, 통나무 다리 밖으로 한쪽 다리를 내밀 정도로 그놈은 너무 까불었다. 아차 하면 그놈과 함께 3미터 아래 급류로 떨어질 것 같아, 이후에는 렐링을 타지 않고 내내 걸었다.

촘고가 가까웠다. 스위스의 그림젤Grimsel 고개만큼 불모지인 이 계곡을 보니 티베트가 멀지 않은 것이 분명했다. 해발 3,800미터의 이 계곡에 방갈로가 있었다. 화려한 아열대 지역이 이틀 만에 돌투성이 황무지로 바뀌었다. 곳곳에 눈이 녹아 있었고, 산비탈의 눈은 볼썽사나운 쪽매붙임 모양이었다. 또한 젠Zen 호수와 두꺼운 구름, 가끔 내리는 진눈깨비가 음울한 경치를 연출했다. 우리는 작고 아늑한 방갈로로 들어가 장작불 옆에서 기분 좋게 토스트를 먹었다.

멋진 바위산인 초문코Chomunko(5,334m)를 등반했다고 이틀 전 이곳을 떠난 선발대가 러틀리지와 퍼디 크로포드에게 메모를 남겨 놓았다. 에베레스트로 가는 도중에 등반을 하는 것이 에베레스트 등반에 도움이 되는지에 관해서 당시 나는 조금 의문을 갖고 있었는데, 곧 이어질 높은 고도와 싸우기 위해서 힘을 아껴두는 것이 오히려 낫다고 생각했다. 그러나 그 생각은 그 후에 다시 바뀌었다. 에베레스트에서는 인간의 몸이 금방 쇠진해져 견디기 힘들어지므로, 원정 초기에 다른 산을 여러 번 오르며 고소적응을 해야 한다고, 지금은 믿고 있다. 이에 대한 논리적 결론은 아마 히말라야 원정이 여러 번 이루어진 후에나 가능할 것이다. 물론 속단하기는 쉽다. 그러나 히말라야에 처음 가는 사람이 속단하는 것은 옳지 않다. 에베레스트 등반은 과학이고, 그 결론은 많은 실천적 실험을 거쳐 나와야 한다.

비교적 낮은 계곡에서 빨리 올라왔기 때문에 우리는 어느 정도 고소의 영향을 받고 있었다. 평소 50 정도인 맥박이 60으로 올라갔고, 관자놀이가 팽팽해진 느낌은 산에서 보낸 첫 휴가 때나 두 번째 휴가 때와 비슷했다.

짐꾼 한 명이 심한 치통을 앓았는데, 레이먼드 그린이 안 좋은 이는 뽑아야 한다며 능숙한 솜씨로 잽싸게 뽑아버렸다.

원주민이 이를 뽑는 모습을 처음 본 것은 아니지만, 너무 무심해 보여 볼 때마다 새삼 놀랍다. 이번에도 작은 신음조차 없었다. 그는 뽑힌 이를 친구들에게 보여주고 싶어 했고, 그 썩은 재산을 들고 행복하게 걸어 나갔다.

해 질 무렵 눈이 약간 뿌리면서 추웠지만 밤이 되어 안개가 걷히자 별이 떴다. 우리는 다시 에베레스트 위에서의 가능한 모든 수단과 방법에 대해 논의했다. 두 가지 결론이 났다. 우선 실질적으로 베이스캠프 역할을 하게 될 1캠프 설치를 위해 노력해야 하고, 어쩌면 4캠프와 5캠프 사이에 캠프를 하나 더 설치해야 할지도 모른다는 것이 그다음 결론이었다. 이 두 캠프 사이를 오가며 짐을 옮기자면 짐꾼들이 지칠 것이기 때문이다.

나는 러틀리지와 같은 방을 썼는데 고소 때문에 잠을 설쳤다. 그가 잠들면서 말했다. "난 이번에 모든 대원들을 정상에서 보고 싶어."

다음 날인 3월 18일에는 아침 7시 30분에 출발했다. 하늘은 짙푸르고, 태양은 눈부셨으며 따뜻했다. 티스타 계곡 방향으로 멀리 아래쪽에 깃털 같은 운해가 남쪽으로 펼쳐져 있었다. 요컨대 활기차게 움직이기 좋은 아침이자 나투 라를 넘을 최적의 아침이었다.

나투 라

산비탈을 한참 횡단하고 나서 급경사를 오르니 그 고개 나투 라가 나왔다. 나는 사진을 찍고 싶어 동료들보다 먼저 그곳으로 갔다. 이판암 비탈면을 오르려니 힘들었지만, 기도 문이 적힌 깃발 뭉치들이 보여 힘이 났다. 짙푸른 하늘을 배 경으로 까만 실루엣을 그린 깃발들이 서풍에 펄럭였다. 그곳 이 바로 신세계의 문턱이었다.

나는 기도문 깃발들 옆에 서서, 이것들이 바람에 거세 게 부대끼는 건조한 소리를 들으며 북쪽 티베트를 바라보 았다. 첫눈에 들어온 것이 동 티베트의 신성한 산 초몰하리 Chomolhari였다. 황금색과 갈색이 그 산의 앞쪽을 수놓고 있는 데, 뒤로 가면서 색이 점점 흐려지더니, 더 멀리 은은하고 푸 른빛인 낮은 산들 위에 그 산이 솟아 있었다. 정상에서는 삼 각 깃발 같은 얇은 구름이 피어올랐고, 그 너머에서는 증기 덩어리인 또 다른 구름이 서서히 움직이며 아래쪽 누런 계곡 의 색을 뚜렷하게 받아들이고 있었다. 거리와 공간이 티베트 에 대한 내 첫인상이었다. 무성한 식물이 덮인 계곡에서 등반 을 시작했는데, 이제 내 앞은 이와는 전혀 다른 아주 평화로 운 땅이었다.

우리는 보드라운 눈이 덮인 비탈을 넘어 조금 내려갔다. 노새는 힘들어했다. 고꾸라진 노새들 중에는 내 침구와 개인 소지품을 나르는 놈도 있었다. 한 시간 후 눈을 뒤로 하고 깃발들이 펄럭이는 냇가에서 점심을 먹었다. 그 깃발들은 물의 신을 달래려고 둑을 따라 세워놓은 기도문 깃발들이었다. 수송대가 한 줄로 줄지어 가는 모습은 우울한 광경이었다. 무리지어 가는 동물들과 수백 개의 짐 상자로 인해 우리 여행은 소박한 여행과는 사뭇 거리가 멀었다. 그때 나는 언젠가 정말 가볍고 단순한 장비만으로 히말라야에 가리라, 무대에 얽매이지 않고 계획에 구속되지 않으며 가고 싶은 곳을 마음대로 돌아다니리라 다짐했다.[08] 어쨌든 이 거대한 수송대는 에베레스트를 따분한 의무로 만들어버렸다. 캠프파이어의 우정은 없었다. 그 대신 소란스러운 식당이 있었는데, 마치 주일학교 소풍 같았다. 우리는 문명을 자연 속으로 가져왔다. 문명은 집에 남겨두고 오는 것이 좋은데….

우리의 관계는 어떤가? 서로 생면부지인 사람들이 전 세계 곳곳에서 모였기 때문에 이번 등반에서 '협동정신'을 기대하기는 애초부터 어려웠다. 친구들과 함께 소소하게 등반을 할 때는 큰소리로 협동정신을 내세우거나 떠들 필요가 없다.

---

08 이 다짐에 따라 스마이드는 1937년 가르왈 히말라야에서 마나피크, 닐칸타, 두나기리 등을 등반하게 되고, 1938년 『꽃의 계곡The Valley of Flowers』이란 아름다운 등반기를 남기게 된다. 이 등반기는 2016년 하루재북클럽에서 우리말로 출간됐다. {역주}

왜냐하면 진정한 애국자에게 국기를 상기시킬 필요가 없는 것과 마찬가지로 친구에게는 협동정신을 강조할 필요가 없기 때문이다. 친구는 서로 협력한다. 이것은 본능이고 친구처럼 협력하는 등반대가 이상적 등반대다. '협동정신'을 이야기할 때, 그리고 그것이 본능이 아니라 주입되고 기억해야 할 어떤 것을 암시할 때 힘들여 에베레스트를 오르는 일에 문제가 생긴다.

점심을 먹은 곳부터는 길이 춤비탕Chumbitang으로 험하게 이어졌다. 내려갈 때는 머리가 쪼개질 듯 아팠다. 고산에서 발생하는 전형적인 두통인데 작렬하는 햇볕 때문에 한층 더 심했다. 돌길을 걸을 때마다 목덜미에서 눈두덩 쪽으로 고통이 전해져 경련이 일었다.

방갈로는 소나무 숲 4,050미터 지점에 있었다. 아마 히말라야에서 가장 높은 방갈로 중 하나가 아닐까? 서리가 많이 내린 추운 저녁이었지만 우리는 모닥불 옆에서 편히 쉬었다. 그런데 잠자리에 들기 전, 버니와 보스테드가 조랑말의 보온용 담요가 없어졌다는 것을 알았다. 마부들이 그것을 덮어 쓰고 있었다. 이 형편없는 자들이 버니를 얕잡아보고, 혼이 났는데도 무사하리라 생각하고 또다시 담요를 훔친 것이다. 버니는 온 동네를 뒤지면서 돌아다녔다. 이런 '시험'은 대개 히말라야 원정 시작 단계에서 발생한다. 원주민은 이런 같잖은 잔꾀를 부려 등반대원을 이기려 한다. 이런 '노련한' 전술에 넘어가지 않으려면, 대원들은 그들에게 초반부터 강력한 조치를 취해서 꼼짝 못하게 만들어야 한다. 규정 위반자를 즉각적으로 분명하고 엄정하게 조치하지 않으면 사태가 점점 악화되기 때문에 다음 날 아침 러틀리지의 첫 조치는 마부 대장과 그의 조수를 해고하는 것이었다. 왜 담요로 조랑말을 덮지 않았느냐고 어떤 마부에게 쉐비가 묻자, 그는 순진하게도 티베트 기후에 조랑말을 단련시키는 중이라고 답했다.

티베트의 이쪽에는 비옥한 계곡이 몇 안 된다. 드물게 비옥한 계곡 중 하나인 춤비Chumbi로 내려가면서 나는 멋쟁이 새 한 마리와 에델바이스 몇 무더기, 생쥐같이 별난 모습의 피카pica 여러 마리 그리고 마모트처럼 생긴 동물을 봤다.

가는 길에 춤비 계곡이 내려다보이는 절벽 위의 카주크 Khajuk 사원에 들르려고 길을 틀었다. 우리는 입구로 들어서면서 수많은 기도문이 빽빽하게 들어찬 커다란 원통 바퀴를 돌렸다. 그리고 빨간색과 노란색으로 치장된 경내로 들어갔다. 티베트에서는 그 두 가지 색을 성스럽게 여긴다. 사원의 주지스님이 우리를 맞았다. 사원과 사당은 매우 어두웠고, 오지그릇들에 뜬 심지가 불타고 있었다. 벽감 안에 있는 많은 상像 중에 몇 개는 대단히 아름다웠다. 희맑은 얼굴에 흰옷을 입은 상은 에베레스트의 여신을 상징해서인지 짐꾼들이 그 상에 스카프를 두르며 공양을 올리느라 정신이 없었다. 주지스님이 직접 그렸다는 벽화 몇 개는 인간 삶의 다양한 면을 표현하고 있었다. 그런데 점잖은 서양인에게 일부러 충격을 주려는 듯한 노골적인 표현도 있었다. 또한 인간과 대지의 다산을 상징하는 남근상도 많았다. 사원에는 향과 버터, 빨지 않은 옷 냄새가 깊이 배어 있었다.

호기심이 많아 보이는 승려 몇몇은 계속 보시를 하라고 요구했다. 또한 왜 우리가 에베레스트를 오르려 하는지 궁금해했다. 비록 러틀리지가 카르마 폴Karma Paul의 통역으로 우리는 사심 없이 등반하고 있다고 전하려 했지만, 그들은 우리가 어떤 물질적 목적, 이를테면 금을 찾으려는 것은 아닌지 의심하는 눈치였다.

잘 닦인 길을 따라 전나무로 덮인 산비탈을 넘어서니 춤비 계곡의 바닥이 나왔다. 우리는 그곳에서 무역회사 직원인 러셀Russell과 라싸에서 온 여러 고승을 만났다. 그들은 모두 검은 색 안경을 꼈는데, 그중에는 달라이 라마Dalai Lama의 특사도 있었다.

야퉁Yatung의 방갈로에 도착하기 전에, 등에 심한 상처를 입고 담요 위에 누워 있는 한 늙은이를 길가에서 보았다. 그는 살인 혐의로 자백을 강요당하며 인정사정없이 채찍으로 백오십 대를 맞았다는 것이다. 그런데 마을 사람들은 그를 돕기는커녕 웃으며 옆에 그냥 서 있었다. 우리는 굶주린 그에게 음식을 조금 건네주었고, 그를 돌볼 사람을 찾아보기도 했다. 이런 광경을 보니 우리가 더 이상 영국의 통치 구역 안에 있는 것이 아니라, 오랜 관습과 약식재판이 성행하는 곳에 와 있다는 사실이 실감났다.

방갈로에 도착하니 비가 많이 왔다. 통신대의 두 장교 톰슨과 스미스 윈덤은 우리와 달리 젤랍 라Jelap La를 넘어, 우리보다 조금 늦게 통신대원을 인솔하여 도착했다. 이들이 위스키 한 상자를 가져왔다는 사실이 알려졌고, 사람들은 환호성을 질렀다. 그날 저녁 원정대의 축음기가 쉴 새 없이 돌아갔다. 나는 최신 룸바 노랫소리를 들으며 일기를 썼다. 그렇지만 나에게 그 소리는 외떨어진 티베트의 적막한 분위기와 전혀 어울리지 않는 이상한 소음으로 들렸다.

캄파쫑으로

밤중에 비가 그치면서 다음 날인 3월 20일 아침에는 태양이 빛났다. 산비탈을 덮은 짙푸른 전나무와 눈부시도록 파란 하늘 한가운데 우뚝 솟은 바위 봉우리들은 마치 티롤Tyrol 같았다. 티베트의 다른 지역들과 달리 춤비 계곡은 비옥한데, 파우훈리Pauhunri 산맥으로 인해 눈과 비가 내리는 탓도 있지만, 몬순 기류에 가까이 있는 데다 지리적으로 남쪽에 위치해 있기 때문이다.

아침을 먹고 티베트인 몇몇이 방갈로 밖으로 공연을 보러 나오라고 했다. 돈을 좀 내놓으라는 뜻이었다. 공연은 형편없었다. 그들의 급조된 밴드는 정규 수도원 밴드와 같은 울림과 리듬이 전혀 없었다.

소규모의 인도 보병 파견대가 통상로를 보호하려 야퉁에 주둔하고 있었다. 통상로는 1904년 프랜시스 영허스번드 Francis Younghusband [09] 경이 원정을 한 이후에 걍체Gyantse까

지 인도 정부가 관리하고 있다. 인도인 용병들이 돌투성이 연병장에서 축구와 하키를 하고 있었다. 조지가 이를 보고 폴로 경기를 하자고 제안했다. 장비라고는 군인들에게 빌린 하키 스틱과 조지가 칼림퐁으로 오는 내내 소중히 간직해 온 두 개의 폴로 스틱이 전부였다. 그린과 나는 승마 기수도 폴로 선수도 아니어서 경기를 보며 박수나 치는 것으로 만족했다. 물론 필요할 땐 야유도 했다.

경기는 서로 죽자 사자 맞붙었다. 존슨의 끔찍한 파울로 러틀리지가 심하게 낙마하기까지는 그리 오래 걸리지 않았다. 그러나 버니는 전문가였다. 노련하게 적당히 공을 점유해서 다른 사람들의 두개골에 금이 가는 부상이 발생하지는 않았다. 나머지 사람들은 곧 팔다리가 부러질 것처럼 보였다. 물론 이런 불상사는 지금 같은 운동장 여건이나 낙마 때문에 종종 일어나지만, 이번에는 타박상 말고는 큰 부상 없이 경기가 무사히 끝났다.

3월 20일은 한가했다. 햇살이 따뜻해서 기분이 좋았다. 그날 저녁, 우리 중 몇이 춤비의 영국인 의사 러셀과 저녁을 함께했다. 러셀은 사무용 방갈로에서 편히 지내고 있었는데,

---

교이자 탐험가, 종교 작가. 그가 이끈 1904년 영국 티베트원정대와 아시아와 영국의 해외 정책에 대한 글이 특히 유명하다. 티베트 행정장관, 왕립지리학회장을 역임했다. {역주}

나는 바깥세상을 멀리하는 그의 칩거가 부러웠다. 자려는데, 뒤처져 있던 수송대원 몇이 우리가 도착해 있는 걸 모르고 야 통을 지나쳐갔다는 소식이 들렸다. 나는 그들이 너무 앞서가 지 못하도록 해야 했다. 우리는 특히 윔퍼Whymper 텐트[10]가 필요했기 때문에 버니가 그들을 잡아 세우려고 밤 10시 30 분에 조랑말을 타고 용감하게 출발했다. 다음 날인 3월 21일 아침, 우리는 선발대가 기다리고 있는 가우차Gautsa로 출발했 다. 춤비에는 조그마한 마을들이 많은데, 모두 발전하고 있었 고, 어떤 곳은 스위스의 돌로 된 농가처럼 지붕이 큰 집도 있 어서 알프스 고산 마을이 생각났다. 우리가 지나가자 마을 사 람들이 빙긋이 웃으며 이마에 손을 대고 몸을 굽혀 인사했다. 확실히 이들은 척박한 북쪽 지역 사람들보다 생활이 윤택해 보였다.

계곡은 급격한 오르막으로 변했고, 곧이어 우리는 숲을 벗어나 트인 비탈로 나왔다. 찬바람이 들지 않는 비탈의 구석 에서 점심을 먹고, 온통 잔디뿐인 3킬로미터는 조랑말을 탔 다.

---

10 유명한 등산가이며 탐험가, 삽화가인 영국인 에드워드 윔퍼Edward Whymper의 이 름을 딴 텐트. 윔퍼는 1865년 마터호른 초등 이야기를 담은 책의 저자로 유명하다. 몽블랑 대산군, 페닌 알프스, 남아프리카, 캐나다 로키에서 중요한 초등을 이루었 다. 또한 그의 그린란드 탐험은 북극 탐험에 큰 역할을 했다. 그는 『알프스 등반기 Scrambles Amongst the Alps』를 비롯한 등산 관련 책을 여러 권 썼다. (역주)

좋은 날씨는 잠시뿐이었다. 서쪽에서 구름이 몰려오더니 눈이 내렸고, 우리가 방갈로 가까이 갔을 때 두 번째 수송대의 대원들이 밖에 모여 있는데, 우울한 장송곡 같은 노랫소리가 눈발을 뚫고 들려왔다. 어디선가 한 번 들어본 듯한 노랫소리였는데 곧 생각났다. 총파업 기간 중 영국노동조합협회(TCU) 본부 밖 거리에서 노동자들이 부르던 영국의 노동당가였다.

원정대를 둘로 나누면 불가피하게 파벌이 생긴다. 그래서 혹시 계속 나누어져 있었으면 하는 마음이 대원들에게 생기지 않을까 걱정했다. 그러나 우리는 다시 하나가 되면서 이런 생각은 곧 사라졌다. 합치면 규모가 너무 커진다고 반대하는 사람들도 있었지만, 적어도 이제는 서로 모르고 지내던 사람들이 모여 대화를 나누고, 공동의 목표를 향해 함께 나아가는 동료의식을 갖게 됐다.

버니가 밤중에 말을 타고 달려갔지만 윔퍼 텐트도 없이 빈손으로 돌아와서 우리는 임시변통으로 방갈로를 사용할 수밖에 없었다. 방갈로는 대원들이 함께 사용하면서 식당으로 쓰기에는 너무 작고 좁았다. 그래서 베란다에서 저녁을 먹었다. 눈발이 거세졌다. 처음으로 두툼한 라마 털외투가 고마웠다. 식사 후 우리는 작은 거실에 모였다. 영국 노동당가에 고

무된 퍼디 크로포드가 러시아와 볼셰비즘에 대해 한바탕 장광설을 늘어놓았다. 식당 텐트에 배정된 사람은 넷으로, 나도 그 속에 있었다. 한밤중에, 넘어진 의자에 맞은 잭 롱랜드Jack Longland의 비명소리에 나는 한 차례 잠이 깼다.

다음 날은 종일 가우차에 머물렀다. 러틀리지는 대원들을 모두 불러 모아 최고참 수송대원인 쉐비를 원정대 부대장으로 임명한다고 발표했다.

오후 들어 서쪽에서 폭풍이 몰아치면서 저녁까지 많은 눈이 내렸다. 3월 23일 아침, 10센티미터의 눈이 쌓였지만, 하늘이 맑아 아침을 먹을 때는 햇빛이 강렬했다. 눈이 오기는 했지만 다행히 짐바리 짐승의 행군을 방해할 정도는 아니었고, 드물기는 해도 처음에는 숲이 조금 있었다. 그러나 올라갈수록 양편은 온통 메마른 산비탈일 뿐, 계곡은 벌거벗고 황량했다. 몽블랑 정상 못지않은 고도에서 오르막을 걷는데도 편안한 것을 보니, 내가 고소에 잘 적응하고 있는 것이 확실했다. 힘을 절약하려고 조랑말을 탔는데, 곧이어 큰일 날 뻔한 일이 발생했다. 눈이 흘러내려 길 폭이 60센티미터밖에 되지 않았는데 바로 옆은 강으로 곧장 떨어지는 절벽이었다. 그런데 갑자기 작은 눈덩이가 햇볕에 녹으면서 길로 툭 떨어졌다. 그러자 깜짝 놀라 뒷발로 곧추선 렐링이 절벽 끄트머리에서 겨우 균형을 잡더니 갑자기 그 좁은 길을 내달리기 시작했다. 나는 산비탈 쪽으로 렐링의 머리통을 잡아당겨 가까스로 방향을 잡았고, 렐링은 바람에 쓸려 쌓인 눈 더미 속으로 뛰어 들어가더니 멈춰 서서 공포에 몸을 떨었다.

우리는 곧 계곡을 벗어나 낮은 산과 접한 넓은 평지로 나왔다. 처음으로 티베트의 엄청난 바람의 힘을 경험했다. 그 압도적인 강풍 때문에 우리는 두꺼운 장갑과 바라클라바를 착용하지 않을 수 없었다.

바람에 쌓인 눈 더미와 녹기 시작한 눈, 습지가 많은 땅을 차례로 지나가며 길이 이어졌다. 가끔 작은 다리 앞에서 노새들이 우왕좌왕하며 서로 먼저 건너려고 밀치는 통에 길이 혼잡했다. 이런 와중에 노새를 타다가는 누구든 큰코다치기 마련이다. 한번은 카르마 폴이 이런 혼잡 때문에 노새에서 내릴 수밖에 없었는데, 재빨리 움직이지 않았더라면 짐꾼 한 명이 노새들에게 짓밟혔을 것이다.

우리는 이제 파리Phari 평원에 와 있었다. 공기가 투명해서인지 족히 8킬로미터는 떨어진 파리쫑Phari Dzong이 실제 거리보다 가깝게 보였다. 황량하고 인간에게 적대적인 이곳이 진정한 의미의 티베트였다. 늘 파랗고 건조한 하늘에서 태양과 구름이 느리게 이동할 뿐, 어떤 움직임이나 변화도 없는 쓸쓸한 갈색 땅이었다. 풀 한 포기 보이지 않았다. 흙과 모래, 돌 외에는 아무것도 없었다. 그렇지만 생명체가 전혀 없는 것은 아니었다. 작은 피카 수십 마리가 굴을 들락거렸다.

파리로 접근하면서부터는, 흙과 진흙, 돌로 지은 초라한 집들이 있는 곳 위쪽으로 우뚝 솟은 쫑(요새)이 보였다. 이전의 원정대원들이 이곳에서 이질에 걸렸기 때문에 이 마을은 보건 면에서는 악명이 높다. 강풍을 그대로 맞고 사는 이곳 사람들이 어떻게 질병에 걸리지 않는지 신기한 일이다.

이런 결점을 보상해주는 것이 바로 초몰하리(7,294m)였다. 우리는 나투 라에서 이 산을 보았었다. 이제 가까이서 보니 더욱 감동이었다. 이 산은 카메트를 연상시켰는데, 동쪽의 긴 사면으로 등반이 가능해 보였고, 정상에는 흰 깃털 같은 설연이 일었다. 이 광경은 우리가 에베레스트에 대해서 예상할 수 있는 것들 중 첫 번째 것을 암시했다. 바람이 휩쓸고 있는 저 초몰하리 정상이 에베레스트 정상을 향한 마지막 출발점인 노스콜보다 아주 조금 낮다고 생각하니 정신이 번쩍 들었다.

파리의 주민들이 우리를 떠들썩하게 환영했다. 그중에는 발가벗은 마을 여인들도 있었다. 제정신이라면 티베트에서는 결코 흉내도 못 낼 일이다.

처음으로 텐트 열 동을 쳤다. 우리는 윔퍼 텐트를 각자 하나씩 차지했는데, 안에서 일어서도 될 정도로 컸으며, 여행 가방과 배낭을 놓을 공간도 충분했다. 심리적으로 어느 정도의 프라이버시, 즉 읽고 쓰고 생각할 정도의 프라이버시는 원정 중에도 필요하다. 나는 다르질링을 떠난 후 처음으로 개인 소지품을 풀 수 있었다.

그날 러셀이 도착했다. 걘체로 가고 있던 그는 우리와 함께 식당 텐트에서 저녁을 먹었다. 파리는 티베트로 들어가는 이상적인 곳은 아니지만 한 가지 면에서는 즐거웠다. 나는 처음으로 내 텐트에서 잘 수 있었다. 내 텐트는 오롯이 내 공간이었다. 이제 사람들로 떠들썩한 식당 텐트에서 가끔 나만의 공간으로 도망칠 수 있었다.

수송의 어려움 때문에 우리는 이틀을 이곳에서 머물렀다. 크로포드의 허드레꾼이 부주의해서 크로포드의 침낭이 촛불에 탈 뻔한 일이 발생했다. 결국 침낭 대신 텐트 한 동이 몽땅 탔지만 그나마 일찍 발견해 큰불로 번지는 것은 가까스로 모면할 수 있었다. 강풍이 캠프의 불길을 쉽게 옮길 수 있는 상황이었다. 만일 누군가 악의를 품고 원정대의 비품을 임시로 모아둔 곳에 방화를 하면 어떻게 될까? 나는 이런 아찔한 상황을 머릿속으로 여러 번 그려보았다.

러틀리지는 신문사에 뉴스를 보내는 데 많은 시간을 할애했다. 이 성가신 일은 대규모 원정대의 대장이 감당해야 할 고역 중 하나다. 두 번이나 원정대의 뉴스를 기록해본 경험이 있어 말할 수 있는데, 힘든 행군이나 등반을 마치고 뉴스 원고 작성에 집중하는 것은 피곤한 일이며, 책임질 일이 이미 벅찰 정도로 많은 에베레스트 원정대 대장이 할 일은 아니다. 먼 곳으로 여행하는 큰 장점 중 하나는 여행자가 외부 세계와 단절되는 것이다. 원정대가 무선통신 장비나 다른 기기로 언론과 연락을 계속해야 할 때는 이런 '멋진 고립'이 없어진다. 고립을 갈망하는 것은 언론 매체를 통해 정신적으로나마 원정대를 지원하려는 사람들의 입장에서는 이기적으로 보일지도 모른다. 그러나 여행을 진정으로 사랑하는 사람은 지금 하고 있는 일과 직접 관계없는 그 어떤 일도 싫어한다.

늙은 니마 텐드룹이 이제 자신의 진가를 발휘했다. 그는 방갈로에서 방갈로로 행군하는 동안에는 내 시중을 제대로 들지 못했는데, 캠프 생활에서는 훌륭했다. 그나 나나 서로 백발이 되는 것을 조금이나마 미루려면, 천성적으로 단정치 못한 내 생활태도가 바뀌어야 한다는 것을 그는 이미 1930년에 간파하고 있었다. 내 옷과 잡동사니는 흐트러짐 없이 정리되어 있어야 했다. 이것은 그의 입장에서는 상당한 인내심이 필요한 일이었다. 나는 당시 가방을 열어서 내용물을 텐트 바닥에 늘어놓는 버릇이 있었다. 그러나 그의 규율이 엄해서 나는 곧 자동적으로 물건을 제자리에 놓게 되었고, 물건들이 어디에 있는지 차츰 기억하기 시작했다. 결국 니마 텐드룹은 신경을 덜 쓰게 됐고, 나도 물건을 찾으려고 그를 부를 필요가 없어졌다. 그는 늘 사적인 이익에 민감했는데 그것은 불필요한 일을 안 하는 것이었다. 만일 그가 기업가 집안에서 출생했더라면 산업계의 거목이 되었을 것이다.

파리는 '돼지 산'이란 의미다. 이 마을은 더럽고 냄새가 나서 '돼지 산'이란 이름이 아주 잘 어울렸다. 여기서 이틀 밤을 보냈는데, 우리는 마을 이름에서 돼지를 빼고 개를 넣어 부르고 싶었다. 주민 수에 맞먹는 개가 밤새 끊임없이 짖거나 소리를 냈다. 파리가 비위생적인 이유 하나가 곧 밝혀졌다. 먼지였다. 기후가 건조해서 모든 쓰레기와 오물이 가루가 되고, 또 북서풍이 무지막지하게 불어서 먼지가 공기 중에 날렸다. 이틀 동안 옷과 음식은 먼지에서 결코 자유로울 수 없었다. 음식을 먹을 때는 더욱 심했다. 음식이 어떻게 만들어지는지는 상상을 불허한다. 티베트를 여행할 때 반드시 지켜야 할 두 가지 수칙이 있다. 모든 물은 끓여야 하고, 캠프는 마을을 피해 쳐야 한다.

3월 25일, 다행히 파리를 떠났다. 기온이 밤에는 영하 22도까지 떨어졌고, 개들이 짖어대서 새벽 2시에 잠이 깼다. 점심을 먹고서도 멀리 행군하지 못했다. 그린과 나는 처음 5킬로미터는 조랑말을 탔고, 나머지는 걸었다. 바람이 차가운 데다 눈까지 내렸다. 마부는 보이지 않았지만, 주방 보조인 니마 도르제Nima Dorje와 한 짐꾼이 보여서 우리는 우리 조랑말을 그들에게 넘겨주었다. 그런데 내 조랑말을 넘겨받은 짐꾼이 우리가 지시하는 대로 하지 않고, 렐링을 무리하게 타려다가 서툴러서 발걸이에 한쪽 발이 끼인 채 뒤로 나가떨어지고 말았다. 렐링은 이 불쌍한 사람을 질질 끌고 바위투성이 땅을 내달렸다. 우리가 고삐를 잡으려 했지만 렐링은 극도로 흥분해 있었다. 다행히 발걸이에서 발이 빠졌다. 한동안 그는 땅바닥에 쓰러져 있었다. 뼈가 부러지지 않았는지 걱정됐다. 그런데 그가 히죽거리더니 허둥대며 일어섰다. 니마 도르제는 이 일을 그저 농담거리로 여길 뿐이었다.

단조로운 비탈면이 탕 라Tang La(4,633m)로 이어졌다. 바람이 심해지면서 먼지 섞인 가루눈이 얼굴을 때려서 바늘로 찌르는 듯 아팠다. 고개는 지루했다. 이름만 고개지 실은 고개가 아니었다. 이곳의 유일한 이점은 초몰하리에서 가깝다는 것이다. 샤브라슈브라Shabra Shubra로 알려진 캠프 자리로 내려갈 때 안개가 옅어지면서, 눈이 쌓인 짙은 갈색의 거대한 절벽이 보였다. 거인이 칼을 몇 차례 아무렇게나 내려친 듯한 모습이었다.

샤브라슈브라는 캠프 자리로서는 아주 불편한 곳이었다. 바람이 사막 같은 평원을 가로질러 서쪽에서 맹렬하게 불어와, 짐꾼들이 모두 텐트 설치에 매달려야 했다. 특히 식당 텐트를 치는 데 열 명 정도가 필요했다. 탕 라를 걷는 것은 쉬웠고, 모두가 고도에 잘 적응하고 있는 듯했지만, 강풍이 부는 속에서 큰 텐트를 치느라 힘을 쓸 때는 나도 절로 숨이 막혔다.

여러 가지 조건이 나빠서 다른 쿡이면 엄두도 못 냈겠지만, 텐체다르Tencheddar가 의젓하게 일어서서 훌륭한 아일랜드식 스튜를 만들어냈다. 우리는 뜨거운 차를 조금 마시고, 기분 좋게 침낭 안에 누웠다. 해질 무렵 바람이 조금 잦아들자, 나는 사진을 찍으려고 텐트 밖으로 과감히 나갔다. 풍경은 이루 말할 수 없을 정도로 황량하면서도 장엄했다. 바람에 탈색된 누런 평원이 북쪽과 서쪽으로 몇 킬로미터나 펼쳐져 있었다. 그 평원 위에 내린 눈이 헝겊 조각처럼 보였는데, 갑자기 돌풍이 일자 여기저기가 희뿌예졌다. 그러더니 바로 그 동쪽에 솟아 있는 초몰하리의 절벽 위로 흉한 조각구름이 서서히 굽이치며 피어올랐다. 또한 그 산 꼭대기에 얇게 쌓인 눈이 바람에 날려 몸부림치며 불꽃처럼 석양에 타올랐다.

전에 말했듯이 이것이 티베트다. 사람이 이런 적대적 환경에서 산다는 것이 믿기지 않았다. 왜 그들은 히말라야 남쪽의 비옥한 땅으로 이주하지 않았을까? 바람이 휩쓰는 이 갈색의 황무지, 그 너머 저 멀리의 파란 하늘, 그리고 남쪽에서 희미하게 빛나는 히말라야 설원에 대한 본능적인 사랑과 숭배가 그들의 마음속 깊이 내재하고 있는 것은 아닐까?

나는 반쯤 마비된 손가락으로 더듬거리며 한두 장 사진을 찍고, 맹렬한 추위를 피해 침낭 속으로 들어갈 수 있어서 기뻤다. 침낭 속은 곧 따뜻해졌다.

그날 밤 배가 아파서 새벽까지 잠을 못 잤다. 더러운 파리에서 세균에 감염된 것은 아닐까? 기온이 영하 20도까지 떨어졌다. 추위에 떨며 누워 있는데 불쌍한 노새와 조랑말이 눈보라 속에서 발을 구르며 신음하는 소리가 들렸다. 어떻게 이런 밤에 그놈들이 야외에서 생존할 수 있는지 모르겠다.

시간이 지나자 습한 호흡으로 침낭 입구에 얼음이 얼었고, 이웃한 티베트인 막영지에서 개들이 음산하게 짖었다. 성냥을 켜 시계를 보았다. 영국과 인도의 시간차를 감안하면 지금쯤 아내는 집에서 저녁을 먹고 있을 것이다. 혹시나 잠이 들면 이 느린 시간이 빨리 지나가지 않을까 싶어, 안팎으로 불편했지만 나는 침낭 속에 계속 누워 있었다.

다음 날 아침은 초몰하리에 가려 햇살이 늦게 캠프에 비쳤다. 추운 날씨의 캠핑이지만 한 가지 위안이 되는 것이 있었다. 속옷을 입은 채로 잠을 자니까 옷을 따로 차려입을 필요가 없다는 것이다. 돌처럼 굳은 등산화를 녹이려 갖은 애를 썼지만 허사였다. 처음에는 촛불로, 그다음은 햇볕에. 어떻게든 등산화에 발을 우겨넣으면, 다음 몇 시간 동안은 오직 발가락 체온만으로 등산화가 녹는다. 나는 베이스캠프까지 행군하면서 매일 한데서 아침을 먹어야 하는 것이 가장 싫었다. 다음 캠프 자리로 보내기 위해, 식당 텐트를 식사 전에 걷기 때문이다. 원정대장이 우리가 추위에 익숙해지도록 스파르타식 훈련을 시키고 있는 것이 분명했다.

아침을 먹으려고 모인 사람들의 몰골은 가관이었다. 모두들 눈만 빼고 무엇인가로 얼굴을 칭칭 감고 있었다. 두툼한 범포 천으로 된 녹색 외투를 헐렁하게 입은 윌리 맥클린Willy McLean을 보니 유명한 미쉘린 타이어 광고가 떠올랐다. 그의 외투는 브루스Bruce 장군[11]이 준 것이었다.

---

11 찰스 그랜빌 브루스Charles Granville Bruce(1866~1939). 1922년과 1924년 영국 에베레스트 원정대장이었으며 히말라야 등반의 베테랑이었다. 1923~1925년 영국 산악회 회장을 역임했다. [역주]

앉아 있을 때는 잠잠했지만 식사를 채 마치기도 전에 바람이 다시 불었다. 크로포드 때문에 세 시간이나 일찍 일어났는데, 티베트의 이쪽 지역에서는 10시까지는 일어나지 말아야 한다. 그렇지 않으면, 혹심한 날씨를 견뎌야 하는 행군을 피할 수 없다. 식당 텐트는 벌써 걷혀서 필과 플로의 등에 지워져 있었다. 이 두 노새는 특별히 이런 용도로 고른 놈들이었다. 휘발유를 쓰는 무전기용 발전기 또한 거추장스럽기는 마찬가지지만 짐꾼 네 명이 용감하게 짊어졌다.

모두들 조랑말을 탔는데, 나는 한두 시간 동안 등산화 안의 발가락을 곰지락거려야 했다. 우리는 거센 바람을 뚫고 서편으로 나아갔다. 먼지 섞인 가루눈이 바람에 날려 평원을 가로지르며 우리를 찔러 대는지라 몸이 따끔거렸다. 우리가 탄 조랑말은 맨몸으로 강풍을 견뎌야 했다. 바람에 날린 눈이 곳곳에 10여 센티미터나 쌓여 있었다. 나는 여러 번 렐링에게서 내려 눈이 없는 단단한 땅으로 이놈을 끌어야 했다.

웨거Wager가 그린란드와 흡사하다고 한 땅을 가로지르는 이 여행은 16킬로미터 이상 계속됐다. 다시 땅이 솟아오르는 지점의 둑에서 바람을 피해가며 우리는 초콜릿과 비스킷을 조금 먹었다. 길은 점점 고개 위쪽으로 이어지더니 짧고 가파른 설사면 위로 커니스가 나타났다. 나는 커니스에서 갈라진 틈을 발견하고, 그곳으로 렐링을 몰아 설사면을 내려갔다. 그런데 설사면의 눈이 너무 부드러워 뱃대끈까지 눈 속에 빠진 렐링이 놀라 요동치며 앞다리를 쳐들었다. 나는 내려서 정강이를 걷어차며 비탈면 아래로 그놈을 끌어내렸다.

눈이 덮인 고개 너머는 돌이 많고 황량한 계곡이었다. 그리고 계곡 바로 옆은 메마른 산비탈이었다. 한번은 계곡 아래 개울을 건너야 했다. 나는 그 개울에 고마워해야 할 이유가 하나 있다. 영국을 떠나기 넉 달 전 자동차 사고로 한쪽 무릎에 충전제를 넣었었다. 그래서 어떤 동작은 제대로 하기가 어렵고 고통스러워서 에베레스트를 오를 때 문제가 될지도 모른다고 걱정하고 있었다. 렐링이 한사코 개울을 건너가지 않으려 했다. 어쩔 수 없이 내가 내려서 한 손에 고삐를 잡고 깡충 뛰어 개울을 건넜다. 그런데 공교롭게도 흔들리는 돌 위에 착지하는 바람에 무릎이 꼬이고 말았다. 고통이 엄청났다. 잠깐 동안은 아파서 움직일 수조차 없었다. 그런데 이상하게도 일어서니 전보다 무릎이 편했다. 그 후로 더 이상 아무런 문제가 없었다. 무릎이 꼬여 충전제가 짜부라져 활동이 편해진 것이 분명했다.

룬제부르Lunge Bur라는 캠프 자리는 샤브라슈브라보다 바람이 덜했지만, 식당 텐트를 치는 데 애를 먹었다. 짐꾼들과 짐바리 짐승들에게는 무척 고생스러운 날이었다. 쉐비는 지금까지의 행군 중에 가장 힘든 날이었다고 토로했다. 4,880미터의 이곳은 지금껏 가장 높은 캠프였다. 몸을 움직이기만 해도 헉헉댔다. 늦은 오후에 나는 캠프 위 오래된 모레인 지대를 거닐다가 햇볕이 드는 피난처를 하나 발견했다. 파리를 떠난 이래 야외에서 따뜻하고 편안했던 적은 그때가 처음이었지만, 몇 미터 위쪽 마루에서는 바람이 기세 좋게 몰아쳤다.

이제 최악의 상황은 지나갔다고 생각하는지 저녁때 식당 텐트에 모인 사람들은 모두 즐거워했다. 밤은 따뜻했지만, 나는 고소 때문에 괴로워 제대로 잠을 자지 못했다. 불면의 고통 속에서 밤새도록 개들이 요란스레 짖어대는 소리를 들었다.

3월 27일에는 아침 6시에 일어났다. 바람은 잔잔했고 햇볕이 따뜻해서 특별히 야외에서 아침을 먹었다. 좋지 않은 밤을 보냈지만 몸 상태가 꽤 좋아서, 오늘 하루를 걸으면 고소 적응에 도움이 될 것 같았다. 아직 고소에 적응하지 못한 사람들이 최고 높이 5,500미터의 고개를 세 개나 넘어야 하고, 22킬로미터를 더 걸어야 하는 긴긴 행군이 우리 앞에 놓여 있었다. 그렇지만 고도는 생각보다 높게 느껴지지 않아, 우리는 아름다운 풍광도 즐길 수 있었다. 대기는 수정같이 맑고, 남쪽으로는 히말라야 산맥이 금빛 평원 위에 거대한 벽으로 우뚝 솟아 있었다.

나는 그날 대부분을 쉐비와 함께 걸었다. 자연을 사랑하는 그는 재미난 이야기를 끊임없이 들려주는 유쾌한 동료다. 행군 후반에 고소로 머리가 약간 아팠지만, 순하고 늙은 조랑말인 '4월5일April of Fifth'을 타고 3킬로미터를 즐겁게 갔다. 이놈은 활기찬 렐링을 쫓아갔는데 탱크처럼 튼튼해 보였다. 말을 잘 타는 버니의 제안으로 버니가 렐링을 가져가고 내가 '4월5일'을 받았다. 이렇게 맞바꾸고 보니 모든 것이 아주 만족스러웠다.

지금까지 우리는 주로 생고기와 야채를 먹었다. 그러나 고소 때문인지 그날 저녁식사는 너무 형편없었다. 소화가 잘 안 되는 요리 음식이 좋은지, 아니면 소화가 더 안 되는 깡통 음식이 좋은지에 대해 사람들 간에 의견 차가 많았고, 결국 이 의견 차이가 격렬한 논쟁으로 이어졌다. 나는 초콜릿과 비스킷만 먹어서 그런지 잠을 잘 잤다. 그날 저녁식사도 그렇고 밤이 또 아주 춥기도 해서 대부분의 사람이 잠을 설쳤지만, 나는 숙면을 한 몇 안 되는 사람 중 한 명이었다. 다음 날 아침 레이먼드 그린은 지난밤이 에베레스트에서 가장 추웠다고 투덜댔다. 다만, 늙었지만 강인한 전사인 쉐비만 멀쩡한 것 같았다. 해가 뜨기 전, 그가 나를 깨워 16밀리미터 영화 필름은 노출을 어느 정도 해야 하는지 물었을 때도 날씨는 여전히 엄청나게 추웠다.

우리는 이웃 마을에서 구입한 싱싱한 계란으로 아침을 해 먹었다. 크기는 영국 것의 반 정도이고 껍질이 너무 얇아 쉽게 깨졌지만, 그렇다고 품질이 떨어지는 것은 아니었다.

우리가 그날 행군한 몇 킬로미터의 자갈 평원은 자동차 길이나 비행기 활주로로도 이용할 만했다. 히말라야 산맥에 조차 구름 한 점 없을 정도로 날씨가 청명했다. 거대한 산들 중 초미오모Chomiomo와 칸첸자우Kangchenjau가 눈에 띄었는데, 나중에는 칸첸중가도 보였다.

북쪽에는 눈을 뒤집어 쓴 갈색 고산들이 늘어서 있었다. 산맥의 가장 높은 곳에 눈사태로 생긴 거대한 흉터 두 개가 보였는데, 어마어마한 양의 은이 그대로 드러난 듯했다.

우리는 곳곳이 부서져 내린 절벽 아래에서 바람을 피해 점심을 먹었다. 롱랜드는 자신을 부르는 듯한 이 절벽을 오르지 않을 수 없다고 생각했는지, 이내 아찔한 '루트'를 기어올랐다. 반면 우리들은 햇볕을 쬐었다.

타창Tatsang에서의 캠프 자리는, 꼭대기에 비구니 사원이 있는, 우뚝 솟은 험한 바윗덩어리 아래였다. 캠프는 그 험한 바위가 바람을 막아주는 쪽에 있었지만, 바람을 쉽게 따돌릴 수는 없었다. 바람이 벽을 타고 방향을 바꾸어 다시 세차게 우리를 공격했기 때문이다.

티베트에서 햇볕과 대기의 온도 차는 겪어봐야 안다. 텐트 안은 무척 덥고 밖은 엄청 춥다. 햇볕과 바람이 한통속이 되어 바싹 마른 강바닥의 진흙처럼 쩍쩍 갈라질 때까지 사물을 말린다. 이런 파괴를 피할 수 있는 유일한 방법은 안면보호 크림을 발라서 피부의 수분을 유지하는 것뿐이다. 나는 각별히 신경을 써서 얼굴을 관리했지만, 그럼에도 입술 한쪽 끝이 갈라졌다. 외모에 별 관심이 없는 사람들의 얼굴은 상태가 더욱 심했다. 톰 브로클뱅크의 얼굴은 달 표면처럼 흉하게 변했다.

오후에 가파른 길을 올라 사찰로 갔는데, 승려들이 따뜻하게 맞아주었다. 그들은 아이부터 주름투성이 노파에 이르기까지 연령층이 다양했다. 노파는 삭막한 티베트 풍경의 일부였다. 옷은 오래되어 검게 바랬고, 연기에 그을린 거무튀튀한 얼굴은 기름을 먹여 번들거리는 대걸레 모양의 양털 가발에 가려 있었다. 장난인지 종교적인 동기에서인지는 몰라도 죽은 양 한 마리가 사원 문짝에 못 박혀 있었다. 박제를 만들려고 한 것이 아닌데도, 이 양의 사체는 건조한 공기에 그대로 말라붙어서 미라로 변해 있었다. 사찰 안은 어둡고 기이한 냄새가 가득했다. 티베트에서는 유리창을 전혀 볼 수 없다. 집들은 채광과 환기가 무시된다. 평원은 햇빛이 작렬해서 가혹할 정도로 눈부시지만, 다행스럽게도 어둠이 어김없이 찾아온다. 여승들은 믿을 수 없을 정도로 힘겹게 생활한다. 땔감이라고는 말린 야크 똥이 전부다. 이 절망적인 땅에서 먹고 살 곡식이 어떻게 나오는지는 불가사의하다. 아마 티베트 당국이 생필품을 보내주지 않으면 안 될 것이다. 기도와 명상이 이들의 주된 일과다. 어찌 보면, 탁 트인 풍경이 이들로 하여금 명상을 하게 만드는지도 모르겠다. 누런 평원 저 멀리 히말라야 산맥이 이곳에서 잘 보였다.

티베트에서 여행자의 첫 느낌은 사람들이 밝다는 것이다. 힘들고 불편할 텐데도 여승들은 사진을 찍을 때마다 해맑은 미소를 지었다. 우리가 사원에 돈을 보시하자 환하게 웃으며 양털 가발을 재빨리 벗고는 감사의 뜻으로 고개 숙여 절을 했다. 저녁밥은 별로였다. 바람이 텐트를 마구 때렸고, 먼지가 모든 것을 덮어버렸다. 옷과 머리카락, 침낭, 음식이 이 지긋지긋한 먼지를 뒤집어썼다. 짐꾼들은 늘 먹던 것과 다른 것을 먹어보려고 냇가에 나가 안쓰러울 정도로 정성껏 몇 시간

애를 써서 올가미로 눈송어를 잡았다. 두세 마리를 잡았지만 작고 뼈뿐이어서 먹을 것이 없었다. 이런 천렵川獵을 좋아하지 않는 여승들은 신성한 송어의 목숨을 앗으면 나중에 틀림없이 탈이 생길 것이라고 말했다. 그런데 밤중에 노새 한 마리가 갑작스럽게 죽었다. 결국 여승들의 예언이 맞아떨어졌다. 그렇지만 의학적으로 보면, 이 일에는 하등의 신비스러울 것이 없다. 노새는 눈이 섞인 물을 너무 많이 먹어 위가 팽창해 복통으로 죽은 것이다.

티베트 평원의 공기는 메마른 데다 먼지가 바람에 쉴 없이 날려 인후염이 잇따랐다. 따라서 코 세척제와 목 스프레이가 많이 필요했다. 나는 아직까지 운이 좋은 편이지만 편도가 건조해져 담배를 피울 수 없었다. 특히 세균에 감염된 먼지가 편도 충혈의 원인인 듯했지만, 나는 지독히 메마른 바람이 그 원인이라고 확신하고 있다. 습기가 많은 카메트에서는 대원 누구도 인후염에 걸리지 않았는데, 티베트의 북서풍이 불어대는 칸첸중가 북서쪽에서는 인후염 환자가 많았다.

밤에는 기온이 영하로 내려갔지만 악마 같은 바람이 잦아들면서 아침이 조용히 밝아왔다. 캄파쫑으로 가려면 4,876미터의 고개를 넘어 14킬로미터의 완경사 계곡으로 들어가야 했다. 고개로 가는 길에 가젤 한 마리와 여러 마리의 야생

당나귀를 보았다. 내가 '4월 5일'을 몰며 돌길을 걸어 올라가고 있는데, 이곳에서 지리학과 관련된 흥미로운 것을 많이 찾아낸 웨거스Waggers[12]가 조랑말을 타고 내 옆을 황급히 지나갔다. 그런데 얼마 못 가 조랑말이 비틀거리면서 그가 꽈당하고 말에서 떨어졌다. 다행히 찰과상만 조금 입었다. 확실치는 않지만 떨어진 곳에 있던 모난 규암 돌멩이를 주머니에 담는 그의 모습을 보지는 못했다.

고개에 도착했을 때 남쪽 산을 하나만 오르면 아마도 히말라야의 광대한 모습과 그 서편으로 에베레스트를 볼 수 있겠다는 생각이 들었다. 바윗덩어리와 자갈투성이의 산비탈을 300여 미터 가볍게 올라가니, 부탄의 먼 산봉우리들과 에베레스트, 초오유Cho Oyu가 있는, 에베레스트 북서쪽의 거대한 단층지괴와 갸충캉Gyachung Kang(7,952m)의 환상적인 파노라마가 우리를 맞았다. 우리 예측이 맞았다. 세계에서 가장 높은 열 개의 산 중에서 다섯 개가 보였다. 칸첸중가Kangchenjunga(8,580m), 마칼루Makalu(8,470m), 로체Lhotse(8,500m, 에베레스트 남봉), 에베레스트Everest(8,840m), 초오유Cho Oyu(8,190m)가 이들이다.

니요나리Nyonna-ri 산맥과 아마드리미Ama Drime

---

12 R. L. 웨거Wager의 애칭 {역주}

('Amadreamy'로 발음) 설원 너머 160킬로미터 거리에 있는 청명한 에베레스트 정상에 바람이 부는지 가느다랗게 설연이 날리는 모습이 분명하게 보였다. 우리는 오랫동안 에베레스트를 응시했다. 그곳이 우리의 목적지고, 순례의 끝이었다. 그곳에 도달할 수 있을까? 산자락에서도 심장이 몹시 뛰고 지금도 고동치고 있는데, 아직도 정상까지 3,350미터를 더 올라야 하다니…. 바늘을 쥐고 팔을 뻗어도 바늘 머리에 거의 가려질 정도로 그 산은 멀리 있지만, 그래도 40배율 망원경으로 그 산의 주요 부분 모두를 자세히 관찰할 수 있었다. 노스콜에서 북동 숄더의 들쭉날쭉한 산마루로 이어지는 북릉 North Ridge 일대와 북벽, 얼음이 덮인 남동벽을 둘로 나누는 북동릉 일대 그리고 등반의 열쇠를 쥐고 있는 능선상의 세컨드스텝Second Step과 정상 가까이 끝이 점점 가늘어지는 마지막 피라미드 위의 작은 삼각형 설원이 보였다.

우아한 피라미드처럼 마칼루가 에베레스트 남동쪽에 솟아 있었다. 이어서 마칼루 동쪽으로 백여 개의 높은 정상을 휙 지나서 존송피크(7,483m)의 네모진 정상으로 시선이 옮겨갔다. 우리가 1930년에 올랐던 존송피크의 능선이 또렷하게 보였고, 가장 높이 캠프를 쳤던 눈 처마도 보였다. 그리고 칸첸중가의 다섯 봉우리 중 세 개도 보였는데, 망원경으로 정상과 동봉을 잇는 능선을 자세히 볼 수 있었다. 뾰족 탑을 닮은 능선은 바람 탓에 얇은 얼음 칼날 같이 날카롭게 휘어 있었다. 또한 능선 위의 가장 큰 커니스는 창공을 배경으로 부서지는 파도 같았다.

다른 나라의 두 원정대가 등반한 북동 스퍼North-East Spur는 동릉East Ridge과 거의 평행을 이루고 있었다. 그 모습을 보니 엄청난 노력과 용기 그리고 비극이 떠올랐다. 그 스퍼가 북릉과 맞붙어 있는 곳에, 두 번째 원정대를 끝내 멈추게 만들었던 눈사태가 발생한 능선이 분명하게 보였다.

칸첸중가 동쪽으로 초미오모Chomiomo(6,830m) 위에 솟은 시니올추Siniolchu[13](6,888m)는 수직으로 얼음이 파인 능선들이, 너무도 섬세하고 아름다운 그 정상과 수학적으로 정확히 연결되어 있었다.

그다음에는 초미오모, 칸첸중가, 파우훈리Pauhunri(7,128m)가 보였다. 붙여진 이름에 걸맞게 모두 기품이 있었다. 이 산들은, 1921년 에베레스트 원정 중에, 우리가 지나 온 저 아래쪽 고개에서 죽은 A. M. 켈라스Kellas[14]의 이름과 함께

---

13 이 봉우리는 파울 바우어Paul Bauer가 이끄는 독일 원정대에 의해 1936년 초등됐다. {원주}

14 알렉산더 미첼 켈라스Alexander Mitchell Kellas(1868~1921). 고소 생리학 연구로 유명한 스코틀랜드의 화학자, 탐험가, 등산가. 그는 시킴에서 파우훈리(7,128m)를

영원히 기억될 것이다.

거의 80킬로미터나 떨어져 있는 초몰하리 너머로 이어지는 연봉들이 부탄을 가로지르며 멀리 푸른 안개 속에 뻗어 있었다. 그리고 안개 속에 잠겨, 허공에 떠 있는 듯한 설원과 봉우리들이 눈송이처럼 반짝였다.

마지막으로 1930년 존송피크에서 보았던 두 개의 외딴 정상을 다시 보게 되어 흥분됐다. 프리즘 나침반으로 확인해 보니, 동북쪽 28도 방향에 위치해 있었다. 내가 존송피크에서 보았을 때보다 지금이 더 가까웠지만, 그곳까지는 적어도 240킬로미터 이상 떨어져 있어 정상들만 보였다. 지도에는 이 방향으로 높은 산들이 있다고 판단할 만한 어떤 표식도 없었다. 이 봉우리들은 6,000미터 이상이겠지만 아마 7,000미터 이상이 될지도 모르겠다. 등반가들이 이 봉우리들을 보았는지, 보았으면 그 위치를 설명할 수 있을지는 모르겠지만, 어쨌든 이에 대해 알아보는 것은 흥미로운 일일 것이다.

점심을 먹고 나니 찬바람이 불어 내려가야 했다. 나는 사진을 열심히 찍었다. 내려가는 도중 산토끼 여러 마리를 보았

비롯해 6,000미터 이상의 봉우리 10개를 초등했는데, 80년 후에 밝혀진 사실이기는 하지만, 1911년 초등된 파우훈리는 당시 인류가 오른 가장 높은 봉우리였다. 그는 1921년 카브루Kabru(7,353m) 원정을 마치고 시킴에서 에베레스트로 첫 원정을 가던 중 티베트 캄파종 근처에서 심장마비로 사망했다. (역주)

다. 이런 야생에서 어떻게 살아가는지…. 어쨌든, 이맘때에는 시들어서 싯누렇지만, 습한 몬순의 공기와 비가 몰려들면 새롭게 자라날 식물들이 있었다. 모래 비탈면에 이상한 흔적이 있었다. 폭이 겨우 3~5센티미터밖에 안 되는 리본 모양의 스키 자국 같은 것이 비탈면 아래로 나 있었다. 나는 당황스러웠다. 뱀[15]이 지나간 것은 아닐까?

잠시 후 우리는 다시 고개로 내려와 캄파쫑으로 갔다. 계곡은 한결 따뜻했다. 아니, 더웠다. 티베트에서 거의 처음으로 행군 중에 옷을 벗었다.

바랄 떼가 위쪽 비탈면에서 풀을 뜯는 것으로 보아 이 지역에서는 사냥이 많이 행해지는 듯했다. 그렇지만 티베트인들은 총질을 싫어해 야생동물의 생명을 빼앗는 일은 결코 없다. 세계 많은 곳에서 야생동물이 전멸하고 있는 요즈음, 오래지 않아 이런 관습이 바람직한 것으로 여겨질 것이다.

우리가 모퉁이를 돌아 아주 오래된 물레방아를 지나자 캄파쫑이 보였다. 평원에서 240미터 높이의 험한 바위 위에 있는 이 요새는 건축 능력과 균형감각을 타고난 사람이 디자인한 듯 단순하고 아름다웠다. 우리는 짧고 억센 풀이 자라는

---

15 내가 아는 한 티베트 이쪽 지역에는 뱀이 없다. 이런 고소에서 뱀을 볼 수는 없다. (원주)

널따란 들판에 캠프를 쳤는데, 한낮에는 모래 능선이 바람막이 역할을 했다. 맑은 물이 이 들판에서 흘러나왔고, 마을이 캠프 근처에 있었다. 마을의 지붕이 낮고 평편한 집들에는 악귀를 물리치려 귀퉁이마다 버드나무 가지를 매달아놓았다.

그날 저녁은 형편없는 카레에 이어 뜻밖에 훌륭한 스튜가 나왔지만, 안타깝게도 우리는 배가 불러 더 이상 먹지 못했다. 이런 일은 우리가 겪는 사소한 비극 중 하나다. 저녁을 먹고 난 후 여러 사람이 부추겨서 그린이 블랙 매직을 좀 하는 지인 이야기를 재미나게 풀어냈다. 타고난 이야기꾼인 그는 이런 점에서 원정대에서 유일하고 귀중했다. 날씨가 퍽 따뜻했다. 우리는 8시에 잠자리에 들었고, 기온은 겨우 영하 4도였다.

캄파종은 해발 3,700미터 정도였다. 나는 잘 잤는데, 밤에는 영하 15도였다. 다음 날 아침 일찍 캠프에 해가 떴다. 나는 편지를 쓰고 사진을 찍는 일 말고는 한가했지만, 수송대원들은 원정대에 앞서 도착한 비품들을 점검하느라 바빴다. 한편, 비즐리Bijli와 왈라Wallah[16] 둘은 휘발유 발전기에 매달려 무선통신용 건전지에 충전을 했다. 발전기가 통통거리는 정도의 소음을 규칙적으로 냈다. 이 소리에 겁이 난 마을 사람

---

16 통신대의 두 장교인 톰슨과 스미스 원덤 (원주)

CHAPTER 4

86

들은 어떻게 이런 소리가 나는지 몹시 궁금해하면서 몇 시간이나 이 물건을 지켜보았다.

그날 칼림퐁의 노새 계약자와 길고 복잡한 임대료를 정산했다. 롱랜드와 윈 해리스Wyn Harris가 짐을 확인했는데, 착색着色 시스템으로 인해 매우 복잡한 과정이었다. 버니가 짐에 일련번호를 매겨야 한다고 주장했다. 우리가 카메트에서 쓴 이 방법은 아주 간단하고도 성공적이었다.

오후 늦게 러틀리지와 쉐비, 해리스와 나는 카르마 폴을 데리고 부副 쫑펜을 찾아갔다. 쫑펜이 라싸를 방문하느라 없었기 때문이다. 우리는 어둡고 흙내 나는 건물로 들어가, 반은 마당 같고 반은 방 같은 작은 공간에 놓인, 융단이 깔린 작달막한 의자에 앉았다. 러틀리지는 수가 놓인 기다란 티베트식 코트에 영국식 오페라 모자를 썼는데 나름 멋졌다. 정중하게 인사를 나눈 후 주인에게 선물을 전달하고, 계란 72개를 답례로 받았다. 우리 선물은 홈부르크 모자, 원정용 고글, 거울, 위스키, 스카프 한 점씩이었다. 그때 우리가 선물로 준 위스키가 술이 아니라 찻물일 수도 있다는 생각이 아차 하고 들었다. 왜냐하면 원정 초반에 어떤 몹쓸 친구가 위스키 병에서 술을 빼낸 다음 찻물을 채웠기 때문이다. 다행히 위스키는 진품이었다. 의례적인 인사를 지나치다 싶을 정도로 길게 나누고, 이어 펑퍼짐하고 얇은 중국식 잔에 창(토속 맥주)이 나왔다. 이곳에서는 창을 마시기 전에 새끼손가락을 다섯 번 창에 적셔 고수레로 허공에 술을 튕긴다. 그리고 손님이 술을 한 모금 마시면, 곧바로 조금 더 많은 술이 잔에 채워진다. 술을 마시고 다시 술을 채우는 이런 의식이 두 번 있고 나서, 세 번째부터는 잔에 든 술을 단번에 마신다. 러틀리지가 오페라 모자를 한껏 줄였다 늘였다 해보이자 다들 즐거워했다. 영국에 돌아가면 편지를 쓰겠다고 약속하자 주인도 답장을 하겠노라고 화답했다. 주인은 다음 날 우리를 쫑으로 데려갔고, 그곳에서 우리는 정식으로 이별했다.

캠프로 돌아와서야 우리는 수백 년 동안 내려온 관습이 지배하는 곳을 떠나 서양문명 속으로 다시 돌아왔다는 사실을 깨달았다. 식당 텐트에는 무선통신이 설치되어 있었다. "여보세요, 베를린과 런던을 연결해주세요."와 같은 몇 마디 이상한 통화음 말고는 어떤 소리도 안 났지만, 텐트 입구에 모여 있던 캄파 주민들은 이 장비에서 나오는 구슬프게 찍찍대는 잡음에 큰 감명을 받은 듯했다. 그들은 우리가 죽은 사람의 영혼을 부르고 있다고 생각했을 것이다.

다음 날, 나는 아침을 먹고 나서 캠프 뒤쪽 능선으로 산책을 나갔다가 햇볕에 달궈진 모래에 앉았다. 허물어질 것 같은 사암 벼랑에서 집채만 한 바윗덩어리들이 떨어져 나와 흩어져 있었고, 비탈면에는 볼품없는 누런 풀이 평원 쪽으로 내리뻗어 있었다. 나는 평원보다 겨우 60미터 위쪽에 있었지만 눈앞에 펼쳐진 광경은 장엄했다. 앞쪽은 노란색과 갈색이다가 멀어지면서 점차 제 빛깔을 잃었다. 저 멀리에는 히말라야의 설원들이 자줏빛 안개 띠 위에 떠 있었다. 삼각형의 하얀 에베레스트와, 좌우가 대칭인 마칼루의 피라미드가 보였고, 남쪽으로는 존송피크와 칸첸중가의 복잡한 능선이 보였다.

얼마쯤 지나 쫑을 안내하려고 부 쫑펜이 왔다. 그는 진자줏빛 관복官服에 파란 실크 양복 조끼를 받쳐 입고, 푸른 구슬을 꿴 끈들을 귀에 걸고 있었다. 쫑으로 가는 길은 가팔랐다. 우리는 기도문이 빼곡하게 적힌 맥주 통만한 원통형 바퀴들을 돌린 후, 오래된 건물로 들어갔다.

원시적인 무기로는 아무리 포위 공격을 해도 이 쫑을 함락시키지는 못하겠지만, 적당한 인원과 식량만 갖고 현대식 야포로 공격하면 성벽은 이내 무너질 것처럼 보였다. 굳게 닫힌 문을 지나가면서 이 요새가 곡창지대를 보호했다는 말을 들었다. 이어 어두운 요새 안에서 손으로 더듬으며 여러 개의 통로를 지나 올라가니, 평편한 옥상이 나왔다. 우리가 있는 곳과 100여 미터 아래의 땅 사이에는 낮은 난간 하나가 전부여서 아찔했다. 갖가지 다발들이 장대에 매달려 있었다. 야크 털 다발과 풀, 버드나무 묶음 같은 것들이었다. 경사진 어느 바위에는 부처님과 윤회도가 조각되어 있었다. 아래쪽 멀리 우리 캠프가 장난감처럼 보였다. 그리고 우리 비품을 다음 목적지로 나르고 있는 야크가 갈색 평원에서 점으로 움직이고 있었다.

옥상에서 내려와 도서관을 방문했다. 티베트의 책들은 장정이 좋지만, 이를 읽는 것은 거의 불가능해 보였다. 뛰어난 불교 학자가 아닌 보통 사람이 읽기에는 내용이 너무 철학적이어서, 쉐비의 말마따나 이해하는 사람이 거의 없었다.

시찰을 끝내고 캠프로 내려오니 화가 난 우드 존슨이 씨근덕거리고 있었다. 비품이 쌓여 있는 곳에 갔다가 개에게 물린 때문이었다. 짐꾼들이 '경찰'이라 부르는 이 개는 원정대의 비품을 지키기 위해 최근에 원정대가 구입했는데 털이 짧고 덩치가 컸다. 이놈이 주어진 임무를 충실히 수행하고 있는 것이 분명했다. 비록 시간이 많이 걸리기는 했어도 비품 더미에 접근할 수 있는 사람과 그렇지 않은 사람을 구별할 수 있게 된 것은 다행이었는데, 그래도 아직 이놈 가까이 가는 것은 위험했다.

오후에 우편물이 도착했다. 집에서 온 반가운 편지와 함께 자칭 '서명왕書名王'인 어떤 신사의 편지도 있었다.

캄파를 떠나기 전에 우리는 켈라스의 무덤을 찾았다. 1921년에 세운 비석이 조각나, 우리는 사암으로 된 석판을 다시 세웠다. 쉐비가 정성껏 치수를 재고, 다음과 같은 비문을 석판 위에 썼다. 그러자 이웃한 사원의 승려가 나중에 끌로 새겨주겠다고 약속했다.

A. M. 켈라스

1921

옴 마니 반메 훔Om Mani Padmi Hum[17]

원정대의 최고 연장자인 쉐비가 시편 121편 "내가 산을 향하여 눈을 들리라."를 읽는 동안 나머지 사람들은 모자를 벗고 곁에 서 있었다.

눈부시도록 투명한 아침, 이 위대한 개척자가 등정한 세 개의 봉우리, 즉 초미오모, 파우훈리와 칸첸자우가 갈색 평원 너머로 완전한 모습을 드러냈다. 세상 어디에도 이런 모습은 없을 것이다. 세상에서 가장 웅장한 파노라마였다.

17　우리는 '연꽃 속 보배에 대한 찬가'를 의미하는 이 불교의 기도문이 지역 주민들로 하여금 비석을 잘 돌봐주도록 하는 데 도움이 되리라 생각했다. {원주}

나는 그날 십턴[18], 크로포드Colin Crawford와 함께 흥미로운 실험을 했다. 우리는 시간당 얼추 120미터의 속도로 캠프 위쪽의 모래 비탈면을 올라갔다. 그 속도는 에베레스트 고지에서 등반할 때 예상되는 속도였다. 속도는 믿을 수 없으리만치 느렸다. 맥박이 조금 빨라지긴 했지만, 멈췄을 때는 곧바로 정상으로 돌아왔다. 흥미로웠다. 에베레스트 위쪽, 이곳보다 수천 미터 더 높은 곳에서 헐떡일 때 우리가 이 실험을 기억할 수 있을지 모르겠다.

---

18 에릭 십턴Eric Shipton(1907~1977). 1929년 마운트 케냐를 동계 초등하고 등정기를 신문에 발표했는데 이를 본 스마이드가 1931년 가르왈 히말의 카메트 (7,762m) 원정에 초청했다. 십턴은 1953년 영국 에베레스트 초등대의 대장직을 헌트에게 양보했으며 영국산악회 회장을 역임했다. (역주)

티베트 평원

4월 2일 아침은 흐렸다. 나는 원정대의 우편물을 강토크까지 갖고 갈 롭상Lobsang에게 편지를 전하려고 일찍 일어났다. 지금부터는 야크와 당나귀가 우리 짐을 수송한다. 그놈들이 서로 거리를 두고 육중하게 평원을 가로지르는 모습은 대단한 볼거리였다.

캄파쫑에서 링가Lingga까지는 19킬로미터의 힘든 행군이다. 나는 이 길의 일부를 러틀리지와 함께 걸었다. 우리는 앞으로의 계획을 의논했다. 그는 에베레스트에서 원정대를 세 개 조로 나누는 것이 좋겠다고 했지만, 날씨가 나빠져 실패할 경우 엄청난 인력 낭비가 될 것이어서, 논란의 여지가 있는 의견이었다.

10시에 시작한 바람이 시간이 지나면서 차차 세지더니, 때때로 눈 섞인 먼지바람이 빗겨 불면서 우리의 얼굴을 거칠게 때렸다.

링가를 향해 반쯤 갔을 때 야루추Yaru Chu 강이 나와 얕은 곳으로 걸어서 건넜다. 바람을 맞으며 걷다가 저만치 떨어진 둑 위에 바람이 안 드는 곳을 발견했다. 그러나 그곳은 접근하기가 쉽지 않았고, 짐승들에게는 더욱 그랬다. '4월5일'은 오도 가도 못해 고삐를 잡아끌어야 했다. 그리고 덩치가 야크의 절반도 안 되는 불쌍한 당나귀들이 야크만큼 짐을 싣고 무거운 발걸음을 옮기는 모습은 보기에도 안쓰러웠다. 가끔 이놈들이 힘에 겨워 풀썩 주저앉고는 했는데, 그때마다 몰이꾼이 욕설을 퍼부으며 일으켜 세웠다.

어떤 당나귀가 새끼를 낳았다. 그러나 출산한 지 오 분도 채 안 돼 길을 나섰고, 한 시간도 안 돼 다시 짐을 졌다. 짐바리 짐승에게 티베트는 거칠고 힘든 곳이다.

마지막 8킬로미터는 마른 진흙과 습지 평원이었다. 그곳은 바람이 매우 강해서 우리는 고글을 끼고, 고개를 숙인 채 바람의 공격에 정면으로 맞섰다. 쉼 없이 불어대는 모래폭풍이 100미터 높이의 소용돌이 기둥을 일으키며 이 끝없이 광활한 공간을 내달렸고, 먼 산맥들은 사방의 모래폭풍으로 흐릿하게 보였다. 텐게쫑Tengkye Dzong 남쪽으로 32킬로미터 이상 펼쳐진 이 평원을 '모래폭풍의 평원'이라 불러도 별 무리가 없을 것 같았다.

링가 마을은 이런 평원 한가운데 있는데, 이보다 더 암울한 환경은 상상하기 어렵다. 마침내 지쳐 절뚝거리며 마을 근처의 캠프에 도착하니, 다른 사람들도 다 탈진해서 식당 텐트 바닥에 큰대자로 드러누워 있었다. 무엇보다도 바람이 우리를 지치게 했다.

캠프 가까이 조그마한 호수에서 인도기러기와 인도오리를 보았다. 요리하기에 안성맞춤인 인도기러기를 총으로 쏴 잡을 수도 있겠지만, 티베트에서 야생동물을 사냥하지 않는다는 것이 인도 정부와 우리가 합의한 사항 중 하나였다.

내가 잠자리에 들었을 때는 더할 나위 없는 저녁이었다. 바람은 신기할 정도로 잦아들었고, 창공에는 허기진 별들이 반짝였다. 낮고 습한 지역에서만 밤하늘을 본 사람은 차고 건조한 '세계의 지붕'에서 바라보는 별들의 장관을 결코 이해할 수 없을 것이다.

많은 사람이 앓고 있는 인후염이 내게는 아직 없었지만, 그날 밤에 인후염이 발병했다는 가정 아래 매튜스Mattews 인공호흡기를 일부러 착용해보았다. 그렇지만 불행히도 폐쇄공포증 증상인 질식감 때문에 마스크를 계속 착용하고 있을 수 없었다. 그린이 나중에 질식감은 완전히 상상이 만들어낸 것이라고 주장했다. 폐는 촘촘히 포개놓은 철망 사십 개를 통해서도 필요한 만큼 충분히 공기를 정상적으로 들이쉬고 내

뽑을 수 있다고 했다. 이 마스크가 티베트를 행군하는 동안에 인후염 예방과 고소캠프의 등산가를 편하게 해주는 데 별 도움이 안 된다고 말하려는 것은 아니지만, 어쨌든 나는 이 마스크를 쓰고 편안히 호흡할 수 없었다.

밤에는 기온이 영하 14도까지 떨어져 호수에 3센티미터의 얼음이 얼었다. 흥미로운 의문이 한 가지 생겼다. 어떻게 인도기러기와 물새가 밤새 얼어 죽지 않았을까? 더 낮고 따뜻한 카르타Kharta 계곡으로 이동했을 것이라고 쉐비가 의견을 냈지만, 나로서는 믿어지지 않았다. 그 계곡은 이곳에서 96킬로미터나 떨어져 있다. 밖에서 찬 아침을 먹고, 쉐비와 나는 7시 30분에 출발했다. 늪 사이의 길은 곳곳이 굳고 자갈투성이였지만 다른 데는 모래뿐이었다. 그렇지만 시간당 4.8킬로미터 이상의 평균속도를 유지했는데, 고소에서는 상당히 잘 가는 편이었다. 1924년에 한 무리의 환자들이 이곳을 가로질러 느릿느릿 지나갔다고 쉐비가 말했다. 맹장염이 의심되는 맬러리Mallory와 이질로 녹초가 된 비텀Beetham, 목이 심하게 아팠던 소머벨Somervell이 그들이었다.

빛을 가린 구름 한 점만 겨우 보일 정도로 아침은 눈부시게 맑았다. 그 구름은 길고 얇은 칼 같았는데, 칼끝이 존송피크 위에 있었다. 언제든 바람이 일 듯했지만, 거친 풀이 미풍에 겨우 흔들렸고, 뜨거운 햇볕을 받아서 얼음이 녹은 연못에 가는 물살이 일 뿐이었다.

니요나리 산맥 위로 에베레스트가 보였다. 이름 그대로 아름다운 아마드리미 봉우리가 에베레스트와 마칼루 사이에 솟아 있었다.

쉐비와 걷자니 배울 점이 많았다. 열정적인 박물학자인 그는 특히 조류에 관심이 많았다. 우리는 늪지의 연못에서 많은 새를 보고 사진을 찍었다. 어떤 새도 인간을 두려워하지 않는 것 같았다.

작고 불쌍한 당나귀들이 한 번 더 용감히 애쓰며 앞으로 나아갔지만, 짓누르는 짐 때문에 자주 주저앉았다. 그때 나는 편안히 걸어가는 내가 부끄러웠다. 그놈들을 보니 내가 어릴 때 모래판에서 타고 놀던 당나귀가 생생하게 기억났다. 그때의 당나귀는 장난기 많고 즐거워하고 행복한 놈이었지만, 지금의 당나귀들은 힘이 다 빠져 쓰러져서 다시는 못 일어날 때까지 노예로 살아야 하는, 그저 공포에 떠는 불쌍한 운명의 짐승이었다. 더욱이 가다가 죽는 놈의 뼈는 길가에서 그대로 백골이 된다.

행군은 지도에 표시된 것보다 길었다. 늪을 지나면서 조금씩 목이 타더니 마침내 평원 저 멀리 반짝이는 텐게쫑이 보

티베트 평원

일 즈음에는 침이 완전히 말라 혀가 가죽 같았다.

캠프는 오래된 쫑 맞은편의 제법 큰 호숫가에 설치됐다. 그 오래된 쫑은 캄파쫑처럼 드라마틱한 특징은 없지만, 그래도 멋진 건물들이 있었다. 교외의 경관을 엉망으로 만들어 놓은 영국 목수들은 티베트로 여행을 해보아야 한다. 그러면 아마도 발전적 아이디어를 얻게 될 것이다.

원정대가 다른 쫑펜이 관할하는 지역으로 들어갈 때마다 수송 수단을 바꾸어야 하는 것이 티베트 여행에서의 불편이다. 그래서 텐게의 쫑펜을 맞이하려고 러틀리지는 다시 티베트식 외투를 입고 영국식 오페라 모자를 썼다. 이 고관이 하인들을 거느리고 도착하자, 행군의 다음 목적지까지 짐을 수송할 짐승들의 임대료를 놓고 긴 흥정이 이어졌다. 이럴 때는 위스키를 많이 쓰는 것이 좋다. 결국 모든 것이 평화적으로 잘 결정됐다. 거나하게 취한 쫑펜은 우리가 성공해서 돌아오면 크게 한턱내겠다고 약속했다.

바람이 조금 분 그날의 저녁식사 때는 기온이 영하로 뚝 떨어졌다. 늘 그렇듯 축음기는 마을 사람들에게 경이와 흥분의 대상이었다. 우리를 따라온, 짐꾼의 딸인 솔라쿰부의 어떤 여성은 유달리 축음기에 마음이 끌리는지 음악이 나오는 내내 축음기 곁을 떠나지 못했고, 둥글고 큼지막한 얼굴에 연신

밝은 미소를 머금었다.

다음 날인 4월 4일 아침, 날씨가 아주 따뜻해 몇몇은 잠옷 차림에 외투를 걸치고 아침을 먹었다. 캔버스 천으로 된 목욕통이 제공되어 나는 내 텐트에서 목욕했다. 그리고 아침에는 캠프와 지역 주민들의 모습을 사진에 담았는데, 둥글고 큰 띠로 머리를 꾸민 마을 여자들을 주로 찍었다. 텐게쭝의 주민들은 호기심이 많았다. 누더기를 걸친 거지들이 누르상 Nursang과 레와가 우악스럽게 내쫓아도 캠프로 모여들었다. 거지와 인근 지역의 모습은 이집트를 떠올렸다. 그곳의 내버려진 산도 이곳처럼 황갈색이고, 짙푸른 하늘을 배경으로 유령처럼 솟아 있었다.

파리 평원에 비해 텐게는 거의 열대지방 같았다. 지역 기상정보에 따르면, 겨울은 특히 건조했다. 이렇게 따뜻한 날씨가 계속될지, 아니면 그만 끝나고 지옥이 찾아올지 자문自問해 보았지만, 이는 오직 시간만이 답을 줄 수 있는 문제였다. "이번 원정대원들은 지독하게 낙천적이다."라고 러틀리지가 말했다. 이런 마음가짐이 필요하다. 파울 바우어 Paul Bauer[19]는 칸첸중가에 대해 언급하면서, "히말라야의 큰 봉우리를 오르려는 사람은 낙천주의자가 되어야 한다."라고 했다.

19 독일의 시인이자 등산가(1896~1990) [역주]

티베트 평원

101

오후에 우리의 숙적宿敵인 먼지 돌풍이 캠프에 들이쳤다. 비품 점검 외에도 갖가지 해야 할 일이 많았다. 지역의 지질 특징뿐만 아니라 기상 관찰 임무를 맡은 웨거스가 짐에서 기압 기록계를 꺼냈다. 야크로 수송을 하자면 기압계를 부분별로 해체할 수밖에 없었다. 우리는 다시 조립하려 했지만, 기압계가 제 기능을 발휘할 것 같지 않았다.

아이젠이 지급된 이유가 불분명했다. 나는 아이젠이 해협을 횡단하는 배 안이나 세관에서 길게 줄을 설 때는 쓸모가 있다는 것을 안다. 배낭 뒤에 부착된 아이젠의 뾰족한 발톱이 밀치락달치락할 때 다른 사람들이 접근하는 것을 막아주기 때문이다. 그러나 히말라야 원정에서는 성가신 골칫거리고, 이것에 닿은 물건은 여지없이 구멍이 뚫린다.

오후에 텐게쫑 역사상 처음으로 올림픽경기가 우리 나름의 뜨거운 열기 속에 열렸다. 전문선수인 잭 롱랜드가 제안해서 장대높이뛰기를 종목에 포함시켰는데, 무선 안테나 기둥 일부를 '장대'로 사용했다. 그다음에는 영국 올림픽 대표로 나갔던 휴고 보스테드가 복싱 실력을 선보였다. 그는 짐꾼들을 차례로 상대했다. 락파 체디는 처음에는 원정대원인 보스테드를 치는 것을 망설였지만, 곧 경기가 뜨거워지자 필사적으로 공격했다. 하지만 아무리 그렇게 덤벼도 복싱을 아는 보스테드는 효과적인 몇 방으로 그를 가볍게 제압했다. 그러나 진짜 재미는 두 짐꾼이 글러브를 꼈을 때 시작됐다. 그 시합은 막 싸움으로 커지면서 이내 격렬해져 결국 우리가 그들을 뜯어말려야 했다. 마지막으로 장난삼아 티베트 아이들에게 글러브를 줬더니 진짜 권투선수처럼 싸워서 다들 한바탕 웃음을 터뜨렸다. 럭비는 인기가 많았다. 누르상이 셰르파들로 스크럼을 짜서 최선을 다했다. 셰르파와 티베트인들은 스포츠에 타고난 재능이 있다.

차를 마시고 나서 십턴과 보스테드, 버니 그리고 나는 캠프 뒤쪽 산비탈로 450미터를 올라갔다. 도중에 작은 벼랑을 올랐는데, 그곳에서는 암모나이트 화석이 많이 보였다. 암모나이트는 솟아오른 이 황량한 불모의 평원이 예전에는 해저였다는 것을 말해준다.

며칠 동안 한 곳에 머물면 텐체다르 쿡이 대개 맛있는 음식을 만들어낸다. 그날 저녁에도 맛있는 카레와 사과 스튜를 먹었다. 쫑펜이 러틀리지와 쉐비, 그린, 우드 존슨을 위해 가벼운 술자리를 마련했는데, 여기서 슬로진sloe gin을 마셔서인지 모두 기분이 좋았다. 저녁은 이렇게 유쾌하게 끝났다. 그러나 감기로 몸져누운 윌리 맥클린만 그 자리에 없었다.

우리 앞에는 27킬로미터의 행군과 넘어야 할 두 개의 고

쉐비, 러틀리지, 그린

개가 있었다. 다음 날은 아침 일찍 출발했다. 캠프에서 2킬로미터도 안 되는 곳에 텐게 마을이 있었다. 악귀를 쫓으려고 조성한 버드나무 숲과 낮은 집들이 있는 황량한 마을이었다. 까마귀 소리 같은 거친 소리가 들려서 처음에는 까치인가 싶었는데, 자고새 같은 새 몇 마리가 보였다. 또한 반지르르 살찐 산토끼가 많았다. 그놈들은 고개를 갸우뚱거리며 우리를 지켜보다가 돌투성이 산비탈로 껑충껑충 뛰어 올라갔다.

붉은 바위 계곡으로 이어진 길 양편으로 진초록 향나무 숲이 얼룩무늬처럼 드문드문 보였다. 이어 흔히 보는 케른이 있었다. 우리는 기도문 깃발이 나부끼는 작은 고개를 넘어 또 다른 황량한 계곡으로 내려갔다. 그리고 그 계곡에서 간식을 조금 먹었다. 뒤이어 다음 고개로 가는 중에 바람이 세게 불었다. 텐싱이 내 방풍 옷을 갖고 있어, 바람이 안 드는 데서 바람이 잦아들기를 한 시간 동안 기다렸다. 그리고 '4월5일' — 공교롭게도 그날이 4월 5일이었는데 — 을 탔다. 그런데 그 늙고 불쌍한 짐승은 4,876미터 고개의 급경사 비탈에서 갑자기 멈춰 더 이상 가려 하지 않았다. 그래서 타고가기는커녕 그놈을 끌어올려야 했다. 고개 위에서 메일러너 mail runner가 우리를 추월했고, 나는 바람이 부는 것도 잠시 잊고 집에서 온 편지를 열심히 읽었다.

고개를 넘어서자, 길은 가파른 바위들과 이판암을 지나 모래 비탈면을 길게 내려가, 신작로처럼 넓고 완만한 계곡으로 접어들었는데, 물길이 보일 정도로 모래가 바싹 말라 있었다. 드디어 반가운 식당 텐트가 멀리 녹색 점으로 보였다. 나는 진저리나는 모래바람을 피해 식당 텐트 안에 드러누웠다. 아직 적어도 900미터를 더 올라가야 하는 길고 지루한 행군이 남았기 때문에 여기에서 머물 수 있어 고마웠다.

감기가 완전히 나은 것이 아니어서 줄곧 조랑말을 타고 온 맥클린이 이곳의 물은 사람이 마시지 못한다고 잘라 말했다. 그래서 물을 끓이고 걸러야 했기 때문에 목마른 사람들은 조바심이 났다. 음식 조달은 상황이 훨씬 안 좋았다. 짐을 실은 짐승들이 뒤처져 꾸물거려서 오랜 시간이 걸렸다. 마침내 짐이 몇 개 도착하자 햄과 비스킷, 버터와 잼을 퍼 넣듯이 맛있게 먹고 차를 마셨다. 급조된 저녁식사는 텐체다르와 락파 체디가 햄, 스크램블 에그, 코코아로 재주껏 수완을 발휘해서 만들었고 양이 많았다. 수송대가 아직 도착하지 않아 우리는 식당 바닥에 앉아 있었다. 아무런 사전 경고 없이 부서져 내려서, 앉은 사람을 땅바닥으로 내동댕이치는 원정용 의자보다는 바닥에 앉는 편이 훨씬 안전했다.

밤은 영상 4도로 따뜻했다. 산 위에서 반달이 빛났다. 나는 '경찰'이 짖는 소리를 들으며 일기 쓰기를 마쳤다. 이 개는 매일 밤 끔찍한 상황을 연출했는데, 우드 존슨 말고도 네 명의 티베트인을 물어, 원정이 끝날 때까지 희생자가 얼마나 더 생길지 알 수 없는 일이었다.

도첸Dochen까지는 겨우 15~16킬로미터밖에 남지 않아 다행이다 싶었는데, 바람이 한순간에 이런 생각을 앗아가 버렸다. 모래폭풍이 소용돌이치는 계곡에는 계속되는 독가스 공격처럼 먼지구름이 뭉게뭉게 일었다. 이 지긋지긋한 바람만 없으면, 6,000미터쯤 되는 호리호리하고 우아한 바위산인 샨카르리Shankar-ri를 바라보며 풀이 많은 도첸의 이 캠프 자리에서 즐겁게 지낼 수도 있었을 것이다. 우리는 일찍 캠프를 쳤다. 점심을 먹고 나서, 크로포드가 내 캠프로 찾아와서 뒷산으로 산책을 가자고 했다. 산비탈 위쪽 60미터 지점의 조그마한 동굴 입구에 돌로 만든 암자가 있었다. 벽에는 좁고 길쭉한 구멍만 있을 뿐 문이 없었다. 아마 어떤 은둔자가 그 안에 자신을 가두면, 그 길쭉한 구멍을 통해 빛과 공기가 들어가고, 마을 사람들이 음식과 물을 넣어줄 것이다. 종교라는 이름으로 얼마나 많은 비상식적인 일들이 행해지고 있는지. 명상에 잠기려고, 살아 있는 인간이 태양을 등지고 1제곱미터도 안 되는 어두운 곳에 스스로를 가두다니 어처구니 없었다. 이는 인간의 무지와 무명無明을 그대로 보여주는 하나의 예가 아닐까?

우리는 바람을 피하려고, 능선의 바람이 불지 않는 쪽에 계속 있었다. 고소적응 삼아서 아주 천천히 걸었는데도, 한 시간 만에 300미터를 올랐고 별다른 호흡곤란 없이 대화를 나눌 수 있었다.

능선은 작은 산과 원추형의 큰 산 사이를 지나 작은 고개로 이어졌다. 수도원이 그 원추형 산 위에 둥지를 틀고 있었고, 지도상에 6,400미터 이상으로 표기된 두 개의 산이 북서쪽에 있었다. 그 높이를 감안해보면 이들 산에 눈이 거의 없는 것이 놀라웠다. 남쪽의 날씨가 심각해, 티베트의 니요나리 산맥까지 구름이 드리워 있고 히말라야 산맥이 안 보였다.

푸석푸석 굴러내리는 바위 부스러기를 지나 서둘러 캠프로 내려와 보니, 수술이 진행 중이었다. 행군 중에 카르마 폴과 롭상 체링Lobsang Tsering이 탄 조랑말이 넘어졌다. 카르마 폴은 새끼손가락이, 체링은 쇄골이 부러졌다. 근육이 오그라들어, 마취 없이 쇄골을 맞추는 것이 어려워서 식당 텐트가 임시 병원으로 바뀌었다. 그린이 마취제를 투여했고, 맥클린은 부러진 뼈를 맞추려 옆에 서 있었다. 롭상 체링이 의식을 잃은 지 얼마 안 돼 심장이 멎었다. 대수술을 하거나 심장 마사지를 하는 것 외에 다시 심장을 뛰게 할 유일한 희망은 코라민coramine[20] 주사였다. 이 약은 그린의 텐트 안에 있는 약상자들 중 하나에 들어 있었지만, 그린은 정확한 상자를 알지 못했다. 다행히 서둘러 첫 상자에서 찾아냈다. 피하주사 바늘이 환자의 심장 속으로 박혔는데, 그 과정은 문외한인 내가 보기에도 뒤죽박죽이었다. 심장이 다시 뛰기 시작했다. 심장은 약 일 분 삼십 초가량 멈추었다. 체링이 강한 친구이기는 하지만, 이런 사고는 확실히 고소가 그 원인이었다. 그린은 앞으로 고소에서 수술할 때는 마취와 함께 산소를 공급해야겠다고 했다.

대기에 퍼진 먼지로 인해 다음 날도 태양은 거의 맥을 못 추었다. 야외에서 아침을 먹는 것은 추워서 너무 싫었다. 나는 버니와 함께 출발했다. 처음에는 모래언덕이어서 피곤했지만, '4월5일'은 몸 상태가 좋아 보였다. 흙 절벽 사이를 강이 구불구불 흘렀다. 곳곳이 깊이 패여 있어서, 이 지역은 마치 애리조나 사막 같았다.

5킬로미터를 지나자 좁은 강이 나와서 얕은 곳으로 건넜다. 건너고 보니 그곳은 더욱 거칠었다. 길은 메마른 모래 비탈을 구불구불 올라갔다. 비록 양분 부족으로 제대로 크지는

---

20 강심제强心劑의 상품명 (역주)

못했지만, 이런 비탈에도 풀덤불이 있었다. 마침내 발이 빠지는 모래 비탈에서 둑길로 접어들었고, 그 강에 놓인 다리를 건너 캠프 자리로 갔다. 그곳은 흙 절벽 만곡부의 평편한 곳이어서 조금은 바람을 피할 수 있었다.

점심을 먹을 때 노동자가 노동에서 해방되면 무엇을 해야 할지에 대한 토론이 식당 텐트에서 벌어졌는데, 나는 내 일기에 그에 대한 분명한 결론을 기록하지 못했다. 노동에서 해방되면 아마 평소 하고 싶은 일을 하지 않을까? 나는 식당 텐트에서 지루하게 논쟁하는 것이 싫어서 캠프 위쪽 비탈에 앉아 모래를 발로 내리밀며 혼자 놀았다. 모래가 아래로 흘러내리는 데에는 변함없이 질서정연하고 분명한 그 무엇이 존재한다.

차를 마시고 나서 러틀리지와 보스테드, 십턴과 나는 캠프 뒷산을 올랐다. 대화를 나누며 충분히 천천히 걸었는데도, 한 시간 삼십 분 만에 600미터를 올라 4,876미터의 꼭대기에 이르렀다. 바람이 심했지만 그렇게 춥지는 않았다. 우리가 기어오른 바위는 노스 웨일스의 크립 고흐Crib Goch 능선과 비슷했다.

십턴과 나는 잘 걸었다. 그의 속도는 나와 완벽하게 맞았고, 나의 속도 또한 그와 잘 맞았다. 내가 조금 걱정하는 것은 에베레스트에서 누구와 함께 등반하게 될지 확실하지 않다는 것이었다. 우리 중 누구도 함께 등반하는 데 익숙하지 않은 것이 이번 원정대의 심각한 약점이었다. 1924년부터 1933년까지 몇 년 동안, 동질감을 가진 원정대를 구성해본 경험이 없다는 것은 안타까운 일이다. 등산가가 전에 함께 등반한 경험이 없는 사람과 세계에서 가장 높은 산을 올라야 한다는 것은 불안한 일이다. 성공의 기회를 잡기 위해서는 하나의 등반조는 한 사람처럼 움직여야 한다.

태양이 붉은 띠를 두르며, 먼지에 흐려진 푸른 산맥 너머로 스러지고 있을 때 우리는 정상에 도착했다. 정상에서 바라보니 안개가 자주 끼던 스카이skye 섬에서의 어느 하루가 떠올랐다. 발아래 어렴풋이 보이는 들판을 가로질러 흘러가는, 은색 실 같은 강도 그곳과 흡사했다.

며칠 전부터 여러 문제를 고심하던 러틀리지가 저녁을 먹고 나서 자신의 생각을 우리에게 털어놓았다. 이전의 원정대들이 1캠프를 친 곳에 베이스캠프를 설치하고, 노스콜의 4캠프는 가능한 한 쾌적하게 만들어야 하며, 크로포드가 빙하캠프를 책임져야 한다는 내용이었다. 그 후 에베레스트의 등반 수단과 방법에 관한 긴 토의가 이어졌다. 몬순 전에 공격이 실패하면, 몬순 중이거나 몬순이 끝난 뒤에 또 다시 공격할 수 있을지는 기다려보아야 하기 때문에, 몬순 전 공격에 전력을 집중해야 한다는 것이 모두의 공통된 의견이었다. 그리고 주제에서 벗어난 고소적응과 고소 영향 문제에 관한 약간의 의견이 더 있었다. 나는 노스콜에 너무 오래 머무는 데는 반대했다. 십턴과 나는 빨리 고소적응이 되기 때문에 오히려 그 적응 시점을 지나 고소에 오래 머물수록 고소 영향을 받게 된다는 것을 잘 알고 있었다. 고소에 빨리 적응하는 사람도 있고 늦는 사람도 있다. 어떤 사람은 다른 사람들보다 빨리 고소에 영향을 받는다. 이는 아직은 알 수 없는 많은 다른 요인들과 함께 만만찮은 문제다.

내가 잠자리에 들었을 때 '경찰'이 어떤 사람의 다리를 물었는지 으르렁거렸고, 바람이 세차게 불었다. 무슨 까닭인지 등이 아프면서 마음이 다시 불안해져 잠이 안 왔다. 바람이 부는 밤이었다. 강에서 올라온 습한 공기가 캠프를 춥게 에워쌌다.

다음 날인 4월 8일의 행군은 길고 고됐다. 수송을 마무리하는 일이 조금 어려웠다. 평소처럼 당나귀는 짐을 너무 졌고, 그래서 당나귀가 더 이상의 짐을 지지 못하게 되면 우리가 할 수 있는 일이라고는 아무것도 없었다.

우리는 아룬Arun 강의 얕은 지류를 건넜다. 이 부근은 이상한 지역이다. 계곡 바닥은 평평하고 폭이 5~6킬로미터나 됐는데, 사실은 바람이 규칙적으로 연결해놓은 끝없는 언덕배기 사막이었다. 남쪽으로는 10킬로미터쯤 떨어진 곳에 마칼루인 듯한 높은 설봉이 솟아 있고, 동쪽과 남동쪽으로는 니요나리 산맥이 펼쳐져 있는데, 우리 쪽에서 보기에는 대단해 보이지 않았다. 왜냐하면 가느다란 쐐기 모양의 샨카르리 정상을 제외하고, 샨카르리보다 높은 봉우리들을 가까이에 있는 어떤 능선이 가리고 있었기 때문이다.

발이 빠지는 모랫길 8킬로미터를 걷는 것은 힘이 든다. 움직이는 모래 속에 백화白化된 당나귀 해골들이 반쯤 묻혀 있는 것으로 보아, 이 길은 이전 여행자의 노쇠한 당나귀에게는 지금보다 훨씬 더 힘들었을 것이다. 그래서 우리는 북서로 방향을 틀어서 봉추Bhong Chu 계곡으로 가게 되어 기뻤다. 그곳의 강 주변은 따뜻하고 드넓었다. 우리는 이에 감사하며 내려가서 점심을 먹었다. 햇볕이 내리비쳤고, 바람도 없었다. 우리 뒤편 평원의 수송 행렬 종소리를, 그리고 낮은 음악처럼 잔잔히 흐르는 강물 소리를 들으며 편안히 누워 있자니 즐거웠다. 이 한가로운 풍경 속에 종다리 한 마리가 우리 앞 몇 미터까지 다가와서, 줄지어 드러누운 우리를 차례로 살피더니 깡충깡충 뛰어다녔다. 그리고 쥐토끼 한 마리가 몇 미터 떨어진

굴에서 나와 우리가 해코지할 마음이 없다는 것을 알았는지 마른 흙을 부지런히 파기 시작했다.

따뜻해서 벌레들이 스멀스멀 기어 나왔고, 몇 놈은 그린의 술병 안에서 생을 마쳤다. 잠수오리 몇 마리가 한가롭게 무자맥질을 하다가 위풍당당한 수염수리가 나타나자 놀랐는지 날아올라 서둘러 푸더덕거리며 사라졌다.

얼마 쉬지 않아서, 아니나 다를까 우리의 숙적인 바람이 다시 불었다. 트랑소춤바브Trangso-Chumbab로 가는 행군의 마지막은 먼지 섞인 돌풍을 맞아야 했다. 캠프는 더러운 곳에 설치됐다. 옆 마을을 지나면서 더럽혀진 먼지 구름이 모든 것을 뒤덮었고, 바람이 세차게 불었다. 딱하게도 잠시 머물렀던 깨끗한 풀밭에 텐트를 칠 수가 없었다. 대규모 원정대는 확실한 장소를 확보해야 한다. 캠프 자리의 선정은 야크와 당나귀 몰이꾼을 먹이고 재우기 위한 필수적인 것들이 있는지 여부에 달려 있다.

자기 전에 러틀리지의 제안으로 그린이 1924년의 노턴 특별전보를 소리 내어 읽었다. 이를 통해 우리는 에베레스트의 등반 가능성을 추론해보았다. 그 후 나는 러틀리지의 텐트 안에서 초를 켜고 러틀리지와 오랫동안 토론했다. 내 의견은, 세컨드스텝의 등반 가능성에 관한 정보를 얻기 위해서 첫 조

는 북동릉을 정찰하는 데만 전념하는 것이 좋겠다는 것이었
다. 우리 둘은 이 단계에서 어떤 결정을 내린다는 것이 얼마
나 어려운지 잘 알고 있었다. 일단 정상 공격이 시작되면 많
은 것이 원정대의 능력에 달려 있다. 아마 여섯 명 이상은 고
소로 못 올라갈 것이고, 또한 올라간 사람 모두가 정상에 도
달하지도 못할 것이다. 그러므로 몸 상태가 가장 좋은 두 명
은 정찰하는 데 체력을 낭비해서는 절대로 안 될 것이다. 흥
미롭게도, 이렇게 복잡한 문제를 우리는 조용히 토론했다. 물
론 이런 토론은 순전히 이론에 불과해, 우리는 '기다려야' 한
다.

쉐카르쫑

해가 뜨자, 늙은 니마 텐드롭이 때맞춰 캔버스 목욕통에 더운 물을 담아 들고 나타났다. 그는 나이 지긋한 동양인답게 나를 늘 부드럽게 깨웠다. 먼저 텐트 줄을 풀고, 보름달같이 둥그렇고 거무스레한 얼굴을 들이민 후 내가 잠이 들어 있으면 "나리! 나리! 나리!" 하며 깰 때까지 소리를 차츰 높여가며 부른다.

　　행군은 처음에는 메마른 모래 평원을 가로질러가는 것이었지만, 모퉁이를 돌아 절벽 아래를 내려다보니, 지금까지 티베트에서 보았던 그 어떤 계곡 못지않게 기름진 땅에다 강까지 있어, 모두 깜짝 놀랐다. 바싹 마르고 영양분이 부족해 보이기는 해도 나무도 있었고, 강 건너편에는 강인한 사람들이 경작한 밭으로 둘러싸인 작은 촌락도 있었다. 이곳 사람들은 이 보잘것없는 흙에서 겨우 연명할 만큼의 수확을 얻는다. 만약 굶주림을 간신히 면한 사람들이 불합리한 자본주의를 지탱하려고 식량을 바다에 버리거나 썩어 없어지도록 방치하는 것을 본다면, 그들은 어떻게 생각할까? 티베트에는 가격 조작이 없다.

내가 '4월5일'을 타고 크로포드와 함께 한가롭게 가고 있는데, 갑자기 뒤쪽에서 발굽이 "쿵!" 하고 땅에 닿는 소리가 났다. 그와 동시에 맥클린과 러틀리지가 고함을 지르며 우리 쪽으로 달려왔다. 이런 갑작스러운 상황에 놀라 '4월5일'이 내달리기 시작하자 발걸이 가죽 끈 하나가 끊어졌다. 나도 '4월5일'을 어찌하지 못해 평원을 마구 달리게 됐는데, 크로포드의 조랑말도 뛰는 것 같았다. 나는 가까스로 '4월5일'을 세운 다음 땅에 내려서 고삐를 단단히 잡아당겼지만, 그놈은 고삐를 끊고 또다시 도망쳤다. 늙다리 말이 이렇게 힘이 센 것에 놀라 처음의 짜증이 한바탕 웃음으로 변했다.

바람이 일찍 불기 시작해 줄곧 우리를 공격했다. 풍경은 달 표면 같았다. 누런 갈빛 산들은 황량했고, 곳곳의 붉은 벼랑은 먼지 뿌연 하늘 위에서 떨고 있었다.

정오를 지나 캠프를 쳤다. 작은 바위산이 캠프 북쪽에 솟아 있어 오르기로 했다. 길 하나를 골라 차갑고 거센 서풍과 싸워가며 정상에 도착했다. 4,500미터인 이곳의 바람이 이 정도로 차고 감당키 어려운데 3,000미터나 더 높은 에베레스트에서는 도대체 어떨까? 우리의 공통된 의견은 이렇다.

8,500미터에서 이런 힘으로 바람이 불면 등반조는 꼼짝도 못하고, 정상 공격은 실패할 것이다.

산에 올라 바라본 광경은 기이했다. 사방에 솟은 갈색 산들은 메말라 보였고, 바람이 불어서, 비옥하고 숭고한 아름다움이라고는 전혀 찾을 수 없었다. 방랑하는 유대인Wandering Jew이나 천벌 받은 영혼에게나[21] 어울릴 법한 죽은 땅이었다.

남쪽 하늘에 구름이 가득했다. 우리는 에베레스트가 어디에 있는지 찾아보았지만 보이지 않았다. 험악한 날씨가 히말라야 전역에서 극성을 부리고 있었다. 내려갈 즈음, 밀려오는 밤과 고즈넉이 뜬 달, 새빨갛게 지는 해가 기묘한 대조를 이루었다.

캠프 근처로 갔을 때 당나귀와 야크 몰이꾼들이 불 옆에 모여 있는 것이 보였다. 바람막이 삼아 등반 비품을 그들 주변 곳곳에 잔뜩 쌓아놓아서, 이제는 무방비로 도둑맞기 쉬웠다.

우울한 이야기가 우리를 기다리고 있었다. 어떤 몰이꾼이 길가에 짐을 버리고 짐바리 짐승을 몰고 도망쳐버렸다. 다행히 수송대원들이 그 짐을 회수했지만, 회수한 짐을 실을 짐

---

21 스마이드는 이를 에드워드 윔퍼의 『알프스 등반기Scrambles Amongst the Alps』에서 인용했다. {역주}

승을 추가로 찾아야 했다. 이것이 레와를 힘들게 했다. 그는 어두워지고서도 한참 후에나 캠프에 도착했다. 지친 그는 먼지가 목에 가득 차서 말도 제대로 못 했다.

4월 10일, 아침은 추웠고 하늘 가득한 먼지로 햇빛이 약했다. 러틀리지와 쉐비 그리고 나는 처음 한 시간 동안은 함께 걸었다. 그 후 나는 '4월5일'을 탔다. 그놈은 상태가 매우 좋았다. 일주일 전에는 곧 죽을 듯 풀이 죽어 비틀거렸는데 이제는 기운이 나는지 털에 윤기가 돌았다.

처음에는 무너진 붉은 벼랑과 돌비탈의 모래 협곡을 횡단했다. 약속의 땅으로 가는 모세도 아마 우리처럼 원시적으로 짐을 옮기며 이런 계곡을 지나갔을 것이다. 물론 무선통신 장비나 포트넘앤드메이슨 백화점과 육해군 구매조합 매점에서 파는 통조림 같은 서양문명의 최신 상품은 없었겠지만. 길은 케른과 불경이 적힌 돌판, 기도문이 적힌 깃발이 펄럭이는 낮은 고개를 넘어 이어졌다. 작은 오르막길 몇 개를 올라가니 바람이 정면으로 세게 불었고, 마침내 완만한 평원이 나왔다. 수송 대열은 한 마리의 길고 가는 용처럼 보였다. 5~6킬로미터 외떨어진 곳의 누런 벼랑 위에 흰 건물들이 모여 있었다. 유명한 수도원인 쉐카르쫑Shekar Dzong이었다. 히말라야와 관련된 책을 읽어본 독자라면 이 수도원의 사진을 많이 보았을 것이다.

쉐카르의 천연두라면 이미 잘 알고 있어서, 우리는 가능하면 수도원에서 3~4킬로미터 못 미쳐 캠프를 치려 했다. 그런데 한 시간쯤 지나, 마을이 가까워졌는데도 식당 텐트가 보이지 않았다. 그래서 혹시 앞선 카르마 폴이 딴 생각을 하고 있는 것은 아닌지 의심했다.

이후 몇 킬로미터는 자동차도 갈 수 있을 정도로 완만한 평원이었다. 늙은 '4월5일'은 길이 마음에 드는지 빨리 걸었고, 어떤 티베트 고위 관료와 앞서거니 뒤서거니 경쟁했다. 그 관료도 쉐카르로 가고 있었다. 그는 호감 가는 용모와 부드러운 피부에 몸집이 작은 사람으로, 붉은 비단 옷에 솜씨 좋게 수를 놓은 모자를 쓰고 있었다. 우리가 나란히 조랑말을 타고 갈 때 내가 엉터리 네팔어로 말을 걸어봤다. 그는 유난히 희고 가지런한 이를 드러내고 활짝 웃으며 무엇인지 모를 말을 중얼거렸는데 나로서는 무슨 뜻인지 알 도리가 없었다.

쉐카르 가까이 왔을 때 수도원의 환상적인 아름다움에 나는 깜짝 놀랐다. 수도원은 360미터 높이의 붉은 암벽 위에 있었다.

아마 처음에는, 땅이 지겨워 높은 데를 갈망한 진취적인 건축가이자 라마 승려인 어떤 이가 약탈자가 접근하지 못하

쉐카르종 수도원

도록 절벽 높이 턱을 깎아 집을 짓고 편안한 마음으로 발아래의 세계를 내려다보았을 것이다. 이런 초라한 집으로 시작된 수도원은 점점 커졌다. 벽 위에 벽을 쌓고 벽 옆에 또 벽을 쌓으며 수도원의 흰 벽은 차츰 커졌는데, 건축 솜씨는 뒤로 나자빠질 정도였고, 중력의 법칙을 거스르는 듯 도전적이고 웅장한 모습이었다. 수도원 위의 작은 탑 같은 성벽이 거의 수직으로 솟았는데, 이것이 지극히 화려했다. 이를테면 유서 깊은 종이 벼랑 꼭대기에 장엄하게 서 있었다.

카르마 폴은 수도원과 북쪽 마을을 제외하고 천연두는 없다고 했다. 캠프는 이를 감안해서 적당한 거리를 두고 수도원 아래 마른 진흙 위에 설치됐다. 그곳은 맞바람이 부는 불결한 곳으로, 지저분한 쉐카르 마을 쪽에서 부는 바람을 정면으로 받아서 마을의 더러운 먼지가 캠프에 그대로 쌓였다. 그린의 분노는 당연했다. 그는 이질이나 천연두, 장티푸스 그리고 원정대가 혹시 걸릴지도 모르는 어떤 다른 질병도 자신이 책임지지 않겠다고 잘라 말했다. 그렇지만, 그가 도착할 무렵에는 이미 너무 늦어서 캠프를 옮길 수 없었다. 짐승들이 지고 온 짐이 이미 풀린 데다 캠프 설치가 완료됐기 때문이다.

캠프를 친 지 얼마 안 돼 종펜이 고맙게도 하인을 시켜 차와 우유, 창을 선물로 보내왔지만, 우리는 쉴 시간이 거의 없었다. 야크와 노새, 당나귀에 실려 계속 도착하는 짐에 누군가 손을 댄 것을 알았기 때문이다. 짐꾼용 고소 등산화 열한 켤레, 텐트 하나, 짐꾼용 방풍 옷과 양말이 없어졌고, 식량 상자가 많이 뜯겨 안에 든 것이 없었다. 짐꾼들은 어떻게 이런 일이 발생했는지 분개했다. 레와는 우리가 그만하라고 겨우 말릴 때까지 짐꾼 몇몇을 맹렬히 추궁했다. 도둑 혐의를 받고 있는 야크 몰이꾼 네 명이 곧 체포되어 가죽 끈으로 묶여 쫑펜에게 인계됐다.

도둑질은 상당히 창의적이었다. 없어진 물건이 있던 자리에 표가 나지 않도록 풀 뭉치를 채운 경우도 있었다. 고소 캠프용 럼주도 없어졌고, 많은 깡통 식량이 없어지거나 열려 있었다. 장비와 식량을 합쳐 비록 45킬로그램 정도가 없어졌지만, 우리는 오후 내내 바람을 맞으며 매캐한 먼지 속에서 콜록거리며 물품을 확인하느라 생고생을 했다.

우리는 식사를 하면서 위스키와 물, 설탕과 레몬주스가 섞인 뜨거운 펀치 한 잔으로 목에 쌓인 더러운 먼지를 씻어냈다. 보통 밤에는 바람이 멎는다. 잠들기 전에 우드 존슨과 나는 산책을 나갔다. 먼지는 가라앉았고, 훤한 달빛이 온 세상을 비추었으며, 별이 밝게 빛났다. 가까이 갈 수 없는 어두운 절벽 높이 수도원이 있는데, 벽은 희고 투명해서 그 속으로 빛이 투과되는 듯 지극히 여리게 빛났다. 가만히 서서 이 신기하고 아름다운 광경을 보고 있는데, 오르내리는 장송곡 같은 소리에 고요가 깨졌다. 라마승들이 기도를 했다. 뿔피리의 낮고 슬픈 가락에 이어 큰북의 느린 울림이 들렸다. 변화가 없고 신비로운 티베트 특유의 소리였다. 서양의 문명은 찼다가 이지러지고 왕과 독재자가 나왔다가 사라지지만, 티베트는 똑같은 것이 지속된다. 티베트는 티베트를 탐내는 자가 없는 행복한 땅이다. 이런 불모의 땅에 티베트의 힘이 있고, 바람과 추위가 탐욕스러운 서양이 이곳으로 찾아오는 것을 막고 있다.

마지막 가락이 떨며 절벽으로 서서히 사라지자 고요가 찾아왔다. 심오한 고요, 이 고요 속으로 격렬하게 아름다운 별똥별이 북동쪽 하늘에서 서서히 떨어지며 산맥 너머로 멀리 사라졌다. 라마승들도 이것을 보았을까? 이것이 그들의 기도에 대한 대답일까?

다음 날 아침, 심한 복통과 구토로 몸이 편치 않아 약간 걱정이 됐다. 이 단계에서 이질에 걸리는 것은 나뿐만 아니라 원정대에도 심각한 문제고, 모두가 앓게 될 수도 있었다. 그러면 우리에게는 산인데도 의사가 필요할 것이다. 레이먼드 그린이 중탄산소다를 만들어주었고, 맥클린이 나중에 피마자유 한 숟가락을 줘서 위스키 한 잔에 섞어 가까스로 삼켰다. 십오 분마다 내장이 꼬이는 듯 고통스러웠지만, 그저 침낭 속에 무기력하게 누워 있을 수밖에 없었다. 그러나 이런 강력한 조치 덕분에 배 속이 텅 비기는 했지만, 점심때는 속이 훨씬 편했다.

그날 오후, 도둑 혐의로 체포된 네 명은 쫑펜의 명령으로 공개 태형을 당했다. 원정대 대표 자격으로 러틀리지가 이 의식에 공식 참석했고, 많은 대원들도 따라갔다. 그들은 생가죽 채찍으로 사백 대를 맞았다. 우리는 그들이 유죄라는 것을 분명히 알았지만, 형벌의 집행은 재판 없이 벌을 내리는, "형벌이 먼저고 선고는 나중"이라는 "이상한 나라의 엘리스"를 너무 닮았다.

이 광경을 지켜본 사람들이 돌아와서 티베트 형벌 중 태형은 그리 심하지 않다고 했다. 각자 백 대씩 맞았는데 무덤덤하게 벌을 받더라는 것이다. 태형의 목적은 죄를 자백하라는 것이지만, 혐의자 중 누구도 죄를 인정하지는 않았다. 좋은 신발 몇 켤레가 채찍 백 대보다 훨씬 나은 것이다.

만일 태형을 정당한 형벌이라 한다면, 우리가 본 그 의식은 형벌 집행 과정이었다. 형벌은 야외 법정에서 집행됐다. 쫑펜이 한 지붕에 자리했고, 대원들은 다른 지붕으로 올라갔다. 두 사람이 채찍질을 했는데, 열 대를 때릴 때마다 혐의자에게 죄를 자백할 것인지 물었다. 이것이 티베트에서는 늘 행해지는 순서인 것 같다. 죄가 있든 없든 혐의가 있는 자는 재판에 앞서 호되게 맞는다. 만일 죄가 있어 자백하면 법정은 골치 아픈 문제를 덜게 된다. 자백을 해서 훨씬 더 큰 벌을 받을 수도 있지만, 귀와 팔다리를 잘라내는 형벌이 있는 티베트에서 채찍질은 비교적 가벼운 형벌에 속한다.

저녁 무렵, 나는 목이 훨씬 좋아졌지만 좀 더 확실히 치료하려는지 그린이 박테리오파지bacteriophage 한 알을 처방했다. 배 속에 남아 있는 게 아무것도 없어서인지 나는 오히려 잠을 잘 잤지만, 다른 불행한 이들 몇몇이 구역질을 하는 통에 한 차례 잠이 깼다.

4월 12일, 아침은 춥고 햇빛이 없었다. 남쪽에는 회색빛 푸른 장막이 드리워졌고, 에베레스트 쪽에는 눈이 내렸다. 톰 브로클뱅크도 나처럼 아팠다. 그는 세균에 감염된 먼지의 또 다른 희생자였다.

'경찰'은 임무수행 중이었다. 그날 아침에 호기심이 지나쳤던 수도원의 라마승 여럿이 목숨을 걸고 도망쳐야 했다. 점심때는 고소캠프로 술을 가져가는 문제에 대한 토론이 있었다. 카메트에서 자기 전에 몸을 데우는 데는 럼주가 좋았다고 지적한 것은 내 공적이다. 독한 술을 마시면 일시적으로 몸이 더워져도, 술기운이 없어지면 신체는 이전보다 더 차가워진다는 것이 나와 그린의 공통된 의견이었다. 나는 알프스에서 이를 체득했다. 설탕을 많이 넣은 독하지 않은 럼주가 몸을 따뜻하게 하는 것 같았다. 나는 경험으로 술보다는 초콜릿 같은 뜨거운 비 알코올성 음료가 몸을 따뜻하게 하는 데 도움이 되기 때문에 잠이 빨리 온다고 알고 있다.

점심을 먹고 우리 몇은 군사령관 소남 톱치 라마Sonam Topchi Lama의 호위 아래 수도원을 찾았다. 쉐카르에서 소방수消防水와 하수도 역할을 하는 얇은 강을 건너, 양편에 불교경전이 새겨진 좁은 통로를 지나, 가파른 길을 올라갔다. 도중에 잠시 멈추어, 덤비는 개에게 돌을 던졌다. (티베트의 가장 난폭한, 털이 짧은 큰 개도 정확한 돌팔매질은 견디지 못한다.) 우리는 커다란 입구를 통해 수도원으로 들어갔다. 처음에 우리를 맞은 것은 비좁은 거리의 작은 도랑과 질질 흐르는 하수의 악취였다. 여행자들이 악취에 금방 적응하듯, 우리도 곧이 냄새에 익숙해졌다. 연기에 그을린 격자창이 딸린 거대한 건물들은 흥미진진했다. 건물들은 벼랑의 가파른 면마다 층층이 솟아 있었다. 큰길을 벗어나 다른 입구로 가보니 부처님의 삶이 여러 장면으로 조잡하게 그려져 있고, 네모난 안마당으로 들어서니 한두 개의 장대에 기도문이 적힌 깃발이 걸려 있었다. 한 층의 돌계단을 오르자 사원이 있었다. 층계 밑에서 한 무리의 사람들이 큰 통에서 아름다운 돋을무늬 은 찻주전자로 차를 퍼 담는 데 여념이 없었다. 차를 채운 주전자는 한껏 화려한 의식과 함께 안마당 끝까지 운반됐다. 그곳에는 200여 명의 라마승이 땅에 웅크린 채 앉아 있었다.

암적색 승복을 입은 승려들은 한쪽 팔을 어깨까지 드러내 놓았는데, 이는 청빈을 상징한다고 한다. 그들의 얼굴, 목, 손과 팔은 수많은 슁shing[22] 불의 연기에 그을려 거무스름했다. 승려들은 놋쇠 찻잔을 받았고, 땅에는 찻주전자들이 놓여 있었다. 차를 따르는 사람들이 기도하는 승려들 앞에 엎드리자, 땅에 웅크리고 앉아 있던 라마승들이 찻잔을 내밀어 차를 받았다. 승려들이 차를 모두 받자, 차를 따르는 사람들을 인솔하는 승려가 기도를 시작했는데, 기도는 손뼉을 치는 것으로 끝났다. 낯설지만 한 폭의 그림 같은 아름다운 의식이었다. 우리의 크리스마스 의식도 티베트인에게는 아마 이렇게 낯설게 보일 것이다.

우리는 사진을 많이 찍고 계단으로 올라가, 수도원에서

---

22 말린 야크 똥으로, 티베트의 많은 지역에서 유일한 연료다. 티베트에서는 일반적으로 연료를 슁shing이라 부른다. (원주)

가장 큰 법당으로 안내됐다. 승려들은 우리가 사진을 찍는 데 전혀 개의치 않았다. 내부는 어두침침했다. 울퉁불퉁한 돌바닥에서 미끄러지고 비틀거리며 어둠에 익숙해지니, 바닥에서 10여 센티미터 올라온 긴 의자들이 보였다. 의자는 승려의 옷과 같은 짙붉은 천으로 덮여 있었고, 그 법당의 한쪽 끝에 있는 세 개의 성스러운 상像이 직각이 아닌 세로로 배치되어 있었다. 우리는 계단을 몇 개 올라, 승려들 자리로 가서 상들을 자세히 살펴보았다. 작은 창 하나로 들어온 빛이 그 상들을 부분적으로 비추었다. 화려하게 채색된 상들은 보석으로 장식되어 있었고, 한가운데 부처님 상에는 이마에 엄청난 크기의 다이아몬드 같은 것이 박혀 있었다. 좌우의 상은 중앙 것보다는 작았다. 이들 세 개의 상 앞에는 버터기름을 연료로 사용하는 등이, 물이 담긴 놋 사발들 사이에 놓여 있었으며, 이런 것들이 놓인 제단에는 무늬가 있는 붉은 비단이 덮여 있었다. 이들 상의 위와 뒤에 크고 장엄한 부처님의 모습이 어렴풋이 보였다. 또한 정성들여 칠을 하고 수를 놓은 작은 기旗가 많았는데, 늘 어둠 속에 이렇게 갇혀 있어야 한다고 생각하니 안타까웠다. 왜 종교와 어둠은 불가분의 관계를 가져야 하는가? 어둠이 신앙심을 쉽게 일으킨다는 말인가? 왜 그럴까? 절 한쪽 벽에는 책이 꽂힌 수백 개의 칸막이 선반이 있었다. 그 책을 펼쳐 보지는 못했지만, 분명히 불교철학과 관련된 서적일 것이다.

그리고 또 다른 사원으로 안내됐는데, 그곳에는 전임 승려들이 방부 처리되어 나무 상자에 안치되어 있었다. 우리는 어떤 방으로 안내되어 방석에 앉았다. 수많은 골동품과 작은 장신구들이 우리 앞에 놓였고, 그 물건들을 사라는 제안을 받았다. 나는 작은 참charm[23] 구리 상자, 중국제 은 찻잔, 터키옥이 박힌 부적 목걸이를 샀다. 라마승은 장삿속이 대단해서 인도 돈으로 물건 값을 치르는 것에 개의치 않았다. 나는 정말로 은 찻주전자 같은 특별한 물건을 살 수 있어서 기뻤지만, 카르마 폴이 더 사라고 권했어도 살 마음이 전혀 들지 않았다. 카르마 폴이 거간꾼 역할을 하고 있었기 때문이다.

물건들을 다 사고 나서 우리는 절 위쪽에 있는 푸석푸석한 빵 과자 같은 바위를 올라 벼랑 위의 오래된 요새로 갔다. 이 요새는 오랫동안 쓰지 않았는지 잘게 금이 간 벽이 위태롭게 절벽으로 기울어져 있었다. 한 번 밀면 100미터 아래로 그냥 무너질 것 같았다.

우리는 부서진 들보와 위태위태한 석조 벽을 안 건드리려고 주의하며 가파른 층계를 천천히 올라가 지붕 위로 나왔

---

23 팔찌·쇠사슬 등에 달아 몸에 지니는 장식품 [역주]

다. 그곳에서 우리는 본능적으로 에베레스트가 있는 쪽을 보았다. 남쪽 하늘에 거대하고 수척한 물체가 우뚝 솟아 있었다. 에베레스트였다.

폭풍이 몰아치는 저녁이었다. 붉게 타오르는 뭉게구름 한 겹이 히말라야 산맥 위에 덮여 있었다. 폭풍의 중심이 에베레스트 가까이 있어서 그런지, 노스콜로 뚝 떨어지는 북벽 North Face과 북동 숄더North-East Shoulder가 분명하게 구별되지 않았다. 노스콜은 가까이 있는 능선에 가려 안 보였는데, 바람이 내린 눈을 쓸고 가서, 검은 바위 뼈대들이 얇고 흰 피부를 뚫고 나온 뼈처럼 드러나 있었다. 이런 가혹한 바위와 눈의 흑백을 조금이나마 누그러뜨릴 만한 어떤 빛이나 그림자도 그곳에는 없었다. 흐릿한 빛에 싸인 그 거대한 산이 무섭게 보였다.

해가 지평선 가까이 저물어 가면서 우리 둘레의 기묘한 벽이 타는 듯이 빗금으로 붉게 빛났다. 그리고 우리가 서 있는 바위의 그림자가 쫑을 뚜렷이 드러나게 만들기도 했지만, 그와 동시에 쫑의 날카롭고 뾰족한 부분을 뭉툭하게 만들면서 평원을 가로질러 서서히 움직였다.

지붕에서 내려가자니 불안했다. 구불구불한 통로와 계단으로 살금살금 내려가는 중에도 이 불안정한 건물이 언제든 무너질 수 있을 것 같았다. 다행히 산중턱을 무사히 빠져나왔다.

캠프에 도착하니, 쫑에서는 햇빛이 사라졌지만 동쪽 산들의 반사광을 받아서 쫑이 진초록 하늘을 배경으로 여리게 빛났다.

한밤중에 큰 소란이 있었다. 짐꾼들이 쉐카르에 머무르는 이점을 최대한 활용하는 것은 당연했다. 그들은 이곳의 창이 특히 독하다는 것을 금방 알아차렸고, 지금껏 절주와 분별의 본보기였던 락파 체디조차 그만 자제심을 잃고 말았다. 그와 친구 몇몇이 캠프로 돌아왔을 때는 소란이 대단했다. 그러나 우리는 결코 이런 남자들을 나무랄 수 없다. 이 술판 전에는 거의 술잔치가 없었기 때문이다.

CHAPTER

7

롱북 계곡에서
베이스캠프로

닷새면 베이스캠프까지 갈 수 있을 것이다. 고맙게도 짐바리 짐승들이 4월 13일 아침에 도착해, 이제 쉐카르를 떠날 수 있겠다는 생각이 들었다. 더러운 쉐카르에 더 이상 머문다면 모두가 병에 걸리는 것은 너무나 뻔했다.

쉐카르를 떠나서 처음에는 좁은 흙 협곡을 지나갔다. 이 협곡에서 짐바리 짐승들이 머뭇거렸고, 몇 마리는 고생을 많이 했다. 흐리고 음산한 날이었다. 눈이 흩날려 산이 보이지 않았지만 우리는 흐린 날이 좋았다. 티베트에서 흐린 날은 바람이 없기 때문이다.

나는 '4월5일'을 타고 크로포드와 함께 갔다. 폭이 좁은 길에서 여러 마리의 노새와 뒤엉키게 되었는데, 노새 한 마리가 달려들어 '4월5일'의 주둥이를 대놓고 공격했다. 이에 놀란 늙은 조랑말이 길에서 냇가로 도망쳤지만, 그나마 내가 대처를 잘해서 렐링처럼 갑자기 내달리지는 않았다.

그다음 길은 메마른 모래 강바닥을 따라갔고, 이어 가파른 언덕을 지나 붉은 바위 비탈을 내려가서 봉추 계곡에 놓인 다리를 건넜다. '4월5일'은 뒤처져 꾸물거렸다. 달팽이같이 느린 그놈에게 몸을 맡기고 꾸벅꾸벅 졸고 있는데, 갑자기 그놈이 안장에서 나를 떨어뜨릴 정도로 앞발을 치켜들더니 봉추 평원을 가로질러 적어도 시속 20킬로미터의 속력으로 내달렸다. 뒤따르던 '경찰'은 교활하게도 '4월5일'의 발자국을 보고 따라왔다.

판글Pangle 마을 근처의 산뜻하고 깨끗한 곳에 캠프가 설치됐다. 나는 눈보라가 칠 때 캠프에 도착했다. 땅은 곧 눈으로 덮였지만, 구름이 사라지자 태양이 다시 나왔다.

우리 몇몇은 캠프 위쪽 300미터 정도의 산으로 올라갔다. 서쪽으로 길고 넓은 봉추 계곡이 정상에서 내려다보였고, 바람이 불자 봉추 계곡 안쪽의 기묘하고 작은 원추형 산들이 화산처럼 눈발을 내뿜었다.

저녁식사 때 텐체다르가 우리가 여태껏 맛보지 못한 기막힌 커피를 만들었다. 왜 늘 좋은 커피를 못 만드는지는 풀 수 없는 미스터리다. 식당 텐트에서 추위에 떤 우리는 곧 추위를 피해 침낭 안으로 들어갈 수 있어 기뻤다.

판글 라Pangle La에 도착한 다음 날인 4월 14일 새벽, 구름이 끼기 전에 에베레스트를 보려고 러틀리지가 우리를 깨

CHAPTER 7

▲

왔다. 평소보다 일찍 출발한다고 전날 밤 쿡에게 통지했는데도, 동양인들은 융통성이 없어서 주방 계획이 엉망이 되어버렸고, 우리는 멍하니 하릴없이 서서 추위 탓이나 하다가 평소처럼 아침을 먹는 것으로 만족해야 했다.

그 고개를 오르려 할 때 남쪽 하늘의 눈구름 때문에 분명 아무것도 안 보이겠다는 생각이 들었다. 나는 '4월 5일'을 타고 그날을 시작했다. 그러나 그 불쌍하고 늙은 놈은 이제부터 내리막길이라 생각하고 있었는지, 내려가는 것이 아니라 900미터 이상을 더 올라가야 한다는 것을 알게 되자 대단히 놀라고 분개하는 것 같았다. 하지만 나는 그놈에게서 내려, 길 대부분을 웨거스와 함께 걸었다. 사실 나이에 비해 잘 걷는 그놈은 다른 조랑말들처럼 헐떡이지도 않았다.

고개까지 지겹도록 단조롭게 터벅터벅 걸었다. 찬바람 때문에 얼음이 칼 같은 모양으로 돌출해 있었고, 주변의 모습은 황량하고 을씨년스러웠다. 판글 라는 5,486미터였지만, 일부러 서둘지 않아도 나는 거의 평지의 속도로 걸을 수 있었다. 이것은 리듬의 문제였고, 폐의 능력에 걸음을 맞출 수 있느냐의 문제였다. 산비탈을 오를 때 걷는 속도에 맞는 노래가 큰 도움이 되기 때문에 나는 종종 다리의 움직임과 호흡을 맞추기 위해 짧은 노래를 부르곤 한다.

고개에는 케른이 있고 기도문 깃발이 나부꼈지만 에베레스트는 전혀 보이지 않았다. 남쪽 하늘에는 무거운 구름과 푸른빛이 도는 회색의 눈 커튼이 드리워져 있었다. 우리 주변은 색이 거의 없어서 흐릿한 음화陰畫 같은 단색이었다. 살을 에는 바람 때문에 잠시도 멈출 수 없었다. 그래서 크로포드, 브로클뱅크와 나는 고개 동편의 산으로 올라갔다. 가볍게 올라가니 고개 위쪽 180미터 지점이 정상이었다. 이어 그 너머의 더 높고 가파른 또 다른 정상으로 각자 능력대로 올라갔다. 내가 걷는 속도는 한 시간에 450미터 이상, 아마 600미터 정도는 되는 것 같았다. 내 몸 상태는 아주 좋았고 고소적응이 잘 되어 있었다. 오를수록 바람이 세졌다. 나는 방풍 옷이 바람을 얼마나 잘 견디는지 궁금했다. 방풍 옷이 제 역할을 잘해, 에베레스트의 훨씬 더한 찬바람에도 똑같이 효과가 있을 것 같아서 기뻤다. 아네로이드 자기기압계를 보니 두 번째 산의 높이는 5,715미터였다. 정상에는 케른, 버드나무 가지 묶음과 기도문 깃발이 있었다. 티베트 사람들도 고개를 그저 넘기만 하는 것이 아니라, 우리들처럼 풍경을 즐길 줄 안다는 것을 보여주는 것 같았다. 날씨가 맑았더라면 우리 앞에 에베레스트의 장대한 모습이 펼쳐졌겠지만, 이번에는 높은 산들이 전혀 보이지 않았다. 동서로 뻗은 구름 아래 낮은 산들은 음울했으며, 게다가 식물이라고는 흔적조차 없는, 햇볕이 안 드는 불모의 계곡이 몇 킬로미터나 계속됐다.

찬바람이 부는 데서 오래 머물 수 없었다. 그래서 나는 눈과 돌멩이들이 뒤섞인 비탈을 달려 내려와 고개 남쪽으로 갔는데, 마침 수송대가 구불구불 올라오고 있었다. 당나귀들은 힘들었던 다른 날들보다 훨씬 더 힘들어했지만, 다행히 몇 마리 여유가 있어 그놈들이 지쳐 쓰러지면 새로운 놈에게 짐을 옮겨 실었다. 경악스러운 급경사 협곡을 통과하니 서쪽의 절벽 위로 아찔한 길이 보였다. 그 길은 은둔자의 동굴로 이어졌다. 기분 좋게 따스한 모래 계곡을 지나, 타쉬쫌Tashidzom 마을 근처의 작은 버드나무 숲 야영지로 가니, 그곳은 막 태어난 새끼 양들이 뛰노는 멋진 목초지였다.

쉐비와 우드 존슨은 고개를 넘는 수송대를 감독하느라 힘들어서인지 녹초가 되어 있었다. 우드 존슨은 늘 마지막까지 캠프에 남았다. 그래서 우리보다 바람과 먼지를 더 오래 견뎌야 했지만, 조금도 불평하지 않았고 늘 쾌활하고 힘이 넘쳤다.

쉐카르의 먼지에다가 고개를 오르느라 차고 건조한 공기를 거칠게 호흡해서 목이 아픈 것은 당연했다. 쉐비가 특히 심하게 콜록댔다. 기침을 밤새 계속한 걸 보면 분명 잠을 제대로 못 잤을 것이다. 나는 그래도 지금까지 극심하게 아픈 상황은 피할 수 있어서 많이 감사했다. 타쉬쫌에 도착할 즈음 갈증으로 독한 차를 퍼마셨는데, 밤새 잠이 안 와 뒤척이면서 그 대가를 톡톡히 치렀다. 게다가 '경찰'이 장시간 계속 짖어 대서 피켈로 죽여 버리고 싶은 유혹이 몇 차례 들었다. 그래도 버드나무 가지에 살랑거리는 바람소리를 들으며 누워 있을 수 있는 것이 그나마 조금 위안이 됐다. 그 뒤로도 행군 도중에 그리고 에베레스트 등반 중에 잠 못 이루는 많은 밤을 보냈다. 그래도 고도가 높은 곳은 저지대보다 시간이 빨리 흐른다. 잠은 그다지 꼭 필요한 것 같지 않다. 몸을 쉴 수 있을 정도면 충분하다. 잠을 설치면 하찮은 잡생각이 자꾸 드는데, 이런 생각들은 마음이 지어낸 터무니없는 걱정거리일 뿐이다. 이런 생각들이 자주 일어나면 판단력이 떨어지고 냉정을 잃게 되어, 원정대가 순조롭게 임무를 수행하는 데 결국 심각한 위협이 된다. '잡생각'은 별것 아닌 것 같지만 아주 파괴적이다. 고소의 환경을 잘 알고 경험한 적이 있으면, 이에 대처하는 데 큰 도움이 된다. 왜냐하면 평정심을 유지하는 데 도움이 되기 때문이다. 동료가 수프를 훌쩍이며 먹는 것을 혐오할 것이 아니라, 이런 혐오는 고소로 인해 생긴 것이고, 남들도 내가 수프 먹는 소리에 똑같이 진저리칠 수 있다는 것을 이해하기만 하면 된다. 일단 이런 생각이 들면, 관용과 동정 그리고 이해의 열매는 결코 멈추지 않고 계속 열린다.

다음 날 아침, 몸이 편치 않았다. 등짝은 오한이 일고 속은 엉망이었다. 지친 사람은 나뿐만 아니었다. 쉐카르의 먼지 공격에 많은 짐꾼들도 겨우 속삭일 수 있을 뿐이었다.

타쉬쫌에서 초쫑Chö-Dzong까지의 19킬로미터 남짓한 행군은 단조로운 계곡을 따라 계속됐다. 맑은 날이었지만, 구름이 홀연히 생기더니 에베레스트의 모습을 금세 가렸고, 바람에 날리는 설연이 산 정상부에서 몸부림쳤다.

초쫑의 야영지는 바람에 노출되어 있어, 우리의 보급품과 음식이 또다시 먼지로 뒤덮였다. 그날 늦게 십턴과 나는 캠프 북쪽의 5,200미터 산을 올랐다. 감기 같은 증상이 행군하는 동안 완전히 사라져서, 내 몸이 다시 좋아지고 건강해졌다는 느낌이 들었다. 구름이 흩어지자, 곧 에베레스트의 눈 덮인 능선들 위쪽의 모습이 보였다. 멋진 정상이 남쪽으로 많이 있었지만, 그 거대한 봉우리와 비교할 만한 것은 아무것도 없었다. 잠시 그 봉우리가 안개 때문에 흐릿하게 보였지만, 해가 지자 봉우리에 붙은 안개가 곧 비실비실 흘러가버렸다. 망원경으로 살펴보니 적은 양이지만 눈이 어떻게 바위에 그대로 남아 있는지 알게 되어 놀라웠다. 서풍에 눈이 날아간 북벽은 발가벗은 모습이었다. 서풍이 맹렬하게 몰아치는지 북동릉에 몇 킬로미터나 되는 가느다란 깃발 모양의 설연이 일었다. 두려웠다. 태양이 지며 뿜어내는 따뜻한 빛조차 이 냉혹함을 누그러뜨리지 못했다. 우리는 이런 모습을 무시하고 일부러 그 산의 윗부분을 응시했지만, 그 윗부분도 만만치 않았다. 바위는 매우 가팔랐다. 고산에 대한 난이도 평가의 일반적 기준으로 봐도, 에베레스트는 쉽지 않다는 것이 분명했다. 세컨드스텝은 접근이 불가능해 보였지만, 우리는 북쪽에 눈이 반쯤 차고 쑥 들어간 곳을 눈여겨보았다. 우리 중 누구도 그 위쪽의 길고 느슨한 바위지대가 마음에 들지 않았다. 그렇지만 호흡이 편안한 곳에서 높은 산을 상세히 본다 해도 난이도를 평가하기란 쉽지 않다. 왜냐하면 등산의 어려움은 높이를 떠나 생각할 수 없기 때문이다. 그 마지막 피라미드는 베이스캠프에서 너무 가까워, 아래에서 위를 올려다보면 조금 압축되어 보이기 때문에, 산의 나머지 부분과 함께 보아야만 전모를 제대로 알 수 있다. 만일 세컨드스텝 등반이 가능하다면, 두 개의 루트 중 하나를 선택할 수 있다. 확실히 보이는 삼각형 설사면을 똑바로 올라가거나, 아니면 피라미드 우측의 북벽 바위를 오르는 것이다. 그러나 만일 노턴이 시도했던 트래버스 루트도 가능하다고 판단되면, 우리는 아마 세 개의 루트 중 하나를 선택할 수 있을 것이다. 이 세 개의 루트 중 둘은 북동쪽에서 시작해 그 산의 정상 능선 위에서 끝날 것이며, 나머지 하나는 북서릉 위에서 끝날 것이다. 솔직히 노턴의 트래버스 루트를 처음 보았을 때 약간 비관적인 생각이 들었다. 노턴의 트래버스 루트가 가로질러 지나가는 '그레이트 쿨르와르Great Couloir'의 마루 부분은 그림자가 모여들면서 험악해 보였다. 북동릉이 등반의 관점에서 얼마나 더 좋은지는, 바위지대로 된 그 산의 북벽 위로 멀리 이어지는 썩 내키지 않는 루트와 비교해보아야 알 수 있다.

우리가 바라보고 있을 때 석양이 사라졌다. 그러자 하늘이 급작스레 어두워지면서 첫 별이 반짝였고, 에베레스트가 다시 준엄한 회색빛으로 변했다.

우리는 자갈 비탈지대를 내려와서, 위쪽에서 본 것을 러틀리지에게 말했다.

다음 날 아침, 몇 시간 후면 에베레스트가 보이는 롱북 계곡에 캠프를 칠 수 있다는 기대에 부풀어 모두 유쾌하게 식사했다. 초종에서, 계곡은 서서히 동쪽으로 굽으며 폭이 좁아지고, 양편의 산도 가팔라지며, 물살도 더 사납다. 우리는 곧 롱북 계곡 입구의 양 절벽에 이르렀다. 노턴은 이 양 절벽을 "고도로 들어가는 문"이라고 불렀다. 왜냐하면 양 절벽 사이를 통과하는 여행자는 티베트 평원을 지나서 이제 자신이 에베레스트의 입구에 와 있다는 것을 두 눈으로 직접 보고 알 수 있기 때문이다. 롱북 계곡 너머의 산비탈은 가파르고, 절벽도 많고, 길이 좁다. 그래서 튀어나온 바위에 짐이 계속 부딪쳐, 노새들이 지치고 힘겨워하며 주저앉았지만, 결국 얻어맞고 욕설을 들어야 다시 제힘으로 일어서서 움직였다.

우리가 모퉁이를 돌아섰을 때 에베레스트가 보여야 했지만, 구름이 계곡 상부에서 꾸물거렸다. 최근 이곳에는 눈보라가 심했다. 그래서 바람에 날리는 눈 때문에 길이 안 보였고, 혹독한 바람이 이 황량한 계곡을 휩쓸며 분설을 일으켜 우리의 얼굴을 세차게 때렸다.

롱북 사원이 눈에 들어왔다. 갈색 산비탈 위에 계단형으로 지어진 나지막한 건물이었다. 사원 근처에 캠프를 친 우리는 거센 바람을 피해 식당 텐트 안으로 기어들어가는 것만으로도 기뻤다. 오후에 안개가 서서히 걷히면서 차를 마실 때 에베레스트가 모습을 드러냈다. 에베레스트는 햇빛을 흠뻑 받고 있었다. 롱북 빙하 상부에서 에베레스트 정상까지 북벽 높이가 대략 3,000미터였지만, 그래도 산의 규모를 어림하기란 쉽지 않았다. 북봉North Peak 높이가 거의 7,600미터에 이르지만, 그 옆의 이 거대한 주봉에 비하면 대수롭지 않아 보였다. 황갈색의 에베레스트 정상 아래쪽 300미터 지점에는 담황색의 사암 띠가 수평으로 가로지르고 있었다. 노턴과 소머벨의 루트는 현재 '옐로 밴드Yellow Band'로 알려진 이 담황색 띠를 따라서 나 있다. 에베레스트의 가장 두드러진 두 가지 특징 중 하나는 마치 북벽을 가르듯이 피라미드 하단에서부터 롱북 빙하까지 이어진 어마어마한 그레이트 쿨르와르와 피라미드 북서쪽 끝부분을 떠받치고 있는 눈 덮인 거대한 기단이다. 어찌 보면 자연도 안타깝게 실수를 한다. 크고 추한 모습의 북봉이 에베레스트의 멋진 북벽을 가리고 있었다. 인위적이었다면 이쪽 방향에서 세계에서 가장 높은 산의 전체 모습이 잘 보이도록 좀 더 잘 배치됐어야 했다.

망원경을 꺼내 살펴보았다. 그리고 전날 조금 가볍게 언급되었던 이야기들에 대해 다시 토론했다. 북동릉 상부에서 세컨드스텝으로 곧장 오를 수 있는 한 가지 가능성이 있을 것 같았다. 망원경으로 보니 그 스텝 근처에 설사면이 있는 것 같았다. 그 설사면이 착각이었다면, 북동릉에서 능선 상부로 계속 이어지는 루트가 가능할까? 육안으로는 이런 일이 생길 가망이 거의 없음을 보여주었다. 혹시라도 피라미드의 최종 설사면이 가파르기는 하지만, 일단 그 스텝이 등반된다면 나머지 능선은 그다지 위협적으로 보이지 않았다. 노턴의 트래버스 루트에 관해서는 이렇다. 그레이트 쿨르와르의 상부를 가로질러 자갈비탈로, 분명하게 보이는 경사진 처마를 넘어서 피라미드의 최종 출발지점으로 할 수 있다면, 정상으로의 접근이 가능할지도 모르겠다. 그리고 가장 높이 캠프를 칠 수 있는 확실한 곳이 퍼스트스텝First Step(8,470m) 아래 눈 덮인 바위 턱에 있었다.

갑작스럽게 석양이 그 큰 바윗덩어리에 불을 질러, 한순간 우리는 세세한 것에 대한 생각을 잊고, 적敵의 거친 아름다움에 그저 탄복했다. 순식간에 어두워지면서 텐트로 돌아갈 때 하늘은 무수한 별로 빛났고, 남쪽 하늘에는 번개가 번뜩였다. 밤은 몹시 추웠다. 4,800미터나 되는 고지여서 더 그랬겠지만, 어쨌든 지금까지 경험한 가장 심한 추위였다. 나는 침낭 안에서 떨었는데, 잠에서 깨니 호흡으로 턱수염이 얼어 있었다.

4월 17일은 부활절 다음 날이었다. 영국의 햄스테드 히스Hampstead Heath[24]에 오렌지와 술이 있다면, 우리에게는 롱북 사원의 축복이 있었다. 사진기를 들고서 우리는 그 사원으로 뿔뿔이 흩어져 걸어갔다. 우리는 사원에서 좀 떨어진 곳에 있는 커다란 기념비를 지나가면서, 에베레스트와 잘 어울리

---

24 영국 런던 북서부의 고지대 햄스테드에 있는 공원 (역주)

는 그곳에서 인상적인 사진을 찍을 수 있었다. 사원의 안마당으로 들어서니, 두 명의 라마승이 기묘하게 생긴 뿔피리를 불고 있는데, 굿윈 샌즈Goodwin Sands[25]의 고동 소리가 연상됐다. 안마당 벽에는 얼마 전에 그린 듯한 야한 그림이 있었다. 서양인이 보기에 몇몇 그림은 외설적이었다. 티베트에서는 인간의 삶을 다양하게 묘사하는 것이 예술가의 목표고, 그림은 '공안위원회'의 검열을 통과하려고 면밀하게 계산된 작품 이상의 의미가 있다. 전쟁의 신이 특히 강렬했는데, 무자비하게 사악한 얼굴은 싸움을 좋아하는 인간의 본성을 분명하게 상징했다.

문간으로 들어가, 징 박힌 등산화를 신고서도 조심조심해서 가파르고 미끄러운 2층 계단의 어두운 통로를 지나 지붕 베란다로 올라갔다. 베란다 한쪽 끝에 가로 1.8미터 세로 2.5미터의 유리가 달린 큰 캐비닛이 있는데, 공중전화 부스와 비슷했다. 그 안에서 덕망 높은 주지스님이 원정대에 축복을 기원하고자 우리를 기다리고 있었다. 그분이 어찌나 환하게 미소를 짓는지 얼굴이 둘로 갈라질 것 같았다. 따스한 영혼을 지닌 티베트의 한 고승 앞에 우리가 서 있다는 것을 깨닫는데는 시간이 그리 오래 걸리지 않았다. 표정이 풍부한 큰 얼

---

25 영국 남서부 켄트 주 동쪽 도버 해협에 있는 얕은 바다 (역주)

굴에서 유머와 지혜, 친절과 동정심 그리고 이해심이 한꺼번에 우러나왔다.

카르마 폴의 통역으로 러틀리지가 원정대를 대신해 존경의 마음을 전했고, 이어 의례적인 선물이 오갔다. 우리가 준비한 선물은 정교하게 짠 양단 옷 두 벌과 차 세트, 가죽 트렁크였다. 특히 트렁크가 그 고승에게 큰 감동을 주었는데, 유용하게 쓰일 날이 있었으면 좋겠다. 주지스님이 우리에게 준 선물은 말린 양 두 마리와 가방 가득한 음식으로, 이 불모의 계곡에서는 다 귀한 것이었다.

선물을 교환하자 주지스님은 '장군'의 안부를 물었다. 브루스 장군은 이곳에서도 유명하다. 그는 우리의 성공을 기원해주면서 몸조심도 당부했다. 또한 항상 기도를 잊지 않으면 성공할 것이라고 했다.

다음은 축복 의식이었다. 우리는 사원에 시주하라고 짐꾼들에게 각각 1루피와 스카프를 지급했지만, 많은 이들이 이것에다 개인 돈을 더해서 시주했다. 한편, 스카프가 없는 사람들이 차례대로 봉헌할 수 있도록 이미 봉헌된 스카프가 회수되어 그들에게 다시 주어졌다. 사람들이 캐비닛에 가까이 가서 이마에 손을 댄 다음 정성을 다해 몸을 굽히고, 돌바닥에 세 번 머리를 대며 절을 했다. 그리고 스카프와 돈을 올리자, 주지스님이 축복의 말을 중얼거리며 작은 전경기轉經器[26]를 그들의 머리에 갖다 댔다. 그 신실한 사람들은 그곳의 라마승으로부터 신성한 씨 한 그릇과 리본 한 개를 받고 물러나왔다.

우리 차례가 왔을 때 무슨 영문인지 모르겠지만, 내 모습을 보고 주지스님이 너털웃음을 터뜨렸다. 정말이지 그 고승은 담뿍 미소를 지으며, 중풍 환자가 아닐까 할 정도로 몸을 떨었다. 우리는 모두 '옴 마니 반메 훔'을 읊어야 했는데, 주지스님은 나의 진언眞言 발음이 마음에 안 드는지 여러 번 다시 시켰다. 마지막으로 주지스님은 이런저런 사진기와 영사기 앞에서 기꺼이 자세를 취해주었다.

롱북 사원에서 베이스캠프까지는 8킬로미터다. 우리는 세계에서 가장 높은 곳에 위치한 황량한 롱북 마을을 지나 넓고 완만한 계곡 바닥에 도착했다. 마니Mani 벽이 많은 것을 보니 이 계곡이 성스러운 곳임이 분명했다. 옛 티베트의 한 통치자가 이 계곡에서 사냥을 금지하고, 신성한 산인 차몰랑 Chamolang(에베레스트)이 보이는 곳에서는 그 어떤 생명도 빼앗지 못하도록 포고령을 내렸다고 한다.

---

26 보통 아름답게 장식된, 속이 빈 금속 원형 통에 손잡이 막대가 끼워져 있고 필사된 신성한 진언이 그 속에 들어 있다. 손으로 바퀴를 한 번 돌릴 때마다 기도하는 사람이 입으로 진언을 한 번 외우는 것과 똑같은 효과가 있다고 한다. (역주)

이 계곡 서쪽에는 체르마트_{Zermatt}의 바이스호른 Weisshorn을 연상시키는, 눈 덮인 멋진 봉우리가 솟아 있고, 동쪽에는 깎아지른 듯한 붉은 벼랑이 계곡과 잇닿아 있다. 한 곳에는 거대한 산사태가 발생해, 평편한 계곡 바닥을 가로질러 혀 모양으로 된 30미터 두께의 사태 더미가 쌓여 있었다. 산사태의 잔해 가장자리에 마니석들이 놓여 있는데, 추정컨대 산의 여신들을 달래기 위한 것 같았다. 잔해 위에 어떤 은 둔자가 독방을 하나 지어 놓았다. 아마 똑같은 곳에는 다시 산사태가 나지 않는다는 나름대로 합리적인 가정에 근거한 것이었으리라.

평편한 곳을 5~6킬로미터 지나 롱북 빙하가 시작되는 모레인에 도착했다. 돌무더기 사이를 지날 때 에베레스트를 등반해본 경험자들이 1924년에 베이스캠프가 있던 자리를 확인시켜주었다. 얼어붙은 연못가에 변변찮은 목초지가 있는데, 첫눈에 보아도 안락해 보이지 않았지만, 나중에 더 높은, 그래서 훨씬 더 불편한 캠프에 있게 되면, 아마도 우리는 이곳을 극락으로 여기게 될 것이다.

바람이 북쪽에서 계곡 위로 거세게 불었다. 짐꾼들이 텐트를 치느라 여념이 없는 동안, 우리 몇몇은 캠프 남쪽 모레인 능선을 넘어 바람이 안 부는 쪽에서 햇볕을 쬐었다. 1924

년에 앞선 세 차례의 원정을 기념하는 케른을 이 능선에 세웠는데, 그 후 자연스레 무너졌거나 아니면 미신을 믿는 티베트인들이 고의로 파괴한 듯했다. 물론 후자일 가능성이 더 많다. 자세히 보니 이름의 흔적만 남은 몇몇 파편이 흩어져 있었다.

평원을 지나오는 행군의 영향 탓으로, 몸이 좋지 않은 사람이 여럿이었다. 토미Tommy는 누구보다 더 심하게 고소로 고생했는데, 심장에 무리가 될지도 몰라 걱정이 됐다. 크로포드는 폐병에 걸렸고, 해리스는 독감에 가까운 심한 감기를 앓았다. 인후염 환자가 속출해, 한둘은 겨우 속삭일 수 있을 정도였다. 비록 자동차 사고의 후유증으로 등이 아파서 배낭을 지는 것이 힘들긴 했지만, 나는 상당히 건강하다고 생각되는, 몇 안 되는 사람 중 한 명이었다.

우리는 마침 그린의 생일에 베이스캠프에 도착했다. 환자의 수를 감안하면 아주 행복한 기념일은 아니었지만, 그날 저녁 우리는 텐체다르가 만든 최고의 저녁을 먹으며 생일을 축하했다. 주방이 적당히 마련되면서 조리 기구가 한 곳에 모였기 때문에 행군할 때보다 더 나은 음식이 나왔다. 5,120미터 고도에서의 그날 밤은 잠들기가 어려웠지만, 앞으로는 훨씬 더 안 좋은 불면의 밤을 보내야 할 것이다. 그렇지만 먼지

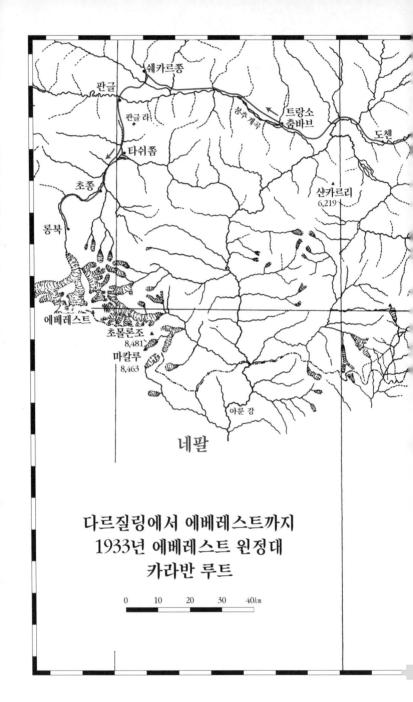

다르질링에서 에베레스트까지
1933년 에베레스트 원정대
카라반 루트

0   10   20   30   40km

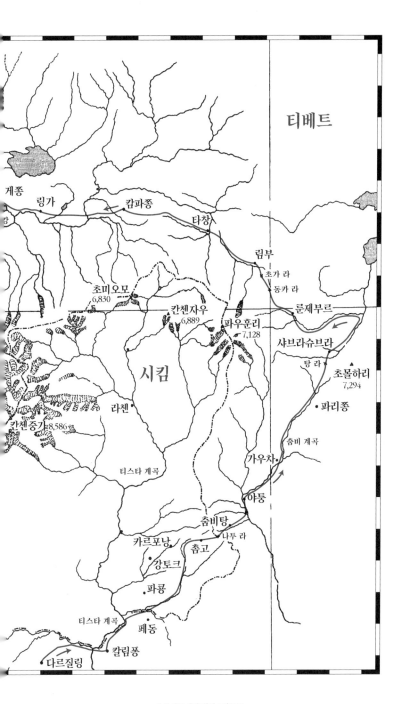

티베트

계종
링가
캄파종
타창
림부
초가 라
동카 라
룬제부르
초미오모
6,830
칸첸자우
6,889
파우훈리
7,128
샤브라슈브라
탕 라
초몰하리
7,294
파리종
시킴
라첸
줌비 계곡
가우차
칸첸중가 8,586
티스타 계곡
야통
줌비탕
카르포낭
나투 라
강토크
촘고
파콩
티스타 계곡
페동
칼림퐁
다르질링

롱북 계곡에서 베이스캠프로

▲

157

많은 티베트 평원을 횡단하는 긴 행군이 이제 끝났다는 생각에 어떤 불편도 달가웠다. 이제 많은 계획을 시험하고, 상상했던 것들을 실제로 실현해볼 기회가 왔다.

1캠프

다음 날인 4월 18일 아침 7시 15분, 첫 햇살이 내 텐트 용마루를 비춘 몇 분 후 모든 텐트에 따뜻한 햇살이 가득했다. 이런 날은 먼지가 섞인, 살을 에는 찬바람과 싸워가며 행군을 해서는 안 된다. 여신들께서 허락하신다면 우리는 정상에 오르게 될 것이다. 우리의 길은 이제 정상까지 위쪽이다.

구름 한 점 없이 청명했다. 완벽한 날씨였다. 에베레스트에는 늘 있는 설연조차 없었다. 해야 할 일이 많았다. 고소 캠프 설치를 위해서 뒤죽박죽인 많은 비품과 장비를 확인하고 분류해야 했다. 내일은 1캠프를 설치할 장소로 올라가 텐트를 몇 동 칠 만한 공간이 있는지 확인해야 한다. 왜냐하면 1캠프의 위치에 대해 쉐비와 크로포드 같은 베테랑들 사이에 약간의 의견차가 있었기 때문이다.

나는 니마 텐드룹과 함께 출발했다. 빙하로 떠밀려온 돌무더기들을 천천히 가로질러 롱북 빙하 동쪽의 모레인 지대로 나갔다. 이 지대는 이전 원정대도 따라갔던 편리한 루트로, 이곳을 통하면 모레인과 얼음의 미로를 피해갈 수 있기 때문이다. 이제 먼지 섞인 바람은 우리 뒤쪽에 있었다. 대기는 수정처럼 맑고, 짙푸른 하늘에서 태양이 찬란하게 빛났으며, 때때로 찬바람이 불어와 전보다 더 적대적인 고지에 우리가 와 있다는 것을 일깨워주었다.

우리가 거의 평탄한 지대를 따라 전진하자, 에베레스트는 거대한 북봉 뒤로 차츰 숨었고, 에베레스트 서쪽으로 빛나는 눕체Nuptse의 주름진 얼음 능선과 푸모리Pumori의 우아한 원뿔이 뚜렷이 보였다. 엉뚱한 생각이긴 하지만, 바람 부는 황량한 에베레스트만 없으면 등산 휴가 대상지로도 손색이 없을 정도로 이곳 풍경은 멋졌다.

이 아름다운 곳에서 시작해 롱북 빙하는 포물선을 그리며 위쪽으로 올라갔고, 거인들이 고지를 공격하려 전진하다가 그대로 얼어붙은 것 같은, 수천 개의 뾰족한 얼음 탑이 이 포물선의 정중앙을 가로막고 있었다.

베이스캠프로부터 5킬로미터 지점에서 폭이 좁아지며, 큰 바위들이 흩어져 있는 비탈면과 하나가 된다. 1924년 원정 당시, 노엘Noel 대위가 노새 몇 마리를 몰고 1캠프까지 올라갔지만, 이제는 짐승이 올라갈 만한 길이 아니었다. 당시 니마 텐드룹이 그 원정대를 따라갔는데 이제 루트에 대한 기억이 희미해져, 우리는 모퉁이를 돌아 너무 많이 올라가서 동쪽 롱북 빙하 들머리의 캠프자리로 100미터 정도 다시 내려와야 했다.

이전의 원정대가 돌로 쌓아 만든 십여 개의 피난처가 그대로 있는 그곳은 필요하면 천 명이라도 캠프 생활을 할 수 있을 정도로 넓었다. 캠프 몇 미터 아래에 빙하 줄기가 얼어 있어, 피켈로 얼음을 조금 깨서 물이 드러나게 한 후 신선한 물을 마셨다. 차가운 서풍이 불었지만, 바람을 막아줄 만한 피난처를 찾아 햇빛을 받으며 점심을 먹고 즐겁게 몇 시간을 보냈다.

정확한 시간은 모르겠지만, 우연히 위쪽을 보다가 하늘에 떠 있는 작은 은빛 물체를 보았다. 분명 아주 높은 곳에서 서쪽에서 동쪽으로 빠르게 이동하고 있었다. 그리고 잠시 후 그 물체는 남쪽 방향에서 북봉의 한 숄더 뒤로 사라졌다. 비행기였을까? 그렇다면 아마 휴스턴과 에베레스트 사이를 운행하는 비행기일 것이다. 그러나 이것은 불가능했다. 최근에 온 우편물을 통해서 그 비행기가 북봉을 넘어가는 데 성공했다는 소식을 우리는 이미 알고 있었다. 새일까? 새라면 어떻게 저렇게 빨리 날 수 있을까?

한 번쯤 시끄러운 원정대를 피해 있는 것은 즐거웠다. 니마 텐드룹과 내가 베이스캠프로 천천히 내려왔을 때는 오후 시간이 꽤 흐른 뒤였다. 나는 위쪽에서 본 것을 이야기했다. 물론 당연할 일이기는 하지만, 사람들은 첫 비행이 있었다는 사실조차도, 내가 비행기를 본 것에 대해서도 터무니없다고 비웃기만 했다.[27]

다음 날인 4월 19일 아침, 쉐비와 롱랜드, 십턴, 버니, 보스테드, 우드 존슨, 브로클뱅크로 구성된 한 조가 1캠프를 설치했다. 짐꾼과 현지에서 고용한 티베트인을 포함한 많은 사람이 모두 무거운 짐을 졌다. 한편, 러틀리지와 나는 꼭 필요한 비품을 열심히 골라내어, 캠프에 따라 다른 색깔의 상자에 담았다. 이 산을 공격하기 위해서는 비품을 충분히 올려 보내야 하지만, 이것은 간단한 문제가 아니다. 네팔의 솔라쿰부 계곡에서 이곳으로 오고 있는 짐꾼들이 도착하지 못하면, 이 일은 분명 쉽지 않을 것이다. 그들이 에베레스트 서쪽의 티베트로 오려면 넘어야 할 고개가 겨울의 눈으로 여전히 막혀 있을 가능성이 있었다. 오후에 우리는 망원경으로 에베레스트 위쪽 지역을 상세히 관찰했다. 에베레스트는 등반하기 최적

---

27 4월 18일 두 번째 비행이 있었다. 클라이즈데일Clydesdale 경이 나중에 기체의 날개에는 은색 도료를 바른다고 내게 말했는데, 그래서 먼 거리, 특히 히말라야의 깨끗한 대기 속에서 기체가 눈에 분명하게 보였을 것이다. 내가 은빛 물체를 본 시간을 정확히 말할 수는 없다. 시계를 갖고 있지 않아서 추측할 수밖에 없는데, 11시경이었을 것이다. (원주)

의 상태였고, 우리가 베이스캠프에 도착한 이래 바람이 불 징후도 거의 없었다. 고성능 망원경으로 이 산을 관찰하는 것은 늘 멋진 일이다. 그렇지만 우리 모두가 이미 알고 있는 것같이 시간이 지나야 우리의 가정과 주장이 사실인지 거짓인지 알게 될 것이다. 고인이 된 위대한 등산가이자 명장인 J. P. 파라Farrar[28]가 이따금 다음과 같은 말을 하곤 했다. "코로 바위를 문질러 볼 때까지는 그 상태를 알 수 없다."

오후에 1캠프 조가 돌아왔다. 짐꾼 온디가 등반 중 몸이 안 좋았지만, 불굴의 용기로 짐을 계속 날랐다. 이제 그는 주저앉기 직전이었는데, 두 명의 동료가 부축해서 캠프로 천천히 돌아왔다. 그는 즉시 눕혀졌고, 그린과 맥클린이 금방 기관지 폐렴이라고 진단했다. 이어 그는 곧 혼수상태에 빠져, 생존 여부가 산소에 달려 있었다. 5,120미터의 고소에서 산소가 투여되지 않으면 기관지 폐렴은 치명적이다.

그날 저녁 나는 그의 텐트를 찾았다. 그는 여전히 의식불명이었다. 살아 있는 그를 보며, 그가 칸첸중가와 카메트에서 했던 일들에 대해 감사와 존경의 마음으로 그를 기억하게 될 마지막 순간이 될 터였다. 산소가 흐르는 소리가 들리도록 산

---

28 존 퍼시 파라John Percy Farrar(1857~1929)는 영국의 군인이자 등산가로 영국산악회 회장(1917~1919년)과 에베레스트위원회 위원을 역임했다. [역주]

베이스캠프에서 바라본 에베레스트(망원렌즈로 촬영)

CHAPTER 8

소 공급 장치 밸브에 부착해 놓은 작은 호각이 기묘하게 측은한 소리를 냈는데, 생명이 떠나가고 있어서 그런지 약하게 흐느끼는 듯했다.

나중에 잠자리에 들기 전, 무선통신 장비를 세우려고 온종일 열심히 일했던 스미지smidge와 토미가 다르질링의 리처즈와 통신을 시도하는 것을 보기는 했는데, 성공하지 못했다.[29]

나는 새벽 4시에 깼다. 의사들이 산소 실린더를 교체하고 있었다. 온디는 살아 있었지만, 체온이 40도라고 그린이 러틀리지에게 말하는 소리가 들렸다. 내가 7시 30분에 일어났을 때도 그는 여전히 살아 있었다. 다행히 상태가 많이 호전되어 있었다.

이제는 크로포드의 상태가 걱정스러웠다. 이런 고소에서 폐병이 나을 것 같지 않았다. 그래서 그는 온디와 함께 이삼 주 동안 카르타 계곡으로 내려가기로 했다. 그에게는 상당히 실망스러운 일이었지만, 우리 모두는 그의 아픈 폐가 걱정됐다. 만일 어떤 원정대가 원정대의 핵심 인물이 될 만한 전문가를 찾는다면, 그는 나무랄 데 없이 훌륭한 인물이다. 조랑말을 타고 가는 것은 참 유쾌했다. 고지에서의 한 가지 위험

---

29 다르질링의 방송국이 번개를 맞아 기능을 잃었다는 말을 나중에 들었다. (원주)

은 일단 병이 심해지면, 낮은 곳으로 내려가지 않으면 회복이 안 된다는 것이다. 에베레스트는 온전치 못한 사람을 위한 곳이 결코 아니다.

해리스는 여전히 독감을 앓았지만 다행히 내려 보낼 정도는 아니었다. 그러나 산에서 일을 할 정도로 금방 건강이 회복되지는 못할 것 같았다.

4월 21일 십턴과 롱랜드, 버니, 보스테드, 우드 존슨과 나는 1캠프에 머물기 위해 그곳으로 올라갔다. 십턴과 나는 다른 사람들보다 앞서 출발했다. 우리는 입으로 호흡하지 않으려고 의도적으로 천천히 걸었다. 십턴이 후두염과 고소 감기를 앓고 있었기 때문이다. 그렇지만 우리는 두 시간도 안 돼 6킬로미터를 걸어서 300미터를 올랐다. 1캠프는 5,395미터에 있었다.

처음에는 극지용 텐트 한 동에서 여섯 명 모두가 자려고 계획했지만, 텐트를 펼쳐보니 그러기에는 너무 좁다는 것을 알게 됐다. 십턴과 나는 두 개의 조그마한 돔형 텐트를 새로 세운 다음 그 속에 들어가 편안히 앉았다. 텐트는 카메트에서 성능이 입증된 것과 같은 형태로 편안하고 적응하기 쉬웠으며, 게다가 최악의 날씨도 견딜 수 있을 것 같았다.

캠프를 친 지 얼마 안 돼, 붉은부리 까마귀들이 우리가

CHAPTER 8

먹다 남은 음식을 노리고 나타났다. 그놈들은 온순하고 호기심이 많아서 우리의 눈치를 살피며 캠프 주변을 뛰어다녔는데, 신성한 롱북 계곡에서는 우리가 야생동물을 잡을 수 없다는 것을 잘 알고 있는 듯했다.

엄청나게 건조한 공기와 뜨거운 태양이 우리의 안면을 엉망으로 만들어 놓은 지 오래였다. 나는 아랫입술이 심하게 갈라져 뜨거운 음식과 양념이 닿지 않도록 조심했다. 잘 나지도 않는 턱수염이 자라고 있었다. 물론 턱수염이, 얼굴이 햇볕에 타는 것을 막아주는 훌륭한 차양 역할을 하기도 했지만, 그 느낌이 익숙하지 않아 기회가 되면 우선적으로 밀어야겠다고 다짐했다.

오후에 눈이 올 것 같았는데 구름이 걷히자 조용한 저녁이 찾아왔다. 고도를 높이느라 입으로 호흡해서 그런지 우리의 인후염이 악화됐고, 몇몇은 아직 고소적응이 되지도 않았다. 특히 롱랜드는 캠프에 도착한 뒤 불규칙적으로 호흡했고, 맥박이 130이나 되었다. 결국 우드 존슨과 러틀리지만이 극지용 텐트에서 잤고, 다른 사람들은 돔형 텐트를 선호했다.

빙하 캠프의 식량 상자를 열었다. 상자마다 1.5킬로그램의 설탕이 있어야 하는데 이 귀중한 것이 94그램뿐이었다. 가혹한 발견이었다. 설탕의 손실을 일부 단 음식으로 메워야 했다. 포장을 잘못한 설탕 회사를 두고 무지막지한 욕설이 쏟아졌지만, 사실 이를 제대로 살피지 못한 것은 원정대의 책임이었다. 잼과 사탕의 양에 대해서도 상당한 불평이 있었다. 유럽인이 먹도록 계획된 잼보다 짐꾼용의 질 낮은 크로스앤드블랙웰Cross & Blackwell 회사의 잼이 오히려 품질이 좋았다. 내 심장과 폐는 5,395미터의 고소에서는 적응을 잘했지만 그 위쪽에서는 그렇지 못했다. 카레를 먹었는데, 소화가 안 돼 애를 먹었다. 불편해서 잠을 이루지 못하고 있을 때 예전의 어떤 알림 글이 떠올랐다. "신자들을 위한 성대한 감자 파이 축제가 교구 강당에서 개최됩니다. 그다음에는 오라일리 신부께서 '지옥에서의 하룻밤'이라는 주제로 설교하실 예정입니다."

우려했던 폭풍이 그날 밤에 시작됐다. 거센 바람이 포효하면서 우리의 작은 텐트를 타격했다. 아침 6시에 밖을 내다보니 햇빛이 약하게 비쳤지만, 한 시간 후에는 구름이 하늘을 뒤덮었다. 내 생각으로 틀림없이 산사태인 듯한 나지막하고 여린 굉음이 나더니, 몇 분 후 또 다른 굉음이 났다. 이는 에베레스트에서는 흔치 않은 천둥소리였다. 두 시간이나 계속된 폭풍이 남쪽으로 퍼져나가, 북봉으로 이어지는 능선 위와 에베레스트 바로 위에 집중되는 듯했다. 나중에 바람이 잦아들

긴 했지만 눈이 많이 내렸다.

　나는 이런 고소에서 천둥과 폭풍이 동시에 이는 것을 한 번도 경험하지 못했다. 천둥구름이 어떻게 에베레스트 위쪽 지역까지 올라오는지 신기했다. 보통 몬순 전에 천둥과 함께 폭풍이 이는 일은 히말라야의 분수령 남쪽 따뜻한 계곡에서 발생한다. 날씨는 험악하고 호전적이었다. 우리의 출발에 심기가 불편해진 에베레스트가 편찮은 심기를 그대로 드러내는 것 같았다. 높은 산에서 천둥이 치고 폭풍이 이는 광경은 늘 대단하다. 공기가 희박해 소리 전달이 제대로 안 되는 이런 높은 고도에서, 봉우리에서 봉우리로 울려 퍼지는 천둥의 거대한 합창은 무어라 표현할 수 없으리만치 장엄하다.

　천둥이 멈추고 나서 한참 후에 계곡에 눈이 내리기 시작했다. 폭풍은 알프스에서는 흔한데, 이곳에서는 나쁜 날씨의 전주곡이다. 주방에도 눈이 내렸지만 락파 체디는 음식을 만드는 임무를 충실히 완수했고, 우리는 호화롭게 차와 포리지 죽, 튀긴 햄과 감자로 아침을 먹었다. 폭설은 보통 상당히 따뜻한 날씨를 동반하지만, 이번에는 몹시 추워서 양치질 컵의 물이 몇 분 만에 얼었다. 우리는 침낭 안에 들어가 눈이 텐트에 후두두 떨어지는 음울한 소리를 들으며 누워 있을 수밖에 달리 할 일이 없었다. 나는 이런 무료한 시간의 대부분을 에베레스트에서의 첫 캠프 생활을 기록하는 데 썼다.

몇 분 전에는 날씨가 갤 것 같았다. 눈이 거의 멎어, 햇빛이 비칠 듯 흰 빛이 보였다. 그런데 텐트 지붕에 후두두 소리를 내며 눈이 다시 내리기 시작했다. 때때로 돌풍이 일어서 텐트를 때리면 텐트 천 위로 뱀이 스르르 지나가는 듯한 소리가 났고, 바람이 잦아들면 어떤 야윈 사람이 사색에 잠겨 가볍게 걷는 듯한 소리도 났다.

오전 11시다. 영국에서는 일찍 일어난 노동자들이 아침을 먹을 시간이고, 남자들은 공장 용광로에 불을 붙일 것이며, 전차는 런던 교외를 힘차게 달릴 것이다. 때때로 돌풍이 텐트를 흔들어 텐트 위에 쌓인 분설이 바람에 쓸린 눈 더미 위에 툭툭 떨어지며 쌓였다. 동료들이 이따금 기침을 하면서 침낭 안에서 뒤척이는 소리가 났다. 내 바로 옆에는 트렁크가 있고, 그 위에 잡다한 물건이 있다. 인후염 알약 통, 고글, 장갑, 초 동강, 칼, 에베레스트 지도, 『피크위크 페이퍼스Pickwick Papers』[30] 한 권, 포켓판 성경, 가죽 케이스에 든 가족

---

30 소설 『크리스마스 캐럴』과 『올리버 트위스트』로 유명한 찰스 디킨스Charles Dickens의 첫 소설 이름 (역주)

사진과 같은 것들이다. 텐트 끝 쪽에는 초록색 트렁크, 모자, 목도리, 고소 등반용의 가벼운 배낭이 있다. 두 겹의 솜털 침낭 위에는 야마털 외투가 있는데, 이 외투는 내가 티베트의 바람을 경험하기 시작한 이래 한 번도 그 고마움을 잊은 적이 없는 옷이다. 베개 밑은 잡다한 옷을 받쳐놓았다. 높은 곳에서 잘 때는 머리를 높이 두는 것이 편하기 때문이다.

나는 원피스 양모 내복, 셰틀랜드 벨트, 셰틀랜드 바지 두 개, 셰틀랜드 풀오버 세 개, 낙타털 스웨터를 입고 있다. 머리에는 양모 바라클라바를 쓰고 있는데, 귀와 목의 보온이 가장 우수하다.

텐트에 눈이 쌓일수록 점점 어두워졌고, 텐트 벽을 두드리자 눈이 주르르 흘러내렸다. 눈이 얼마나 더 올까? 폭풍설이 심한 눈보라로 바뀌어 돔형 텐트 생활이 더욱 불편해지더라도 우리는 극지용 텐트를 갖고 있다. 이 텐트는 코르톨드Courtauld[31]가 그린란드 평원에서 여러 달 동안 사용했던 것과 같은 형태이다.

여전히 눈이 내린다. 너무 꾸준히 내려서 쉽사리

---

31 요트 항해사인 오거스틴 코르톨드Augustine Courtauld는 영국의 북극탐험대원이었다. 1930~1931년 그는 그린란드 겨울 관찰 초소인 아이스캡 기지Icecap Station에서 근무한 유일한 기상학자였다. (역주)

그치지는 않을 것 같다. 나는 책을 많이 갖고 있다. 『펀치Punch』와 『패싱쇼Passing Show』는 메일러너가 어제 가져온 것이다. 도시 근교 사람들이 연극이나 영화의 스타에 대해 시시콜콜 잡담을 늘어놓는 것이 여기에서는 얼마나 기괴하게 보이는지 모르겠다.

평지에 있으면 편안하게 먹고 마시고 있을 시간에 우리는 왜 여기에 누워 있을까? 그렇지만 몇 가지 묘한 이유 때문에 에베레스트의 불편함을 평지의 편안함과 바꾸지는 않을 것이다. 우리는 날씨 운과 불편함을 저주하고 있지만, 이런 저주를 계속 당할 준비가 되어 있다. 왜? 나도 그 이유를 알고 싶다. 손에 때가 끼고, 그을린 얼굴은 아프고, 갈라진 입술은 고통스럽다. '왜 너는 이 짓을 하지?' 우리도 그 이유를 알지 못해 분명히 설명할 수는 없다. 그렇지만 남이 이런 행동을 어떻게 생각하든 우리는 전혀 개의치 않는다. 조금도. 다만 불편함 속에서, 폭풍 속에서 그리고 산의 웅장함과 아름다움 속에서 귀중한 어떤 것을 발견하고 있다는 것을 우리는 안다.

오후에 눈이 그치고 태양이 옅은 안개 속에서 빛났다. 그래도 날씨는 여전히 일정치 않았다. 밤이 되자 별이 희미하게 빛났다. 저녁은 걸쭉한 완두콩 수프와 아일랜드식 찌개였지만, 우리 중 누구도 잠을 제대로 못 잤다. 나는 새벽 3시가 넘어서야 선잠에 들었다.

4월 23일, 아침이 어렴풋이 밝았다. 눈이 10여 센티미터 내려 풍경은 삭막했다. 더 이상 활동을 않고는 견딜 수 없어서, 러틀리지와 우드 존슨 그리고 나는 동쪽 롱북 빙하로 2캠프 자리를 향해 출발했다. 빙하 측면 모레인의 집채만 한 바윗덩어리들 사이에 스노브리지가 놓일 정도로 신설이 많았다. 우리는 계속 눈을 뚫고 나아가느라 정강이가 벗겨졌다. 이런 상황에서는 리듬을 타며 걷는 것이 불가능하다. 우리는 큰 바윗덩어리들 사이를 중풍에 걸린 고양이같이 위태롭게 뛰어넘었다. 그러나 숨겨진 구멍에 무릎이 빠지면 자칫 발목이 삘지도 모를 일이었다.

이윽고 이 지역 빙하의 특징을 잘 보여주는, 거대하고 뾰족한 빙탑지대의 들머리에 도착했다. 이런 빙탑이 어떻게 형성된 것인지는 아직도 빙하 학자의 연구 대상으로 남아 있다. 알프스에는 이런 빙탑과 비슷한 것조차 없다. 이곳에는 평균 15미터 높이의 뾰족한 빙탑이 수천 개나 있고, 어떤 것은 24미터나 됐다. 정방형으로 자른 듯한 알프스의 세락과 달리,

이것들은 거의가 끝으로 갈수록 가늘었고, 어떤 것은 놀랄 만큼 아름다웠으며, 끝 부분이 너무나 연약하고 섬세한 것들도 있었다. 곳곳에 돌이 박혀 있기도 했지만, 대개의 빙탑은 싸늘한 초록빛이 감도는 반투명의 순수한 얼음인데, 하늘이 짙푸른 색이라서 이 빙탑의 색조가 더 한층 미묘했다. 이것들이 서 있는 사이를 지나가는 것은 세계에서 가장 높은 산으로 들어가는 가장 그럴듯한 도입부를 경험하는 것이다. 이 이상한 땅의 매력을 느끼지 못하는 사람은 정말로 상상력이 부족한 사람이다.

우리는 시종일관 왼쪽 모레인으로 올라갔지만, 서쪽에서 흘러나온 조그마한 빙하가 우리를 어떤 모레인으로 가지 않을 수 없게 만들었다. 간단했지만 힘든 횡단을 통해 그 모레인에 도착했다. 눈을 밟고 가는 중에도 눈 상태는 점점 나빠졌다. 이제 중천에서 내리비치는 무자비한 햇볕이 이 아름다운 곳을 몹시 뜨겁고 눈부시고 광활한 곳으로 바꾸어 놓았다. 기진맥진해져서 얻을 것이 없는 우리는 2캠프 자리로부터 2킬로미터 못 미친 곳에서 돌아서기로 했다. 약 세 시간을 내려오다가 이 빙하 위로 불기 시작한 험악한 찬바람을 조금이나마 피할 만한 곳을 발견하고, 그곳에서 정어리, 비스킷, 연유와 꿀로 점심을 먹었다. 우리는 결국 연유로 된 눈뭉치를 먹은 셈인데, 이 눈뭉치는 커스터드 아이스크림과 상당히 비슷했다. 우리는 피곤했다. 다리가 납덩이같았지만 내려가면서 점점 힘이 회복되어 다시금 주변의 풍경을 감상할 수 있었다. 높은 고도에서 힘겹게 걷는 중에는 그 무엇도 흥미로울 것이 없다.

빙하 북서쪽에 있는 멋진 봉우리를 등반하고 싶은 생각이 들 정도로 이제 정신적 힘이 되살아났다. 그 봉우리는 이전의 한 원정대가 "켈라스의 검은 바위산Kellas's Dark Rock Peak"[32]이라고 이름 붙였는데, 나중에 이 봉우리는 삽화가 있는 책에서 종종 '에베레스트'로 잘못 소개되기도 했다.

1캠프로 돌아오니, '경찰'을 베이스캠프에서 이곳까지 데리고 올라온 그린과 브로클뱅크가 있었다. 웨거스는 위장장애로 인해 베이스캠프에 남아 있었다. 감기가 낫고 있는 해리스가 며칠 있으면 우리와 합류할 수 있다는 반가운 소식도 있었다. 맥클린이 온디를 데리고 롱북까지 내려갔지만, 온디는 여전히 상태가 좋지 않았다. 게다가 이송 도중에 들것 양쪽 손잡이가 부러지면서 땅바닥에 내동댕이쳐지기도 했다. 향후에는 이런 일이 없도록, 들것을 만든 사람을 알고 있는 그린이 이 사고 소식을 들었으면 좋겠다. 우리는 식량과 장

---

32 이 봉우리(7,065m)는 1935년 십턴 원정대가 등정했다. {원주}

비 상자의 표시가 잘못된 것을 알게 되어, 이것들을 점검하느라 불필요한 일을 많이 해야 했는데, 찬바람이 불어서 이중으로 괴로운 일이었다. 포장된 짐은 비품대장과 적잖이 일치하지 않았고, 설상가상으로 설탕절임 과일 전부와 약간의 사치품이 없어졌다. 물론 이 사건은 텐게종과 쉐카르종 사이를 행군하는 동안에 발생했다. 서툴게 건드린 것이 아니었다. 상자는 아주 전문적인 솜씨로 열고 닫혔으며, 무게를 맞추려 돌을 채워 넣기까지 했다. 최초의 도둑질이 일어난 곳에서부터 여러 날 동안 지질 연구용 돌 표본보다 좀 더 큰 돌이 담긴 상자들을 짐꾼들과 짐승들이 쓸데없이 힘겹게 운반했다고 생각하니 분노가 치밀었다.

다르질링과 무선통신이 되지 않아 스미지와 토미는 이 문제 해결에 힘겹게 매달렸다. 영국의 BBC 단파 방송은 수신하면서 다르질링과 접속을 못 하다니 이상한 일이었다.

그날 저녁, 우리는 완두콩 수프와 볶은 콩, 약간의 고기를 먹었다. 웨거스가 내게 베이스캠프 위쪽 지역의 최고·최저 온도를 재도록 두 개의 온도계를 전해주었다. 그날 밤, 내 텐트 안에서 기록한 최저온도는 내 몸에서 30센티미터 떨어진 곳이 영하 12도였다. 깜빡하고 온도계를 텐트 밖에 놓아두지는 못했다. 이런 추위에도 따뜻한 밤처럼 느껴지는 것을 보니 내가 추위에 익숙해지고 있는 것 같았다.

　나는 다른 때보다 잘 잤지만, 트림을 해대며 두 시간이나 깨어 있었다. 다른 텐트에서도 트림하는 소리가 났다. 한편, 어떤 사람들은 자주 숨이 넘어갈 듯이 기침을 해댔다. 인후염이나 기침, 복통은 고소 등반을 하는 데 엄청난 장애다. 행군하는 몇 주 동안, 춥고 건조한 공기와 더러운 먼지를 입으로 급하게 들이마실 수밖에 없어서, 목 점막이 손상됐기 때문이다. 에베레스트를 등반하려면 고소에서의 많은 신체적 불편을 이겨내야 한다.

CHAPTER

9

2캠프

2캠프 정찰을 마친 후 우리는 하루의 휴식을 즐길 수 있었다. 다음 날인 4월 24일 아침은 청명한 하늘에서 태양이 빛났다. 간밤의 최저온도는 영하 18도였다. 우리는 2캠프 자리로 가는 루트를 완성시키려 했지만 10시가 넘도록 출발하지 못했다. 그린과 내가 먼저 출발했고, 십턴과 우드 존슨, 브로클뱅크가 뒤따랐다. 햇볕과 추위가 눈을 굳혀 놓아서 걷기가 쉬웠다. 우리는 고소적응이 잘되어 있었다. 두 시간이 채 안 돼 이전에 가장 높이 올랐던 곳에 도착했다. 그 위쪽으로는 부드러운 눈을 헤치며 가느라 조금 힘들었다. 두통이 아니라 가중되는 피로와 다리에 힘이 빠지는 증상으로 우리는 고소를 느끼기 시작했고, 캠프를 칠 정확한 위치를 몰라 빙하 위로 너무 올라가고 말았다. 사실 캠프 자리는 중심 빙하와 측면 빙하의 합류점인, 무너져 내린 자갈무더기와 얼음으로 된 비탈면 위였다. 이 비탈면 옆에 삼면이 빙탑으로 둘러싸인 얼어붙은 빙하 호수가 있었는데 기묘하고도 아름다웠다. 눈이 덮여 언 빙하 호수의 매끄러운 표면은 산 요정들의 무도회장일지도 모르고, 짙푸른 하늘빛에 반짝이는 이 호리호리한 빙탑은 적의 침입을 감시하는 요정들의 망루일지도 모른다. 연기가 쿨럭쿨럭 올라가는 영국 랭커셔의 높은 굴뚝과 이 순수하게 빛나는 얼음 첨탑이 같은 지구에 공존하고 있다고 생각하니 어이가 없었다.

우리는 피로를 느꼈는데, 주로 햇볕과 고도 때문이었다. 그러나 내려가니 다시 힘이 회복됐다. 황금색 햇빛이 물러가고 봉우리마다 어둠이 밀려들 때 우리는 1캠프로 돌아왔다.

밤에는 영하 19도까지 내려갔지만, 힘든 하루를 보낸 뒤였고, 고소적응을 잘하고 있었기 때문에 나는 해 뜰 때까지 깨지 않고 숙면했다.

4월 26일 십턴, 우드 존슨, 보스테드 그리고 나는 우리를 위해 음식을 할 락파 체디를 포함해서 스무 명의 티베트인을 비롯한 네 명의 셰르파와 2캠프 설치를 위해 출발했다. 폭풍과 함께 내린 눈이 대부분 녹아서 비교적 걷기가 수월했다. 우리는 전날의 루트를 보수했고, 중앙 모레인의 가파른 마루를 따라 얼마간의 거리를 걸었다. 티베트인들은 의기양양하게 웃고 유쾌하게 잡담했으며, 무거운 짐을 지고서도 고도의 영향을 받지 않았다. 남자만큼 짐을 진 여자도 있었다. 그녀는 재미있어 하는 듯했고, 연기에 그을린 펑퍼짐한 얼굴은 전체가 하나의 미소 덩어리였다. 티베트인들은 피로를 잘 못 느끼지만, 산에서 살면서도 등산의 중요한 기술인, 천천히 서두르지 않고 힘을 안배하며 등반 속도를 일정하게 유지하는 법을 배우지 못한 것은 주목할 만하다. 이들은 짧은 거리를 서둘러 이동한 뒤 일찍 쉬는데, 이런 방식은 무거운 짐과 그 짐 무게의 상당 부분이 이마에 두른 끈에 전달되는 것과 어떤 관계가 있는 것 같다.

캠프 자리에 도착해 십턴과 나는 물이 솟아나도록 연못의 얼음에 구멍을 뚫었다. 캠프에서는 바람을 잘 피할 수 있지만, 주변의 모습은 한겨울 그대로였다. 오후 4시 15분에 캠프 서쪽 6,705미터 봉우리 뒤로 해가 지자, 기온이 몇 분 만에 영하 12도로 떨어졌다. 이런 고도에서는 태양만이 생활을 가능케 한다. 바람이 없을 때는 가벼운 옷을 입고 일광욕을 즐길 수도 있지만, 태양이 사라지면 곧바로 대기권 밖 우주공간의 추위가 지구로 쏟아지는 것 같다. 한순간 따뜻하고 편안하게 돌아다니다가도 다음 순간 꿈틀대며 침낭 속으로 들어가야 한다.

그날 밤은 몹시 추워서 온도가 영하 22도까지 떨어졌다. 나는 잠을 조금밖에 못 잤다. 몸은 꽤 따뜻했지만, 고도가 불면의 원인이었다. 지난밤보다 더 춥고 더 길게 한 시간 한 시간이 천천히 흘러갔다. 한두 번 양초를 켜고 책을 보려 했지만 너무 추워서 장갑을 낀 채라 책을 잡을 수 없었다. 그리고 손의 감각이 금방 없어져서 침낭 속에 다시 넣어 세게 비벼 혈액순환을 회복시키지 않으면 안 됐다. 습한 추위였다. 호흡으로 텐트 천장과 침낭 위에 두꺼운 서리가 응결됐다.

나는 곧 텐트 밖으로 나갈 필요가 있었다. 몸에 착 감기는 침낭 안에서 천천히 빠져나와, 무거운 야마털 외투를 대충 걸친 다음 캠프 장화를 신고, 차디찬 손가락으로 어설프게 텐트 자락의 끈을 풀어 밖으로 기어 나왔다. 어떤 피라미드 아래쪽의 창백하고 희끄무레한 세락들 사이에 별이 떨고 있었다. 강렬한 고요가 이곳을 지배했다. 다만 권총 소리같이 얼음이 쪼개지는 소리, 즉 빙하 저 깊은 곳에서 둔탁하게 무엇인가 순식간에 비틀리는 소리가 이 정적을 깰 뿐이었다.

나는 몸서리치며 다시 텐트로 들어와 뻣뻣한 손으로 텐트 자락을 묶고 침낭 속으로 기어들었다. 그리고 침낭 속에서 혈액을 다시 순환시키려고 십오 분 동안 손을 비볐다.

4월 27일 아침, 잠에서 깨니 캠프가 아주 조용했다. 해가 뜰 때까지 누구도 일어나는 기척이 없었다. 해가 나오는 데는 오랜 시간이 걸렸다. 텐트의 망사창을 통해 태양이 위쪽 비탈면 위에서 눈부시게 빛나는 게 보였다. 태양이 빙탑에 이르자 그곳에 반사된 푸르스름한 젖빛이 캠프를 휘감았다. 그러자 곧이어 찬란한 빛이 갑자기 텐트 용마루로 새어들었다. 새어들어오는 빛의 양이 점점 많아지자, 서리로 덮인 뻣뻣한 텐트 천이 보석을 뿌려놓은 듯 희미하게 빛났다. 곧 텐트 한 면 전체가 빛나더니 서리 입자가 텐트 천장에서 떨어지기 시작했다. 그러자 떨어지는 입자들로 인해 서리로 덮인 뻣뻣한 침낭에서 후두두 소리가 났고, 내 턱수염에도 입자들이 들어와 박혔다. 마치 차가운 손가락 끝으로 얼굴을 살살이 더듬는 것 같은 느낌이었다.

누군가의 발걸음에 눈이 뻑뻑 소리를 냈고, 그 누군가의 손이 텐트 끈을 더듬더니 텐트 자락이 열렸다. 늙은 니마 텐드룹이 김이 나는 잡곡 죽 한 그릇을 들고 미소 짓고 있었다. 이런 곳에서 잡곡 죽이라니! 죽의 따뜻함이 온몸으로 퍼져나가 차차 손끝과 발끝으로 스미는 느낌, 즉 생명과 힘으로 바뀌는 느낌을 인식할 수 있었다.

오늘은 쉬는 날이고, 고소적응을 위해 일정 기간 2캠프에 머물 예정이지만, 빙하 위로 어느 정도 나아가보는 데는 누구도 반대하지 않았다. 아침을 먹고 보스테드와 나는 캠프 뒤쪽 눈 덮인 자갈무더기 비탈면을 통해 동쪽 롱북 빙하를 조망할 만한 곳까지 올라갔다. 주변은 여전히 한겨울인 데다 분설이 세락들 사이사이 움푹한 곳까지 깊이 쌓여 있었다. 캠프 위쪽에는 수천 개의 세락이 열 지어 있고, 빙하는 S자형으로 거대한 곡선을 그리며 에베레스트 동릉과 퉁명스러운 네모난 북봉 사이로 모습을 감추었다. 3캠프는 이 곡선의 마지막 굴곡부에 설치될 예정이었지만 그곳은 바람을 피할 수 없는 곳이었다. 1924년의 등반조는 북서쪽으로 몰아치는 눈보라에 그대로 노출돼 베이스캠프로 물러날 수밖에 없었다. 그렇지만 아마 우리의 극지용 텐트는 에베레스트의 날씨가 아무리 최악의 상황으로 변하더라도 3캠프와 노스콜 위의 4캠프에서 잘 견딜 수 있을 것이다.

모레인은 빙하 중앙을 따라 깊은 수로나 도랑 모양으로 퍼져나갔다. 이 도랑 위쪽으로 이전의 원정대들이 지나갔다. 2캠프에서 이 도랑으로 이르는 이전의 루트를 찾는 것이 남은 문제였다. 2캠프와 이 도랑 사이에 간혹 끊기는 또 다른 도랑이 있어서, 도랑의 가장 적게 부서진 곳을 따라 어느 정도 빙하를 횡단하는 것이 최선일 것 같았다. 일단 중앙 도랑 안에서는 큰 어려움이 없을 것이고, 1924년 이후 도랑이 물리적으로 변하지 않았다면 이 도랑을 이용해 세락이 얽히고설킨 지역을 지나, 상부의 빙하지대로 나아갈 수 있을 것이다.

우리는 제시간에 캠프로 내려와, 점심을 먹고 있던 십턴, 우드 존슨과 합석했다. 메뉴는 차가운 칠면조 갤런틴[33]과 밀가루 반죽으로 만든 기묘하게 생긴 작은 공 같은 것이었다. 락파 체디는 아주 맛있다고 자신 있게 말했지만, 나는 전혀 먹을 수 없었다.

오후에 러틀리지와 그린, 버니, 브로클뱅크, 롱랜드가 도착했다. 브로클뱅크는 가벼운 감기를 앓았고, 롱랜드는 여전히 고소에 적응하지 못하고 있었다. 롱랜드가 자신의 텐트에서 스스로에 대해 크게 실망하며 누워 있을 때 나는 그에게 그가 아마 또 한 명의 오델Odell[34]이 될 거라고 말해주었다. 몸 상태가 상당히 좋은 보스테드는 해리스와 웨거스가 회복했으며, 곧 베이스캠프에서 1캠프로 올라올 거라고 했다. 배앓이를 조금 한 쉐비도 좋아졌다. 이제 거의 모든 비품과 장비가 1캠프에 모였다. '비즐리 왈라스(통신대원들)'는 아직 다르질링과 교신을 못 하고 있지만, 안테나와 장비로 생각해낼 수 있는 모든 조합을 시험해보고 있었다.

그날 저녁, 저녁식사 시간에 대한 논의가 있었다. 어떤 사람은 일찍, 어떤 사람은 늦게 먹기를 원했다. 이른 저녁은 4

---

33 닭이나 송아지 등의 고기를 두루치기로 만들어 차게 내놓는 요리 (역주)

34 N. E. 오델은 1924년 아주 느리게 고소적응을 했지만 에베레스트에서 뛰어난 역할을 수행했다. (원주)

시였고, 늦은 저녁은 6시였다. 해가 진 다음에는 추워서 설거지가 어렵기 때문에 쿡과 주방보조의 입장 또한 배려해야 했다. 우리 모두는 5시로 타협하는 데 동의했고, 6시에 침낭 안에서 따뜻한 술을 한 잔 마셨다.

태양은 4시 15분에 사라졌다. 평소처럼 온도가 급락했다. 4시 10분에 내 텐트 온도는 18도였는데, 4시 20분에는 영하 6.6도였고, 4시 30분에는 영하 13.9도였다.

또다시 매우 추운 밤이었다. 침낭과 텐트에 불쾌한 서리가 덮였고, 최저온도는 영하 20도였다. 설사 영하 48도라 하더라도 에베레스트에서 낮은 온도는 그저 이야기의 절반일 뿐이다. 산소 부족 또한 고려해야 한다. 산소는 신체의 연료이고, 이 연료가 충분치 않으면 몸은 체온을 유지할 수 없다.[35]

고소에서 산소가 부족하면 말초신경으로의 혈액 공급이 급격히 저하된다. 온도가 0도 정도일 때 침낭 밖에 맨손을 내놓으면 일이 분도 안 돼 손이 무감각해진다. 그리고 혈액 순환이 안 되면 회복이 쉽지 않다. 거푸 손을 세게 비벼야 하는데, 이 과정은 고통스럽다.

---

35 에베레스트 '정상'이 아니라도 정상 근처는 치명적인 고도이기 때문에 엄청나게 찬 공기를 호흡해서 발생하는 몸의 열 손실을 보충해주어야 하지만, 그곳에는 이를 위한 산소가 충분치 않다고 과학자들이 지적하고 있다. 이런 환경에서 생명이 지속될 수 없는 것은 자명하다. {원주}

CHAPTER 9

▲

다음 날 아침 날씨는 불확실했다. 4월 28일, 서쪽에서 빠르게 밀려오는 높은 구름이 하늘을 반쯤 가리면서, 짙은 연기 같은 눈발이 에베레스트를 황급히 가로지르고 있었다. 러틀리지가 우드 존슨, 보스테드 그리고 내게 3캠프로 가는 빙하를 정찰하도록 지시했다. 우리는 8시에 출발해서 처음에는 중앙 빙하를 따라 빠르게 전진했다. 모레인이 계속 나타났다. 이 지역은 눈이 곳곳에 숨은 구멍을 덮고 있었다. 한 곳에서는 언뜻 보아 크레바스라고 할 것까지 없는 구멍이 숨어 있었다. 나는 아무것도 모르고 그 위로 걸어갔다. 내 뒤의 우드 존슨 또한 그것을 못 봤는데, 우연히 그의 피켈에 이 스노브리지가 뚫렸다. 나는 이 완벽한 죽음의 함정을 무심코 걸었다. 병처럼 생긴 구멍은 윗부분의 폭이 겨우 60~90센티미터였지만, 아래쪽은 그 속으로 던진 돌이 바닥에 부딪치면서 반향 되는 소리로 추측해보니 30미터 정도의 깊이였다. 그 후부터 로프를 사용해서 모레인 왼쪽으로 돌아가, 실제 스노브리지를 이용해서 크레바스를 건너, 몇몇 작은 세락들 사이를 지나 울퉁불퉁한 빙하 표면으로 올라갔다. 그곳은 깊이 쌓인 분설이 미끄러운 얼음 조각 사이의 구멍들을 감추고 있었다. 내가 먼저 앞장섰다. 외견상 크레바스처럼 보이는 곳에서 허리까지 빠져 허우적거릴 때마다 어부가 작은 청어를 육지로 끌어올리듯, 우드 존슨이 태연스레 로프에 묶인 나를 위로 잡아챘다. 우드 존슨은 이것을 탁월하게 잘해서 보스테드와 내가 교대로 선두를 서는 동안 그는 중간에서 이 일을 도맡았다.

우리는 곧 빙하 안의 작은 도랑을 지나 몇 개의 빙탑 사이에 형성된 유리처럼 투명한 톱 모양의 얼음 둑으로 올라선 후 넓고 길쭉한 지형을 지나갔다. 우리가 볼 수 있는 한, 이 길쭉한 지형은 빙하 위로 쭉 뻗어 있었다. 이것이 중앙 도랑이고, 3캠프로 향하는 우리의 루트였다.

빙탑들 사이로 길을 뚫고 나가며 도랑으로 내려섰다. 바닥은 어떤 데는 부드러운 눈이고, 또 어떤 데는 잡석이 깔려 있어 전진이 매우 지루했다. 게다가 햇빛이 빙탑에 반사되어 강렬하게 반짝였다. 우리는 곧 이전의 에베레스트 등산가들이 자주 경험했던 무력감에 시달렸다. 이런 정신과 육체의 무력감이 우리의 흥미와 결의를 서서히 약화시켰다. 이것만 없었더라면, 희미하게 빛나는 빙탑들이 만들어놓은 마법의 숲으로 들어가는 이 기묘하게 아름다운 길을 요정들처럼 감상했을 것이다.

한 시간을 계속 나아간 우리는 더 이상의 전진이 불필요하다는 결론을 내렸다. 루트가 아주 분명해, 이제는 루트를 따라가는 일만 남아 있었다.

내려갈 때는 서늘한 바람이 도랑 위로 불었지만, 눈 덮인 빙하는 통풍이 잘 안 되는 데다 번쩍이는 빛 때문에 깔때기에서 빠져나가는 액체처럼 우리의 힘이 사라졌다. 우리는 2캠프로 되돌아올 수 있어서 기뻤다.

짐꾼들이 극지용 텐트와 식량을 포함해 전보다 더 많은 짐을 지고 1캠프에서 올라왔다. '경찰'도 따라왔는데, 고도 탓에 눈에 띌 정도로 심하게 헐떡였다. 우리는 그놈이 밤에 짖을 여력이 남아 있지 않기를 바랐다.

우리는 극지용 텐트 한 동을 설치하고 나서 그 안에서 편안하게 음식을 먹었다. 여느 때처럼 나는 잠을 제대로 못 잤다. 고소에서 사람은 주로 입으로 호흡한다. 그래서 내 경우에는 침낭 입구에 불쾌한 얼음 고리가 생겼다. 어떤 때는 다시 어린 아이가 되어 이모가 내게 입맞춤해주는 꿈을 꾸다가 잠에서 깨기도 했다.

한밤중에 눈이 가볍게 내렸지만 다음 날 아침은 맑았다. 눈은 곧 녹으며 증발했다. 나는 침낭 안에서 아침을 먹고 편지를 쓰며 점심때까지 텐트에 남아 있었다. 그러는 동안 그린과 십턴, 버니, 롱랜드가 3캠프로 루트를 뚫는 일을 계속했다.

낮에는 짐꾼 몇이 러틀리지가 보낸 메모에 따라 1캠프에서 이곳으로 올라왔다. 그들은 2캠프에서 하루를 휴식하고, 짐을 지고 3캠프까지 올라가도록 예정되어 있었지만, 불행히도 연료가 아니라 시키지도 않은 산소통을 여러 개 지고 왔다. 가장 중요한 연료가 도착하지 않아 출발이 하루 연기됐다. 나는 하루 쉬는 것에 반대하지 않았고, 짐꾼들이 이러쿵저러쿵하는 소리를 들으며 햇빛 속에서 빈둥거렸다. 짐꾼들의 일은 우리같이 치사한 등산가가 에베레스트를 공격할 수 있도록 충분한 비품과 장비를 져 올리는 일이다.

아래쪽에서 올라온 최신 뉴스는 1캠프에 있는 웨거스의 상태가 여전히 좋지 않고, 다르질링과 베이스캠프 간의 무선통신이 아직도 개통되지 않았다는 것이다. 산맥으로 인해 교신이 방해받고 있는 것이 분명했다. 불쌍한 스미스 원덤과 톰슨이 거의 절망에 빠져, 안테나 설치가 가능한 모든 곳에서 시험을 하고 있는 중이라고 했다. 이것이 첫 소식이었다. 그 후 금방 한 짐꾼이 두 번째 소식을 가져왔는데, 무선통신이 개통되면서 신호가 완벽하게 잡혔다는 내용이었다. 어쨌든 한 가지 문제가 해결됐지만, 러틀리지가 이 뉴스를 반길지는 의문스러웠다. 왜냐하면 이제 그는 신문사로 전신을 보내야 하기 때문이다.

3캠프 조의 그린과 롱랜드는 일찍 돌아왔지만, 십턴과 버니가 아직 안 와서 걱정됐는데, 저녁이 다 되어서 돌아왔다. 그 도랑 상부의 눈이 부드러웠는데도 그들은 3캠프에서 400미터 못 미치는 지점까지 접근했고, 노스콜을 보았다고 했다. 이제 3캠프를 설치하는 데 방해되는 것은 없었다. 이 반가운 뉴스를 들어서인지 극지용 텐트에서 저녁을 먹으며 모두들 즐거워했고, 우드 존슨은 호랑이 이야기를 한참이나 했다. 큰 컵으로 뜨거운 럼 펀치를 한 잔 마시고 그날 저녁을 마무리했다.

다음 날인 4월 30일 아침, 러틀리지가 우드 존슨과 보스테드 그리고 내게 3캠프 자리로 올라가면서 짐꾼용 루트를 확보하고, 망원경으로 노스콜을 관찰하라고 지시했다. 우리는 짐꾼 둘을 데리고 갔다. 그들은 주방보조의 형인 니마 도르제와 러틀리지의 잔심부름을 하는 크타르Ktar였다. 부라 사힙Burra Sahib[36]의 잔심부름꾼인 크타르는 이로 인한 자만심 때문에 여러 번 명령 불복종으로 우리에게 심한 꾸지람을 들었다. 이제 빙하 위로 잘 다져진 루트가 생겨, 절반도 안 되는 시간에 처음 올랐던 최고점에 도달했다. 그 후 돌과 눈, 이어 계속 눈을 밟으며 그 도랑 위로 나갔는데, 십턴과 버니가 이 길을 따라왔다. 위쪽으로는 희미하게 빛나는 환상적인 악마의 얼음 정원이 있었다. 마치 어떤 고딕건축 설계자가 뛰어난 창

---

36 원정대장 (역주)

의성에 초현실주의를 접목시킨 것 같았다. 그럼에도 창의성으로 인해 그의 가장 사치스러운 건축물에서 결코 아름다움이 훼손되지는 않았다. 도랑은 거의 분간이 안 될 정도로 희미해지면서 빙하의 가장 위쪽 완경사 지역으로 이어졌다. 빙탑은 그곳 빙하의 매끄러운 표면에서 진화한다. 처음에는 단순한 혹이거나 낮은 얼음 언덕이지만, 빙하가 이것들을 아래로 이동시키면서 제각각의 모습으로 개성을 갖게 되고, 결국우리에게 익숙한 아름다운 건축물이 될 정도로 커지게 된다. 바람과 증발, 큰 온도 차이와 빙하의 이동 같은 것이 빙탑을형성하는 데 제각각 역할을 한다. 그런데 한 가지 중요한 특징은 이런 빙탑들은 특히 건조한 기후에서만 보이고, 습한 지역에서는 안 보인다는 것이다.

바람이 불어 눈이 완전히 날아가서, 빙하에는 유리처럼딱딱한 얼음만 보였다. 정말로 내가 지금까지 본 가장 단단하고 미끄러운 얼음이었다. 짐꾼 여럿이 1922년과 1924년에바로 이곳에서 부상을 당했다. 그런데도 우리는 상당히 빨리전진했고, 곳곳에 설원이 있어서 걷는 데 도움이 됐다.

점심을 먹으려고 곧 멈추었다. 점심 때 날씨가 급속히 악화됐다. 잔잔한 물고기 모양의 잿빛 구름이 에베레스트를 가리며 서쪽에서 미끄러지듯이 들어왔고, 바람이 강하게 불면서 여린 눈가루가 엷은 막을 만들며 빙하를 따라 휩쓸고 내려갔다.

우리는 작은 크레바스에 대한 보호 대책으로 로프를 서로 연결했고 가능한 한 서둘렀지만, 구름이 빨리 모여들어 태양이 힘을 잃고 희미하게 빛나는 공처럼 위축되어 사라지자 빛과 그림자, 색깔이 하나로 합쳐지면서 주변의 모습이 온통 음울한 단색으로 변했다. 3캠프 자리가 분명히 보였지만, 그곳에 도착하면 노스콜을 전혀 볼 수 없기 때문에 더 나아갈 이유가 없는 우리는 흩뿌리는 눈을 맞으며 2캠프로 돌아왔다.

저녁이 되자 분노한 하늘이 누그러들었다. 그리고 고산 특유의 돌발성으로, 화려한 노을을 남기며 구름도 사라졌다. 3캠프 설치와 노스콜로의 루트 확보 강행이라는 다음을 위한 무대가 이제 마련됐다. 마침내 등반을 하게 되다니, 생각만으로도 의욕이 솟았다.

3캠프

이번 달에는 최후의 결론이 나리라는 느낌을 갖고, 5월 1일 잠에서 깼다. 날씨는 평정을 되찾았다. 나는 책을 읽고 글을 쓰면서 따뜻한 텐트 안에서 아침을 보냈다. 3캠프를 건설하려고 더 많은 짐꾼들이 도착했다. 십턴과 버니, 롱랜드, 보스테드, 우드 존슨 그리고 나는 내일 3캠프에 머물게 될 것이다. 매우 추웠던 며칠 밤을 제외하고 2캠프에서 우리는 적당히 안락하게 지냈다. 에베레스트에서의 불편은 3캠프에서 시작된다. 움직이는 것이 좋다. 등산가는 활동을 하지 않느니보다 차라리 불편을 택하는 편이 낫다. 에베레스트에서 특히 그렇다. 우리 앞에 놓인 큰일은 우리의 마음과 결코 동떨어진 것이 아니다. 우리는 캠프마다 충분한 음식과 연료를 공급해야 하고, 고소적응을 위해서 천천히 전진해야 하기 때문에 점점 초조해질 것이다. 이런 느린 전진은 사전에 계획된 것이다. 원정대가 베이스캠프에 도착하기 전에 미리 다른 산에서 충분히 고소적응을 하고 왔는지는 중요한 문제다. 만일 그렇게 했다면, 상당한 지루함과 불편, 불확실성을 덜 수 있기 때문이다. 정상이 그리 멀지 않은 상태에서 기다리고 또 기다려야 하지만, 에베레스트는 기다리는 게임을 하기에는 결코 적당한 산이 아니다. 고소의 삶은 문명인에게는 이중으로 힘이 든다. 아름다움을 감상할 여유가 없고, 생각과 습관이 점점 거칠어지며, 대부분의 시간을 편안히 먹고 마실 생각만 한다. 또한 육체적 무기력뿐만 아니라 정신적 무기력에 시달려서 저지대에서라면 재빨리 이해하고 감상할 수 있는 풍경조차도 무관심하게 바라보게 된다.

베이스캠프를 떠난 이래 처음으로 낮에 몸도 씻고 손톱도 깎았다. 마른 손톱이 이상하게 부서질 것 같았다. 손에는 때가 많아서 이를 빼는 데 오랜 시간이 걸렸다. 콧수염이 길어서 무얼 마시다 보면 컵 속에 빠졌다. 나는 콧수염과 턱수염의 느낌이 끔찍이 싫었지만, 이것들이 햇볕에 얼굴이 타는 것을 조금은 막아주었다.

오후에 하늘이 구름으로 덮이면서 눈이 내렸다. 심하지는 않았지만 눈보라가 쳤는데도 메일러너가 집에서 온 편지를 가져왔다. 우리는 우편물을 잡아채서 개가 맛있는 것을 물고 제집으로 가듯 각자의 캠프로 돌아갔다. 한 묶음의 신문도 있기는 했지만, 전쟁과 혁명, 내각 위기 같은 놀랄 만한 머리기사도 우리의 흥미를 돋우지 못했다. 그저 대강 훑어볼 뿐 더 이상의 관심이 생기지 않았다. 우리는 오직 자신의 사소한 일, 이를테면 눈이나 바위, 날씨와 같은 우리의 세계만을 중시했다. 우리가 너무 편협한 것일까? 아니면 올림포스 신들처럼, 저 멀리 떨어진 세계에서 일어나는 너무나도 어리석은 짓들을 깔보고 있는 것일까? 그럼에도 이 세계는 우리에게 의복과 등산화, 음식, 로프, 텐트 제작 등 멀리 있는 세계의 다양한 활동을 상기시켜 준다. 아래쪽 세계가 만든 상품의 도움이 없으면 우리는 에베레스트 정상에 설 수 없다.

해리스와 웨거스가 낮에 도착했다. 우리는 그들의 몸 상태가 좋아진 것을 보고 기뻤다. 이윽고 눈이 그치자, 태양이 초록빛 하늘에서 싸늘하게 스러졌다.

저녁을 먹고 나니 니마 텐드룹이 뜨거운 물병 하나를 가져와, 나는 그것으로 발을 데웠다. 그때 나는 스파르타인들처럼 간소하고 불편하게 사느니보다 시바리스인들[37]처럼 방탕하고 편안하게 사는 것이 더 좋다고 생각했다. 인생은 우리가 원하는 대로 편안히 살 수 있을 만큼 그리 길지 않다. 아니, 너무 짧아서 우리가 원하는 대로 편안히 살 수 없다. 우리 중 어

---

37 이탈리아 남부, 오늘날의 코릴리아노 근처 타렌툼 만을 끼고 자리 잡았던 고대 그리스의 도시국가 사람들. 그곳은 부와 사치로 유명했는데, 그래서 sybaritic이 '방탕을 좋아하는'이라는 현대적 의미를 갖게 됐다. {역주}

떤 사람은 아마도 편안히 지낸 대가를 저승에서 톡톡히 치를 것이다. 이런 호사를 누렸는데도 형편없는 밤을 보냈다. 음식이 소화되지 않아 몹시 괴로웠다. 새벽 5시까지 잠을 제대로 못 잤다. 6시 30분에 러틀리지가 나를 깨웠다. 3캠프로 올라갈 예정인 다양한 물품을 인계하려고 매서운 추위 속에 그가 움직이고 있었다. 물품 중에는 기상 메모를 기록할 수첩도 있었다. 그보다 일찍 일어나는 원정대장은 아마 다시없을 것이다.

몸이 아파서 3캠프로의 악전고투를 피하고 싶었지만, 어쨌든 장비를 챙겨서 십턴과 함께 짐꾼들보다 먼저 출발했다. 처음에는 한 발 뒤에 다음 발을 끌어다 놓기가 힘들었다. 위통으로 구토가 날 것 같았지만, 시간이 지나자 이 증상은 차차 사라졌다.

루트의 3/4까지는 날씨가 좋았지만 그 후에는 종잡을 수 없는 눈보라로 변했다. 네 시간 후에 우리는 북봉 벼랑 아래 모퉁이를 돌아서 측면 모레인에 도착했다. 오래된 깡통과 빈 산소통이, 이곳이 이전 원정대의 3캠프였다는 사실을 증명해 주었다. 산소통은 저녁식사 시간을 알리는 종으로 쓰면 되겠다 싶었다.

일단 캠프 자리에 도착하면, 일을 하는 데 있어서 어느 누구도 셰르파 짐꾼들의 능력을 따를 수 없다. 그들이 일을 시작한 지 얼마 안 돼 평평한 터전이 상당히 마련됐고, 그 위에 텐트를 세우니 돌뿐인 황량한 곳이 친근하고 편안한 집처럼 변했다.

　캠프에서 에베레스트 북동벽은 완벽하게 보였지만, 에베레스트 전체 모습은 잘 보이지 않았다. 북동릉 위쪽의 상당한 부분이 북봉에 가려 있었고, 높이가 거의 300미터에 이르는 에베레스트의 마지막 피라미드조차 땅딸막하게 보였으며, 그 피라미드와 북릉 사이의 폭은 어림하기가 불가능했다.

　오후 3시 15분, 예상보다 일찍 캠프에 해가 졌다. 평소처럼 밤이 되면서 눈이 그치자 온 세상은 엄청나게 추웠고, 구름 또한 서둘러 사라졌다. 지극히 깊은 우주의 심연에서 죽음의 액체처럼 추위가 흘러나오는 것 같았다. 나는 돌아서기 전에 노스콜이 완전히 보일 때까지 빙하 쪽으로 계속 전진했다. 내가 기억하고 있는 1924년의 노스콜 사진 속 모습과 달리, 지난 9년 동안 노스콜에 이르는 비탈면이 상당히 변했다는 것을 금방 알 수 있었다. 1924년에 맬러리가 올라갔던 얼음 침니는 이미 사라졌고, 위협적인 빙벽이 콜로의 어프로치 루트를 수평으로 가로막고 있었다. 1922년 눈사태가 발생했던 이 어프로치 루트는 쉬워 보였지만, 이 시렁이 위험한 중앙 루트를 경유하고 있었다. 이 루트의 가장 큰 특징은 바깥쪽으로 비탈진 처마인데, 오른쪽 낮은 곳에서 왼쪽 높은 곳으로 콜의 벽을 가로지르고 있었다. 눈의 상태가 나빠지면 이 시렁 아래쪽으로 눈사태가 일어나겠지만, 지금은 그곳이 얼음이었다. 나는 힘없이 게슴츠레한 눈으로 이 얼음이 희미하게 빛나는 모습을 바라보았다. 빙벽을 등반할 수 있으면, 그 처마로 가는 최고의 루트는 1922년의 루트를 따라가는 것이고, 처마를 지나면 콜의 꼭대기로 연결되는 좀 더 쉬운 루트가 나올 것이다.

우리는 4시에 저녁을 먹고, 그 후에는 침낭에서 뜨거운 음료를 마셨다. 나는 자정까지 잘 잤다. 자정에는 침낭 입구 주위에 평소처럼 얼음이 생겨서, 아니 더 정확히 말하면 인후염 때문에 잠이 깼다. 눈이 내리기 시작했다. 나는 눈이 텐트에 가볍게 떨어지는 소리를 들었다.

7시까지 자고 깨기를 반복했다. 니마 텐드룹이 아침 식사로 잡곡 죽과 튀긴 햄, 비스킷을 가져왔다. 그때 텐트 밖을 내다보니, 갑자기 한 무더기의 눈이 산산이 흩어지는 것이 보여 깜짝 놀랐다. 뒤이어 꼬리를 흔드는 '경찰'의 모습이 보였다. 그놈이 잠시 눈에 매몰되어 있기는 했지만, 그놈으로서는 더 이상 나빠질 것도 없는 상황이었다. 그놈은 밖에서 자는 것을 좋아해서 텐트 안에서 자려 하지 않았다.

늦게 인 바람이 해질 무렵에는 강풍으로 변했다. 이것이 실제로 나쁜 일기의 첫 경험이었다. 작은 텐트들은 눈을 동반한 돌풍에 심하게 펄럭였지만, 짐꾼들이 텐트를 튼튼하게 잘 쳐놓았다. 버팀줄은 큰 바위에 단단히 고정되어 있었고, 늘어진 텐트 자락 위에는 큰 돌이 많이 놓여 있었다. 저녁에 바람이 점점 거세지더니 자정쯤에는 큰 폭풍으로 변했다. 처음에는 먼지 같은 눈이 내 돔형 텐트 환기 구멍을 통해 들어왔고, 내가 불안해하고 상당히 걱정하고 있을 때는 텐트 천 자체를 뚫고 침투해서 한밤중이 되도록 잘 수 없었다. 텐트 천 자체를 통해서 침투하는 눈은 꽤 심각했다. 3캠프에서 텐트가 눈에 뚫린다면, 최대한 편안한 곳이 되어야 하고 무엇보다 완벽한 피난처가 되어야 하는, 이곳보다 1,800미터나 더 높은 곳에서는 어떻게 될까? 다행히 지금까지는 완벽하게 만족스러웠던 방풍 옷과 같은 재질의 텐트를 우리는 몇 개 갖고 있었다.

최악의 밤이 지나갔다. 바람이 그쳤다. 새벽이 왔고, 새벽과 함께 태양이 나왔다. 동쪽에서 서쪽으로 규칙적으로 기다란 선을 그린, 그물 모양의 잔잔한 구름들을 제외하고 아침은 맑았다. 그렇지만 이 구름은 나쁜 날씨의 조짐이었다. 왓킨스

Watkins 아네로이드 자기기압계[38]의 낮은 눈금이 이를 확인해 주었다. 극지용 텐트를 포함해 많은 장비를 지고 2캠프에서 짐꾼 몇이 도착할 예정이었지만, 그러지 못했다. 아마 빙하 위와 도랑 안에 신설이 너무 많은 듯했다.

활동을 할 수 없어 지루해서 우리는 노스콜을 정찰하기로 했다. 쉽기는 해도 힘이 드는 측면 모레인을 240여 미터 올라가서 빙하의 상부로 나왔다. 바람이 거의 완벽하게 이곳의 눈을 청소해서 스케이트장만큼이나 미끄러운 얼음이 드러나, 우리 대부분은 넘어졌지만 십턴만이 멀쩡했다. 그가 트리쿠니Tricouni 징[39]이 박힌 새 등산화를 신고 있기는 했지만, 내 생각에 그는 어떤 표면에서도 미끄러지지 않고 서 있을 수 있는 사람이었다. 아이젠은 유용하지만 발을 얼게 만들고, 그 끈은 혈액 순환을 방해한다.

우리는 만장일치로 노스콜로 가는 중앙 루트를 공략하기로 했다. 이것은 벽을 올라가는 것을 의미했다. 이미 말한 것처럼 짐꾼들이 오르기에는 적당한 곳이 아니었지만, 요크셔 램블러스 클럽Yorkshire Ramblers' Club이 제공한 두 줄 사다리

---

38 기압의 변화를 자동으로 기록하는 계기. 아네로이드 기압계와는 달리 바늘 대신에 펜을 달아서 저절로 돌아가는 원통의 종이 위에 시시각각으로 기압을 기록하도록 되어 있다. (역주)

39 스위스 제네바 출신의 보석상이자 유명한 등산가인 트리쿠니가 1912년에 발명했다. (역주)

가 우리에게 있었다. 일단 벽을 등반하면, 루트를 공고히 하는 데 이것 하나면 충분할 것이다.

　1922년과 1924년의 4캠프는 이 콜 꼭대기 겨우 몇 미터 아래 능선에 설치됐지만, 이제 그 능선은 존재하지 않았고, 우리가 보기에 캠프 한 동을 설치하기에 충분히 넓은 유일한 능선은 이전의 사라진 능선 60~90미터 아래쪽에 있었다.

　우리가 이 비탈면 위로 작업을 시작하기 전에, 고소적응이 잘 되지 않은 롱랜드는 캠프로 돌아가야 했다. 십턴과 보스테드 그리고 내가 이 일을 계속하려고 남았다. 우리는 3캠프를 떠난 지 한 시간 삼십 분 만에 그 비탈면 자락에 도착했다. 언뜻 보기에 비탈면은 감청색 하늘에 걸린 눈과 얼음으로 된 커튼 같았다. 이 비탈면 아래에서 우리는 우리 자신이 너무 연약하고 보잘것없는 존재라고 생각했다. 에베레스트는 2,000미터나 더 위쪽에 있었다. 앞으로도 2,000미터를 더 올라야 한다니!

　처음에 우리의 루트는 젖가슴처럼 불룩한 두 개의 얼음 사이 넓은 걸리 위로 나 있었다. 이 걸리는 꽤 안전했다. 설사 미끄러지거나 눈사태가 발생하더라도, 등반조를 빙벽 아래로 날려버리거나 크레바스 속으로 쓸어 넣을 정도는 아니었다. 눈은 예상외로 딱딱하고 바람에 잘 다져져 있어서 걸음마다 킥스텝을 해야 했다. 우리는 차례로 선두를 섰고, 한 시간 삼십 분 후에 고도를 120미터 높였다. 이 첫 구간에는 고정로프가 불필요했지만 그 위쪽은 짐꾼들을 위해서 반드시 필요했다.

우리는 바람을 거의 느끼지 못했지만, 구름 속에 잠긴 거대한 에베레스트 북벽을 가로지르며 눈이 날렸고, 날린 눈은 몸부림을 치며 에베레스트에서 멀리 날아올라 감청색 하늘 속으로 증기처럼 사라졌다.

경사가 점점 가팔라지면서 우리는 얼음처럼 딱딱한 눈에 스텝커팅을 했다. 이 작업은 힘들었다. 우리의 목적은 정찰이었고, 고소적응 초반에 무리해서 피로해질 필요가 없기 때문에 돌아가기로 했다.

내려가는 동안 안개가 끼었다. 우리는 눈을 맞으며 캠프에 도착했다. 2캠프에서 올라온 사람은 아무도 없었다. 그래서 그곳에서 무슨 일이 있는지 알아보려고 우드 존슨과 니마 텐드룹이 그날 저녁에 내려갔다. 몬순이 생각보다 일찍 올지도 모른다는 생각이 마음속을 떠나지 않았다. 우리는 등반을 빨리 마치면 마칠수록 좋다는 생각을 갖고 있었다. 우리 계획의 지연 여부는 전체 등반조가 4캠프에 모이는 것에 달려 있었다. 가능한 한 빨리 모든 사람이 고소적응을 하려면 등반조가 모두 4캠프에 도착해야 한다고 생각했지만, 다른 한편 이는 짐 수송을 어렵게 만들 수도 있고 정상 공격을 지연시킬 수도 있는 일이었다. 노스콜 위에서는 여섯 명의 등반자만 있으면 충분할 것이다. 한 번의 정상 공격을 위해서 두 명, 5캠프에서 지원조 역할을 하면서 또 한 번의 정상 공격을 시도할 두 명, 그리고 4캠프에서 상시 지원조 역할을 할 두 명이 이들이다.

회색 구름이 지붕처럼 하늘을 덮은 흐린 저녁이었다. 우리는 프리무스 스토브 두 개로 텐트를 따뜻하게 만들며 짐꾼 텐트 안에서 즐겁게 저녁을 먹었다. 공식 주방장인 파상 Pasang이 고소 증세를 보였지만, 활력이 넘치는 락파 체디가 맛있는 저녁을 내놓았다.

그날 밤 나는 이상한 꿈을 생생하게 꾸었다. 우리가 하고 있는 일을 설명하려고 등산복을 입은 채 식당에 들어서니 어머니와 아내가 저녁을 먹으려고 앉아 있었다. 그 꿈은 내가 지금껏 꾼 꿈 중에 가장 생생했고, 단 하나의 이상한 장면도 없었다. 어머니와 아내의 놀란 표정을 결코 잊을 수 없다. 잠시 동안이지만 시공간이 파괴된 것 같았다. 나는 베이스캠프 위쪽에서 열한 시간 동안이나 누구보다 잘 잤지만, 운이 그리 좋지 못한 몇몇은 숨이 가쁜 느낌이 들어서 못 잤다고 다음 날 투덜댔다. 그렇지만 이에 대한 더 이상의 불평은 없었다. 때때로 나는 남들에 비해 너무 빨리, 그리고 쉽게 고소적응을 한 것에 대해 미안한 마음이 들었다. 고소적응은 순전히 운에 달려 있다. 성과를 내고자 하는 일류 등산가가 고소에서 활동을 제대로 못한다면 가슴 아픈 일임에 틀림없다.

5월 5일, 어렴풋이 새벽이 왔지만 햇빛이 희미했다. 산봉우리에는 신설이 뿌려져 있고, 정상에 회색 구름이 악착같이 매달려 있는 에베레스트는 납빛 외벽 때문에 더욱 험악해 보였다.

나는 호사스럽게 내 텐트 안에서 잡곡 죽과 튀긴 햄으로 아침을 먹고 차를 마셨다. 나중에는 안면 보호 크림을 바르느라 때때로 멈추면서 『피크위크 페이퍼스』도 읽었다. 내 입술은 자주 크림을 발라서 이제 상당히 회복됐지만, 코는 콧구멍 언저리가 특히 아팠다. 나는 피가 날 때까지 얼굴과 귀의 피부 껍질을 벗겼다. 피부 각질을 빨리 떼고 싶은 욕구보다 더 참기 어려운 것은 없을 것이다.

러틀리지와 브로클뱅크, 그린, 우드 존슨이 짐꾼들과 함께 2캠프를 출발해 오후에 도착했다. 그들은 눈이 도랑 깊이 쌓여 있어서 힘들었다고 했다. 불평꾼이자 내 첫 카메라맨이고 '노병'인 친 누르부를 제외하고 짐꾼들의 건강 상태는 좋았다. 불평하는 사람들을 경계하는 일은 중요하다. 에베레스트에서는 비관적 견해가 빨리 퍼지는 경향이 있기 때문이다.

해질녘에 강풍이 일더니 밤새 격렬했다. 고운 입자의 분설이 텐트를 뚫고 들어와 누구도 제대로 잠을 못 잤다. 5월 6일의 내 일기는 "또 다른 잔혹한 날"로 간결하게 시작됐다.

아침에는 모든 산봉우리마다 바람에 날리는 성난 설연의 줄무늬가 그어지고, 에베레스트에도 거대한 설연이 맹렬하게 피어올랐다. 우리는 노스콜 위에서 계속 작업할 수 있기를 바랐지만, 지금까지 우리가 경험한 가장 심한 바람이 부는 아침이어서 출발이 불가능했다.

낮이 지나면서 바람은 더욱 세졌다. 바람이 잦아들 때쯤 엄청난 노력을 들여, 얼어붙은 작은 연못 위에 극지용 텐트 한 동을 세웠다. 다행히 그 연못은 표면이 평편해서 작업이 편했다. 우리는 2캠프에서 웨거스와 윈 해리스가 올라오리라고는 기대하지 않았지만, 혹시 강풍을 뚫고 올라올지도 모른다고 생각해, 몇몇이 눈 섞인 돌풍을 뚫고 애써 빙하로 내려갔다. 북봉 모서리를 돌아서서야 그들은 최악의 바람을 피할 수 있었다. 그러자 빙하를 올라오고 있는 그들의 모습이 보였다. '경찰'이 그들과 함께 있었다. 그놈은 우드 존슨과 함께 내려갔었는데, 이제는 무슨 일이 일어나기를 고대하며 되돌아

3캠프

오고 있었다. 마지막 2킬로미터는 짐꾼들에게도 무척 힘이 들었다. 그들은 고개를 숙인 채 악문 이 사이로 새된 소리를 뿜어내며 캠프를 향해 힘을 썼고, 힘이 들기는 했지만 만족스럽다며 캠프에 짐을 부렸다.

그날 밤 버니와 십턴, 그린, 브로클뱅크 그리고 나는 극지용 텐트에서 잤다. 조그마한 돔형 텐트에서 지낸 뒤라서 이 텐트에서 지내는 것은 크게 개선된 상황이었지만, 우리는 얼음이 덮인 침낭 안에서 호흡으로 형성된 불쾌한 서리가 햇빛에 녹아 비처럼 흘러내리는 것을 저주하면서 밤을 지새웠다. 밤의 최저온도는 영하 24.4도였다.

CHAPTER

11

노스콜

강풍이 텐트를 날려 버리려 악다구니를 할 정도로 5월 7일도 날씨가 좋지 않았다. 이런 낮과 밤에 '경찰'이 어떻게 생존하는지 상상이 안 됐다. 아침 6시 30분, 텐트 밖을 내다보니 그놈은 거의 눈과 얼음으로 된 공 같았다. 그놈이 나를 보고 꼬리를 흔들자 얼음이 갈라지는 소리가 나면서, 그놈은 얼음의 족쇄에서 풀려났다. 무시무시한 날씨였지만 아무것도 하지 않고 하루를 그냥 보내는 것은 생각할 수도 없는 일이어서, 러틀리지, 버니, 십턴, 롱랜드, 보스테드 그리고 나는 로프와 나무 하켄을 진 니마 텐드룹, 파상과 함께 노스콜 비탈면을 향해 출발했다.

바람이 노스콜 아래 빙하지대의 얼음에서 눈을 완벽하게 날려버려 서 있기도 어려웠다. 노스콜 꼭대기에는 눈발이 깃발처럼 하늘 높이 휘날렸고, 에베레스트의 훨씬 더 높은 곳은 화산처럼 김과 연기를 내뿜어 엄청난 분노의 화신처럼 보였다. 시속 160킬로미터의 엄청난 속도로 몸부림치며 날리는 눈구름 사이로 누런 절벽과 바위지대들이 어렴풋이 보였다.

우리가 콜 언저리에 도착한 직후, 파상은 분명 우리와 함께 끝까지 가지 못할 것 같았다. 얼핏 보니, 그는 비장한 각오로 고통을 참으며 비틀거리고 있었다. 우리는 그의 짐을 나누어 진 다음 그를 캠프로 돌려보냈다. 늙은 니마 텐드룹은 외견상 지칠 줄 모르는 듯 힘차게 걸었지만, 발이 얼어서 평소처럼 투덜댔다. 그는 방풍 옷을 입고 있지 않았다. 짐꾼들은 경솔했다.

우리는 콜의 비탈면에서 바람을 피할 수 있을 것으로 예상했지만 곧 꿈에서 깨어났다. 바람은 콜과 북봉 능선에서 분다기보다는 차라리 퍼붓는다는 표현이 옳았고, 거대한 눈 소용돌이를 일으키며 거의 수직으로 빙하 바닥에 내리꽂혔다. 콜의 벽 여기저기에 눈이 벗겨져 있는 데다 곳곳의 희미한 푸른빛은 4캠프를 치기 전에 스텝커팅이 상당히 오래 계속되어야 한다는 것을 암시했다. 또한 사흘 전에 우리가 만들었던 스텝이 완전히 사라져 다시 만들어야 할 것 같았고, 5월 10일까지 4캠프를 확보하려던 당초 계획은 제때에 마무리되기 어려울 것 같았다. 이런 조건이면 최소한의 루트를 확보하는 데에만 적어도 사흘은 걸릴 것이고, 하이 캠프에 필요한 비품과 장비를 올리는 데 추가로 하루 이틀은 더 걸릴 것이다. 러틀리지가 계획했던 대로 모든 등반조가 4캠프에서 생활할 수 있을 정도로 캠프 구축이 완료될지 더욱 의심스러웠다. 왜냐하면 솔라쿰부 사람들이 아직 도착하지 않아서 짐꾼이 부족했기 때문이다.

비탈면을 등반할 때는 바람이 너무 지긋지긋했다. 그래서 비탈면 초입에 떨어져 있는 얼음덩어리 옆에 로프와 하켄을 부려놓고 캠프로 내려왔다. 저녁에 바람이 멎으면서 날씨가 개선될 기미를 보였다. 밤은 고요했다. 펄럭거리는 텐트 소리가 안 나서 그나마 잠을 설치지 않아 다행이었다.

5월 8일, 아침은 맑았지만 여전히 흐린 하늘이 어제의 폭풍을 상기시켜 주었다. 며칠간 쉼 없이 힘을 쓴 탓인지 분노의 여신도 지쳐 잠들어 있는 듯했다. 그럼에도 날씨는 매우 추웠고, 밤의 최저온도는 영하 28.9도나 되었다.

우리는 주방 텐트에서 일하는 쿡들의 노고에 대해 제대로 감사의 마음을 전할 수 없었다. 이 불쌍한 사람들은 이런저런 이유로 욕을 많이 먹기는 했지만, 아무리 열악한 조건에서도 변함없이 맛있는 아침을 만들어냈다. 이들이 우리보다 한 가지 나은 점이 있다면 조리용 스토브의 따뜻함과 함께 있을 수 있다는 것이다. 그래서 우리가 연료를 세심하게 할당하지 않으면, 그들은 밤새도록 버너를 켜놓을 것이다. 6,400미터에서 연료는 매우 귀중하다.

아침을 먹기 전에 락파 체디가 손가락을 깊이 베었다. 그래서 침낭 안에 누워 있는 그린을 급히 불러 치료했다. 셰르파족이나 보티아족은 상처에 그리 신경 쓰지도 않고 관리도 하지 않는다. 그들은 아픔 또한 유럽인보다 훨씬 덜 느끼는 것 같다. 그들의 몸 상태를 나쁘게 하는 것은 상처보다는 상처를 입은 후 그들이 보이는 행동이다. 그들은 고약한 맛의 약도 전혀 개의치 않는다. 나는 그들이 피마자유를 달게 삼키는 것을 본 적이 있다. 또한 그들은 추위에 무신경했고, 적절한 동상 예방법도 모르고 있었다. 그들의 사기를 가장 많이 꺾는 두 가지는 미신과 찬바람이다.

아직도 담배를 즐겨 피우는 브로클뱅크를 제외하고, 불쾌한 목 건조 증상과 인후염으로 고생하지 않는 사람은 한 명도 없었다. 어떤 사람은 쉰 목소리로 겨우 속삭일 수 있을 뿐이었고, 많은 사람이 눈물이 날 정도로 기침을 해대며 몹시 괴로워했다.

러틀리지는 노스콜 비탈면 초입 근처의 빙하지대에 캠프를 설치하려고 간밤에 십턴, 그린, 롱랜드와 나, 이렇게 네 명을 한 조로 편성해서 올려 보내기로 결정했다. 그렇게 하면 그 빙하지대에 가기까지 모레인을 힘들게 터벅터벅 걸을 필요도 없고, 노스콜 비탈면에서 힘든 작업을 해야 하는 등반자의 힘을 아낄 수도 있기 때문이다. 이 일은 교대로 진행될 것이고, 우리가 전진 3캠프라고 부를 이 새 캠프를 확보하게 되면, 웨거스, 해리스, 버니, 보스테드로 구성된 두 번째 조가 뒤따라 올라올 것이다.

짐꾼들의 몸 상태는 좋았다. '경찰'이 우리를 따라가겠다고 고집해서 거의 6,700미터까지 올라갔는데, 확실히 네발짐승으로는 세계 최고 기록이다. 그놈은 빙하를 조금도 겁내지 않았고, 명랑하게 크레바스를 뛰어넘거나 부드러운 설원을 용감하게 허우적거리며 나아갔다.

빙하지대는 거의 얼음뿐이었지만, 한 곳에 텐트 펙을 지지할 정도로 딱딱하게 굳은, 바람에 쓸린 널찍한 설원이 남아 있었다. 우리가 도착할 무렵, 짙어지는 안개를 뚫고 여리게 빛나던 해가 완벽하게 햇무리에 둘러싸였다. 또 한 차례 심한 눈보라가 닥칠 것 같았다.

운동 삼아서 우리를 따라왔던 짐꾼들은 해리스, 웨거스와 함께 3캠프로 돌아갔다. 우리는 가능한 한 편안히 지내려 했다. 십턴이 쿡을 자청했고, 또한 훌륭한 쿡임을 입증했다. 프리무스 스토브로 인해 우리의 극지용 텐트 안은 후끈한 공기로 가득 찼다. "텐트 문을 열어 조금씩 환기를 시켜야겠어."

라고 누군가 말했다. 점심을 먹고 나서 노스콜로의 작업을 계속해서 첫 고정로프를 설치하기로 했다. 눈은 전보다 상태가 좋아 킥스텝과 스텝커팅을 하면서, 거대한 크레바스로 이어지는 가파른 비탈면 초입으로 빠르게 전진했다.

5시가 넘어서 내려가기로 했다. 태양이 사라진 지 이미 오래였고, 치명적인 추위가 비탈면을 따라 내려오고 있었다. 우리는 긴 나무 하켄 하나를 박아 로프를 고정시키고, 도중에 중간 크기의 하켄을 하나 더 박은 후, 60미터 로프가 끝나는 지점까지 내려와서 또 다른 하켄을 박아 로프 끝을 고정시켰다.

고정로프 작업이 끝난 뒤 낮은 비탈면을 빨리 내려갔다. 그곳은 글리세이딩이 가능했기 때문이다. 그곳에서 그린은 큰 낭패를 보았다. 두 발이 부드러운 눈 속으로 갑자기 푹 빠지면서 꼴사납게 앞으로 넘어지더니, 이어 딱딱한 눈 위로 미끄러지면서 배 근육을 다쳤다. 결국, 고소적응이 잘 되지 않아 콜록콜록 기침을 하던 롱랜드가 그린을 대신해 나머지 작업을 모두 해냈다. 그는 비탈면 초입에서는 사력을 다했다. 그는 누구보다 몸이 안 좋았지만 공격의 전위에 서는 것을 당연하게 여겼다.

우리가 캠프로 돌아오자 눈이 많이 내렸다. 비록 지독

히 맛없는 송아지 고기 통조림 때문에 저녁식사는 엉망이었지만, 모두들 유쾌한 저녁을 보냈다. 저녁식사는 내가 지금껏 먹어본 중 가장 맛없는 통조림 고기였다. 이 통조림 고기는 내가 고소로 인해 입맛이 까다로워졌다는 점을 감안하더라도 너무 형편없었다. 이것은 그냥 젤리 끈 덩어리였다. 나는 이 기념물을 가장 가까운 크레바스에 버렸는데, 틀림없이 동쪽 롱북 빙하에 심각한 소화 장애를 일으켰을 것이다.

극지용 텐트는 우리 넷이 자기에 편안해서, 바퀴살처럼 가운데로 발을 뻗고 잤다.

밤새 많은 눈이 내렸지만, 따뜻했고 적당히 편안했다. 비록 몸무게와 체온에 눈의 표면이 녹아 울퉁불퉁하게 변해서 생각만큼 편안한 잠자리는 아니었지만 견딜 만했다.

5월 9일, 새벽이 밝았어도 여전히 눈이 내리고 있었다. 이미 10~15센티미터의 눈이 내렸는데도 날씨로 봐서 눈이 곱절은 더 올 것 같았다. 모든 것이 암담해 보였다. 노스콜까지 도달하려면 이제부터도 많은 시간이 필요할 것이다. 엄청난 강설로 인한 눈사태의 위험 때문에 비탈면은 오를 수 없게 됐다. 최후까지 희망을 잃지 않는 것을 빼고 달리 할 수 있는 일이 아무것도 없었다. 우리는 날씨 탓을 하며 욕을 했다. 우리에게는 날씨 운이 없었다. 1922년과 1924년에도 이렇게

노스콜

나쁜 날씨가 계속되지는 않았다. 이런 날씨에 대드는 방법은 그저 그린과 농담을 하는 것뿐이었다. 그는 배 근육이 좋지 않았는데도 캠프에 남기로 했다. 카메트 원정 시작 전에 그는 늘 자기가 가면 날씨가 좋아진다고 말했고, 확실히 그 원정기간에는 날씨가 좋았지만, 에베레스트에서는 그렇지 않았다. 다행히 이따금 돌풍이 불 뿐 바람이 심하진 않았다. 그렇지만 텐트 측면으로 눈이 흘러내리는 소리를 들으며 침낭 안에 누워 있자니 지루했다.

음식 준비는 오랜 시간이 걸렸다. '프리무스'의 연료가 바닥나서 내가 등유를 가지러 밖으로 나갔는데, 등유 통이 눈에 덮여 있어서 어렵사리 찾았다. 마침내 머리에서 발끝까지 눈을 덮어쓰고 텐트로 돌아오니, 사람들이 우스운 듯 나를 오츠Oates[40] 대위라고 불렀다. 바깥 풍경은 비어드모어Beardmore 빙하[41]를 변형시켜 놓은 것 같았다. 고독한 물집 같은 우리의 멋진 텐트 말고 휘몰아치는 눈 속에서 희미하게라도 보이는 것은 아무것도 없었다. 그날 아침은 영국의 11월 어느 날처럼 컴컴했다.

---

40 제2차 영국 남극탐험대원. 괴저와 동상에 걸린 오츠는 텐트를 나와 눈보라 속에서 스스로 죽음을 택했다. 몸이 아픈 자신 때문에 다른 세 명의 목숨이 위험해질지 모른다고 생각했기 때문이다. (역주)

41 남극에 있는 계곡 빙하. 길이 200킬로미터 너비 40킬로미터로 세계에서 가장 크다. (역주)

CHAPTER 11

우리는 고역스러운 일, '설거지'를 교대로 했다. 접시와 식기도구를 눈으로 닦는 일이다. 또한 음식을 만들려고 얼음을 가져오는 일도 교대로 했다. 얼음을 구하기 위해서는 캠프에서 조금 내려가서 빙하가 드러날 때까지 삽으로 신설을 퍼내야 했다. 점심은 닭, 꽁꽁 언 송아지 고기, 뜨거운 음료, 비스킷과 버터였다. 그 후, 또 다시 긴 오후와 저녁 내내 침낭 안에 들어가 있었다. 우리는 때로 등산윤리에 관한 토론을 하면서 시간을 보냈다. 그리고 막간에 십턴의 목쉰 속삭임이 들렸다. "아아, 계란이 두세 판만 있었으면!" 우리는 신선한 계란을 얻을 수만 있으면 어떤 대가라도 치를 태세였다. 우리는 깡통 음식에 너무나 질려 있었다. 신선한 음식이 절대적으로 부족했다. 그나마 말린 것뿐이었다.

오후 들어 잠시 날이 갰지만 곧 눈이 내렸다. 오후 3시 텐트 밖에서 웅성거리는 소리가 나서 깜짝 놀랐다. 해리스와 웨거스 그리고 수송 책임자인 버니가 극지용 텐트를 하나 더 갖고 3캠프에서 올라왔다.

낮은 음산하게 끝났다. 저녁식사를 준비하고 있을 때 눈이 많이 내렸다. 귀 위로 침낭을 잡아당겨 또 긴 밤을 준비했다. 추운 밤이었다. 내가 베개로 써먹었던 텐트용 장화는 눈으로 덮였고, 침낭 입구는 호흡으로 얼어붙어 움직일 때마다 삑삑 소리를 냈다. 우리 중 누구도 제대로 못 잤다. 고소에서 잘 자려면 아주 피곤했어야 하는데 우리는 아무런 운동을 하지 못했다.

다음 날인 5월 10일 아침, 산만한 선잠에서 깨어 보니 불이 난 듯 텐트가 빛났다. 구름 한 점 없는 하늘에 태양이 나와 있었다. 완벽한 날이었다. 그렇지만 이런 날을 어떻게 활용할 방법은 없는 것일까? 신설이 30센티미터나 내려, 눈이 노스콜의 빙벽 위에서 물처럼 쏟아져 내렸다. 아마 시간이 좀 지나 눈이 굳어지면 주변 상황이 좀 더 안정될 것이다.

조용한 아침에 이어, 빙하 위의 눈을 구름처럼 날려버리는 바람이 불었다. 엄청난 추위였다. 극지용 텐트가 없었더라면 벌써 후퇴해야 했을 것이다. 만일 따뜻하고 적당히 편안하게 지낼 수 없었더라면, 3캠프에 도착 후 경험한 이런 추위는 몸이 상하지 않고는 누구도 견딜 수 없을 것이다. 우리는 맥이 빠졌다. 노스콜이 1922년이나 1924년보다 더 공략하기 어려워 보였을 뿐만 아니라 주변 상황이 집요한 한겨울 같았다. 솔라쿰부 사람들이 도착하지 않으면, 이런 짧은 기간의 좋은 날씨를 이용해 짐 수송을 할 수 없을 것이고, 어쩔 수 없이 우리의 계획은 비상작전으로 축소되어야 할 것이다. 그렇게 되면, 스스로 자신의 장비를 옮기면서, 지원을 받지 못하는 한 조가 정상을 향해 돌진해야 한다.

많은 것을 토의했지만, 우리의 생각은 곧 당면한 현실 문제로 되돌아왔다. 이 산을 오르는 유일한 방법은 가능한 한 높이 극지용 텐트를 치고 기회가 올 때까지 추위를 견디는 것이다. 그러나 버텨낼 수 있을까? 고소캠프 생활은 정신적, 육체적으로 혹독하게 힘들다. 신경 쇠약, 인후염, 체중 감소를 포함한 일반적인 쇠약과 신체기능의 전반적인 저하가 뒤따를 것은 뻔했다. 여하튼 우울한 전망이었다.

5월 10일 밤은 내가 지금껏 경험한 밤 중 가장 추웠다. 정말이지 원정기간 중 가장 추운 밤이라고 모두들 입을 모았다. 고도로 인해 추위가 더 심했고, 캠프는 바위보다는 항상 더 차가운 눈과 얼음 위에 쳐졌다. 한 가지는 명백했다. 바람은 3캠프에서보다 빙하지대에서 더 나빴다. 우리는 노스콜로 가는 도중에 바람이 불지 않는 피난처가 될 만한 곳이 어딘가 있으리라 예상했지만, 이미 말한 대로 바람은 콜에서 흘러내리듯 불었고, 빙하지대는 이 분노한 바람을 정면으로 받는 곳이었다.

5월 11일 아침, 날씨가 좀 더 좋아지리라 예상했지만, 우리의 낙관은 무시됐다. 에베레스트가 우리를 갖고 놀고 있다는 느낌이 들었다. 한 번 더 출발했다. 깊이 쌓여 사람을 지치

노스콜

게 하는 눈을 가로질러, 콜 초입에 부려두었던 로프와 하켄을 파냈다. 그리고 다시 분설이 덮인 비탈면을 오르는 지루한 행위를 계속했다. 분설은 단단해져 미끄러운 비탈면의 기층基層을 얇게 덮고 있었다. 눈 상태는 올라갈수록 점점 악화되더니 조그마한 크레바스에 도착할 무렵에는 비탈면의 경사가 너무 심해서, 더 이상 가려면 눈사태의 위험을 감수해야 했다. 이 주변의 눈은 윈드슬랩wind slab[42]인 듯 부드럽고 미끄러웠다. 나는 그곳처럼 눈이 불안정했던 알프스에서의 기억이 떠올라 후퇴를 선언하는 데 전혀 망설이지 않았다

롱랜드의 몸 상태가 다시 안 좋았다. 기침이 심해 때때로 음식을 토하기도 했다. 고소에서는 최악의 상황이었지만, 그는 전처럼 등반조와 함께 행동하겠다고 용감하게 주장했다. 우리의 실패에 정점을 찍으려는지 날씨는 변화의 조짐을 보였다. 회색 구름이 서쪽에서 모여들면서 에베레스트 정상에서 흘러온 안개와 합류했다. 캠프로 돌아와 악화된 이곳 상황과 우리가 할 수 있는 일은 때를 기다리다가 기회를 노리는 것뿐이라고 내가 러틀리지에게 메모를 보냈다.

좌절과 실망, 전반적인 생활의 불편함 속에서도 모두들 극지용 텐트 안에서 즐거웠다. 복부 부상에서 회복된 그린은

---

42 건드리면 두껍고 평편한 조각으로 떨어져나가는 눈. 눈사태의 위험이 크다. (역주)

다시 한 번 재미난 이야기로 우리를 즐겁게 했다. 6,700미터의 고소인데도, 이야기는 전혀 지루하지 않았다.

바람 부는 밤이 또 이어졌다. 바람이 텐트를 날려버리려 용을 썼다. 그렇지만 이 바람이 노스콜의 벽에 붙어 있는 눈을 날려 보낼 것이라고 생각하니 조금은 위안이 됐다.

다음 날 아침식사는 평소처럼 우울했다. 접시에는 저녁에 먹다 남긴 음식이 응고되어 있었고, 칼과 포크도 비슷한 상황이었다. 컵에는 언 음식 찌꺼기가 묻어 있었다. 물론 저녁을 먹고 나서 이런 것들을 깨끗이 닦아야 했는데 그렇게 하지 못했다. 너무 추워서 침낭 속에 들어가 있는 편이 더 나았다. 그래서 불편한 몸놀림으로, 반항하는 조리기구와 평소처럼 한바탕 실랑이했다. 이 일은 시린 손으로 해야 하는 괴로운 일이어서 욕이 나왔다.

어쨌든 약간은 만족스러울 만한 상황도 있었다. 날씨는 분명히 더 좋았고, 해는 맑은 하늘에서 뜨겁게 빛났다. 로프와 하켄을 나르기 위해 두 명의 짐꾼이 3캠프를 출발해 도착했고, 그들과 함께 우리는 노스콜을 향해 출발했다. 늘 그렇듯, 스텝이 없어졌고 눈에 묻힌 고정로프를 파내야 했다. 차고 또 차고, 자르고 또 자르고. 웨거스와 보스테드가 루트를 새로 만드는 일을 분담했다. 나와 십턴이 앞서갔다. 곧 우리는 윈드슬랩이 의심되는 지역에 닿았다. 우리는 일단 멈추어, 내가 로프에 확보된 채 앞서나가 피켈로 비탈면을 두드려서 조사했다. 눈은 깊고 딱딱하게 변해 있었다. 어떤 곳은 표면이 딱딱했고, 어떤 곳은 그렇지 않았다. 그래서 눈사태는 나지 않겠다는 믿음을 가질 수 있었다.

우리가 이전 정찰 지역 최고점을 넘어서자 위쪽의 거대한 크레바스로 이어지는 가파른 비탈면이 나왔다. 분설과 바람에 다져진 눈의 표면을 들춰내어 그 안에 있는 입상빙설에 피켈로 스텝을 만들면서 가파른 비탈면을 오르자니 힘이 들었다. 그래서 스텝커팅을 계속하려면 힘을 아껴야 하고, 힘을 절약하려면 피켈을 휘두르는 것과 호흡을 의식적으로 맞추어야 한다는 것을 나는 곧 깨달았다.

비탈면은 경사가 급해, 크레바스에 이르는 마지막 30미터는 스텝 위에 똑바로 서서 손으로 비탈면을 살짝 건드리는 정도밖에 다른 방법이 없었다. 나는 이런 각도에서 얼음 작업을 한 적이 한 번도 없다. 경사가 50도가 넘었다. 크레바스의 아랫입술이 만든 거의 평편한 시렁 위로 올라서게 되어 다행이었다. 이곳의 광경은 훌륭했다. 발아래는 크레바스의 심연이었다. 크레바스는 햇빛이 드는 곳에서 시작해서 내려갈수록 차차 무지갯빛 초록색으로, 그리고 더 깊은 곳은 무어라고

형언할 수 없는 미광微光으로 변했다. 반면에 크레바스의 맞은편에는 반짝이는 빙벽이 솟아 있었다. 다행히 크레바스의 한곳이 눈사태의 잔해인 듯한 눈 덩어리로 잘 막혀 있었다. 크레바스 바로 위에는 펀치 볼 같은 우묵한 비탈면이 있는데, 그 비탈면은 삼면이 빙벽과 경계를 이루었고, 다른 것은 차치하더라도 비탈면 발치에 참호와 같은 크레바스가 있어서 본능적으로 믿음이 안 가는 곳이었다.

우리는 쉬려고 눈에 주저앉았다. 잠시 동안 편안하게 쉴 수 있었다. 지금까지는 폭풍 구름이 형성되지 않아, 태양이 아크등arc-lamp처럼 부드러운 열기로 감청 빛 하늘에서 빛났다. 북동쪽에는 광활한 티베트 평원이 있고, 먼 서쪽으로는 바람 한 점 없는 대기 속에 칸첸중가의 성벽이 보였다. 에베레스트까지의 힘든 길이 여전히 우리 위쪽에 놓여 있었다. 에베레스트가 눈에 들어오자 맬러리의 글이 떠올랐다. "우리는 자비를 기대할 수 없다." 우리 또한 자비를 기대할 수 없었다. 이런 고도에는 자비로운 것이 아무것도 없다. 나중에야 아름다웠노라고 감상에 젖을지도 모르지만, 춥고 희박한 공기를 뚫고 위로 오르려 할 때는 아름다움은 관심 밖이다. 눈은 단조롭고, 빙벽은 적의에 차 있고, 바깥쪽으로 완만하게 비탈진 바위지대는 잔인할 뿐이다. 태풍을 허파 속에 가득 담은 죽음의 신인 자이언트 그림Giant Grim이 사는 가장 깊숙한 성채, 그것이 바로 저 마지막 피라미드였다.

크레바스로 천천히 전진하는 동안 빼앗긴 발의 온기가 서서히 돌아왔다. 간식을 먹고 나서 하켄을 하나 박아 고정시킨 긴 로프를 비탈면 아래로 내려보냈다. 그리고 우리는 계속 등반했다. 크레바스를 건너서, 가파른 작은 둑을 올라 그 펀치 볼 같은 비탈면 속으로 들어갔다. 십턴이나 나나 이곳의 눈이 마음에 내키지 않았지만, 눈을 주의 깊게 살펴보고 피켈로 찔러보니 너무 가루 같아서 눈사태가 나지는 않겠다는 결론을 내렸다.

빙벽 초입에 이르는 마지막 비탈면은 가팔랐다. 그 위의 눈은 사태가 날 것 같지는 않았지만, 눈 표면 아래쪽 30센티미터 지점의 다져진 미끄러운 눈 때문에 등반이 힘들었다. 빙벽 초입에 도착해 든 첫 생각은 회를린Horelin, 슈나이더Schneider, 빌란트Wieland[43]와 내가 1930년에 올랐던 칸첸중가의 빙벽만큼은 위협적이지 않았고, 칸첸중가의 벽과는 달리 무너지거나 눈사태가 날 것 같지도 않았다.

가장 낮은 지점의 벽 높이가 12미터 정도인데, 그중 5미터는 수직이거나 오버행이었다. 이런 벽이 좌우로 갑자기 솟

---

43 울리 빌란트Uli Wieland는 1934년 낭가파르바트에서 죽었다. {원주}

아올라서 30미터 이상의 통과할 수 없는 빙벽을 만들고 있었다. 우리는 한 빙벽의 표면 17미터 지점에 노출되어 있는 로프 끝을 보고 깜짝 놀랐다. 그것은 1922년 혹은 1924년 원정대의 흔적이었다. 또한 노스콜에 엄청난 양의 눈이 내린다는 증거이자 얼음덩어리가 급속히 이동하고 있다는 증거였다. 이 로프는, 1924년 콜의 꼭대기 몇 미터 아래 시렁 위에 설치된 4캠프에서 이곳으로 이동한 것 같았다.

위쪽에서 쏟아져 내린 분설粉雪이 부채꼴로 벽 아래에 쌓여 있었다. 우리는 이 눈을 밟아 다져서 선반 모양으로 만들었다. 그 뒤 나는 첫 스텝커팅을 했다. 피켈을 휘둘러보니, 히말라야 높은 지역에서는 특이하게도 얼음이 단단하고 고무처럼 탄력이 있었다. 이런 얼음에 스텝을 만드는 일은 힘들다. 왜냐하면 피크가 접착제 속으로 들어가는 듯 얼음 속으로 그대로 박혀서 다시 뺄 때 피켈을 비틀어야 하기 때문이다.

마침내 첫 스텝이 만들어졌지만 내가 그 위에 서려니 불룩 튀어나온 얼음 때문에 십턴의 도움 없이는 균형을 잡을 수 없었다. 그때 롱랜드와 웨거스가 막 도착해, 롱랜드가 배낭에서 하켄을 하나 꺼냈다. 하켄이 바위용이기는 하지만 어쨌든 확보를 하는 데 이용할 수 있을 것으로 기대하고, 십턴의 도움을 받으며, 두 팔을 높이 들고 한 번 실패한 다음 가까스로

망치질을 해서 하켄을 얼음 속으로 박아 넣었다. 어드미러블 크라이턴Admirable Crichton[44] 같이 다재다능한 롱랜드가 카라비너도 하나 갖고 올라왔는데, 나는 이것을 하켄 고리에 걸고 로프를 카라비너에 통과시켰다. 하켄이 잡아준다면 나는 이제 위쪽에서 확보된 것이고, 추락 없이 계속 스텝을 만들 수 있을 것이다. 왼발을 스텝에 확실히 디디고, 그 오버행의 불룩한 얼음 위 오른편에 양발을 올려놓을 수 있을 정도로 크게 또 다른 스텝을 만들었다. 이제 어려운 것은 오른발과 왼발을 순서대로 교차해서 이 스텝 위로 올라서는 일이었다. 그렇지만 너무 헐떡거려서인지 약간 어지러운 느낌이 들어, 잠시 쉬어야 했다. 또한 스탠스에 더하여 홀드를 만들자니 두 손에 감각이 없었다. 이 벽의 초입에서 쉬고 나니, 곧 호흡과 힘 그리고 혈액 순환이 회복됐다. 기분이 나아져 다시 출발했지만, 새로 만든 스텝에 이를 유일한 방법은 오른발로 하켄을 밟고서는 것뿐이었다. 그렇지만 크고 불편한 고소 등산화를 신고서는 결코 쉽지 않아서 첫 시도에 발이 미끄러졌다. 이제는 위쪽에서 확보가 없는 상태여서 뒤로 막 꼬꾸라지려는 순간이었다. 예상치 못한 힘을 쓰느라 호흡 곤란이 와서 거의 떨

---

44 스코틀랜드 작가인 J. M. 배리Barrie가 1902년에 쓴 코믹 무대연극 작품 속 인물 〔역주〕

어질 지경이었지만, 다행히 왼쪽 홀드와 스탠스가 이를 막아 주었다. 두 번째 시도는 성공이었다. 두 발을 널따란 스탠스에 올려놓았다. 이제 가장 힘든 곳이 극복된 셈이다.

위쪽은 부드러운 분설로 덮인 70도 경사의 얼음인데, 발판을 만들기 전에 장갑을 낀 손과 피켈의 헤드로 눈을 퍼내야 했다. 이것은 무자비한 작업이었다. 매순간 멈추어서 헐떡여야 했고, 손에 혈액 순환이 계속되도록 언 장갑을 계속 서로 부딪쳐야 했다. 다행히 피켈은 더 이상 순수한 얼음이 아니라 크러스트 되어 있는 견고한 눈을 만나게 됐다. 피켈 블레이드를 몇 번 휘두르는 것만으로도 충분히 하나의 스텝을 만들 수 있었고, 그래서 진행이 빨랐다. 이후부터는 부드러운 눈이 나타났는데, 위쪽은 부드럽고 아래쪽은 잘 다져져 있어 발이 눈 속으로 들어가는 느낌은 엄청난 위안을 주었다. 평편한 곳으로 나와, 피켈을 헤드까지 박아 넣고 로프를 감고 잠시 주저앉아 쉬었다. 작업은 잘 마무리된 것 같았다. 심장이 터질 듯했지만, 그때의 활기찬 느낌은 지금도 생생하다. 이것은 그동안 참아야 했던 단조로운 작업과는 전혀 달랐다. 이것이 바로 등반이었다.

곧 십턴이 힘을 들이지 않는 평소의 등반 방식대로 가볍게 올라와서 나와 합류했다. 다른 사람들이 그에게 로프를 딸려 보내지 않았는데, 그들이 미리 내려가 그 펀치 볼 같은 비탈면과 크레바스 아래쪽 비탈면에 로프를 고정시키기로 했기 때문이다.

우리가 있는 곳에서 위쪽 비탈면을 관찰할 수 있었다. 1922년과 1924년의 원정대가 머물렀던 처마는 흔적도 없었다. 캠프 한 동을 설치할 정도의 유일한 사이트가 보이기는 했는데, 이미 말한 콜 꼭대기 하단 60~90미터 지점에 있었다. 그쪽으로 가려고 처음에는 눈의 상태가 좋지 않아 매우 위험해진, 급경사의 넓은 처마를 가로질러 갔지만, 그 빙벽 위쪽 루트는 온갖 눈사태의 자연 통로 역할을 하고 있었다. 그래서 외떨어진 세락의 오른편을 지나, 칼처럼 생긴 멋진 얼음 왼편에 서 있는, 신기하게 층이 진 빙벽 밑에서 대각선으로 등반을 해나갔다. 삼십 분 후 우리는 그 처마 아래에 섰다. 그것은 반쯤 채워진 크레바스의 아랫입술이 만든 것이었다. 윗입술은 9미터 높이의 오버행 빙벽이고, 그 위쪽은 급경사의 비탈면이 콜의 꼭대기로 펼쳐져 있었다. 이 비탈면은 비교적 좋은 장소였다. 텐트를 칠 수 있는, 가로 12미터 세로 6미터의 평편하고 넓은 공간이었지만, 확실한 단점은 눈사태의 위험이 있다는 것이었다. 게다가 이 처마는 우리가 기대했던 만큼 콜에 가깝지 않았다. 아마 더 위쪽에 캠프 자리가 있을 수도 있겠지만, 우리는 너무 지쳐서 더 이상 등반을 할 수 없었다. 나는 특히 다리에 힘이 없었고, 심장은 여전히 갈빗대를 들어 올리며 불쾌하게 계속 쿵쿵 뛰었다.

흐린 구름이 눈 덮인 콜의 처마를 타고 위쪽으로 올라갔고, 눈이 내리기 시작했다. 또한 모퉁이를 감아 돌며 휘몰아치는 예상치 못한 바람이 얼굴을 거칠게 때렸다. 우리는 김이 모락모락 나는 차를 상상하며 내려갔다.

햇빛이 희미해지자 빙벽이 무시무시하게 위협적으로 보였지만, 감사하게도 피켈에 연결된 로프가 빙벽에 그대로 매달려 있었다. 십턴이 먼저 내려갔다. 나는 안전장치로 로프를 하나 몸에 묶어주었지만 이내 그가 보이지 않았다. 그가 벽 아래 초입에 도착했을 때는 내가 알아들을 수 있도록 어떤 신호도 보낼 수 없었다. 그의 목소리가 들리지 않은지 오래였다. 그렇지만 내려오라는 신호로 그는 로프를 흔들었다. 유쾌하지 못한 하산이었다. 벽과 벽 사이로 심하게 불어대는 바람이 눈보라를 일으키면서 격렬하게 얼굴을 때리고, 나는 언 장갑을 벗어 맨손으로 로프를 잡아야 했다. 오른쪽 겨드랑이 아래로, 이어 등을 지나 두 다리 사이로 로프를 위치시키고, 내가 바람에 흔들리지 않도록 십턴이 아래쪽에서 로프를 잡아주기를 간절히 기대하며 부드러워진 눈을 내려가 십턴 옆에

섰다.

이제 늦은 오후가 되어 추위가 더해가고 있었다. 우리는 손발의 혈액 순환을 위해 크레바스까지 펀치 볼을 뛰어서 내려갔다. 크레바스 아래쪽 비탈면에 다른 사람들이 고정시켜 놓은 로프의 도움으로 곧장 좀 더 아래쪽 비탈면까지 내려갔다. 캠프로 돌아오니 차에 대한 우리의 꿈이 현실이 됐다. 결코 이보다 더 효과적으로 꿈이 실현될 수는 없을 것이다.

그날 저녁, 우리는 전보다 한결 낙천적이었다. 날씨야 어떻든, 위쪽으로 우리에게 도움이 될, 이미 가본 루트와 고정 로프가 있었다. 그러나 이런 기대에 분노했는지 밤에 돌풍이 일었다. 내일은 롱랜드와 해리스, 웨거스가 빙벽에 줄사다리를 설치하고, 아직 뚫지 못한 가파른 비탈 구간에 고정로프를 설치하기 위해서 다시 스텝을 만들며 우울한 시간을 보내야 할 것이다.

5월 13일은 십턴과 나를 위한 휴식 시간이었다. 우리는 4캠프에 필요한 장비를 모으기 위해 3캠프로 내려갔다. 나는 기분이 좋지 않았다. 심장이 마구 뛰었다. 작업을 할 때는 거의 질식할 듯한 느낌이었다. 러틀리지가 우리를 환영했는데, 4캠프로의 루트가 어렵게 개통된 걸 매우 기뻐했다. 크로포드가 2캠프에서 올라왔다. 그는 가슴 병이 빨리 회복되어 몸 상태가 훨씬 좋아져 있었다. 브로클뱅크와 우드 존슨 또한 3캠프에 있었다. 우드 존슨은 3캠프와 4캠프 사이의 짐 수송 준비를 위해 3캠프에 계속 머물러야 한다는 생각에 많이 우울해했다. 그는 이 산에서 누구보다 뛰어나기를 원했기 때문에 이런 일은 큰 불행이었지만, 쉐비가 후두염으로 몸이 좋지 않아 수송 문제 전반을 다룰 수 없어서 누군가는 희생해야 했다. 실제로도 그랬지만, 누구 못지않게 가치 있는 일을 하고 있다고 말해주면서 나는 그를 애써 위로했다. 러틀리지는 분명 고소를 느끼고 있는 듯 몸이 그다지 좋지 않았다. 그는 인후염이 매우 심해, 의사의 권고에 따라서 하루 이틀 동안은 2캠프로 내려가 있을 예정이었다. 버니는 솔라쿰부 사람들이 도착하지 못할 경우에 대비해, 최소한의 짐꾼으로 공격이 가능한 수정 계획을 짜는 데 골몰했다. 우리 모두가 인정하고 있는 것같이 몬순 전에 이 산을 등반하려면 시간이 충분치 않았다. 두 주일이면 어느 쪽으로든 원정대의 운명이 결정 날 것이다.

십턴과 나는 캠프에서 즐거운 시간을 보낸 후 전진 3캠프로 올라갔다. 십턴은 잘 갔지만, 나는 너무 피곤해 빙하 위로 몸을 끌어올릴 수 없었다. 조금만 힘을 써도 심장이 마구 뛰었다. 빠른 회복을 기대할 수 없는 상황이어서, 빙벽에서 심장을 긴장시켜야 할지 말아야 할지 마음을 종잡을 수 없었다. 6,700미터가 넘는 곳에서 무리하게 육체의 힘을 쓴 사람은 누구나 그 후에 대가를 치러야 한다.

상당한 짐을 나른 후에 전진 3캠프에서 돌아오고 있는 짐꾼들을 도중에 만났다. 그들은 우리를 지나칠 때 웃으며 인사했고, 타고난 등산가의 물 흐르듯 거침없는 걸음걸이로 성큼성큼 내려가면서 세상 걱정 없는 사람처럼 즐겁게 수다를 떨었다. 그들은 얼마나 멋진 친구들인가! 그들을 보니 기운이 솟았다. 정상공격이 가능한 범위 안에 캠프를 하나 설치하는 것이 인간의 힘으로 가능하다면, 그들은 아마 기꺼이 그렇게 할 것이다. 그들은 나를 초라하게 만들었다. 나는 단 하루의 작업만으로도 지친 나머지 마구 뛰는 심장과 힘없는 다리를 이끌고 비참하게 빙하 위를 느릿느릿 걸어가고 있고 앞으로도 많은 날 동안 가혹한 수고를 해야겠지만, 그들은 마치 원정 초반인 듯 힘이 넘쳤다.

나는 캠프에 도착해 침낭에 주저앉을 수 있는 것만으로 고마웠다. 그리고 어떤 착한 사마리아인이 즉각 준비해서 건네준 뜨거운 음료를 마셨다.

그날 밤에는 강풍이 본격적으로 불었다. 텐트가 바람에 날리는 소리에, 그리고 바람이 빙하에서 벗겨낸 얇은 얼음 막들이 서로 부딪치는 날카로운 소리에 잘 수가 없었다.

평소처럼 새벽에도 바람이 잦아들지 않고 몇 시간 동안 계속 불었다. 바람이 약해지자, 곧바로 버니와 십턴, 보스테드 그리고 나와 열두 명의 짐꾼들이 4캠프 자리로 출발했다. 어제 해리스와 웨거스, 롱랜드가 거의 모든 루트에 로프를 깔고 빙벽에 줄사다리를 고정시키는 큰일을 해냈다. 그렇지만 평소처럼 강풍이 그들이 낸 루트를 모두 파괴해서, 그들은 다시한 번 루트를 만들어야 했다. 이렇게 하자니 비참한 생각이 들었다. 이 비탈면은 정말이지 진저리가 났다. 날씨는 극악무도했다. 우리가 가는 루트에 온갖 장애물을 설치해 놓고 원정대의 열정을 무너뜨리려 최선을 다하고 있었다.

짐꾼들은 등반을 즐기고 있는 것이 분명했다. 그렇지만 그들도 며칠 후에는 우리처럼 미끄러지지 않으려고 발을 힘껏 디디는 일에, 그리고 킥스텝과 스텝커팅에 신물이 날 것이다. 그들이 한 사람씩 차례로 줄사다리를 오르는 일은 매우 느려서 한 시간 삼십 분이나 걸렸다. 보스테드는 짐꾼들이 오르내리는 것을 도우려고 용감하게 그 사다리 꼭대기에 남아 있었는데, 그 결과 추위 때문에 엄청나게 고생했다. 해가 노스콜 너머로 사라지자 치명적인 액체처럼 추위가 비탈면에 모여들었다.

4캠프 자리에서 에베레스트 북릉이 보였다. 우리는 그 능선 넘어 리본같이 퍼져나간 설사면을 올려다보았다. 그 설사면은 7,470미터에서 끝나고, 그 위로는 북동 숄더로 이어지는 부서진 바위들이 길게 뻗어 있다. 반면 그 숄더 오른쪽에는 황색의 바위지대 띠가 있다. 옐로밴드의 가장 높은 곳에 있는 북동릉은 남동쪽으로 흘러가는 흰 구름을 배경으로 검은 윤곽을 날카롭게 드러내고 있었다. 여러 날 동안 얼음과 눈을 발로 차고, 잘라내고, 파내고, 조각내는 일을 한 후에 밟는 단단한 바위의 느낌은 얼마나 좋을까.

짐꾼들은 짐을 부렸고, 우리는 캠프로 갔다. 짐꾼들은 줄사다리를 내려갈 때 말고는 로프를 서로 묶지 않은 채 고정 로프의 도움을 받으며 내려갔다. 우리는 곧 캠프에 도착했다. 낮 동안 3캠프에서 올라온 그린과 브로클뱅크가 희소식을 가져왔다. 어제 십턴과 내가 3캠프를 출발한 직후에 48명의 솔라쿰부 짐꾼들이 휴식도 하지 않고 곧장 베이스캠프를 출발해 3캠프에 도착했다는 것이다. 이는 그들이 산에서 할 수 있는 일을 암시하는 최고의 선물이었다. 이제 수송 문제가 해결됐으니 날씨만 허락해주면 공격하는 일만 남아 있었다. 다음 소식은 그렇게 즐겁지 않았다. 스미지와 토미가 몬순이 콜롬보Colombo에 도착했다는 일기예보를 무선으로 받았다. 이는 몬순이 빨리 온다는 뜻이었다. 이 산을 오르기 위해 우리에게 남은 날은 10~14일이었다. 우리가 할 수 있을까? 모든 것이 날씨에 달렸지만, 날씨는 결코 좋지 않았다.

4캠프

5월 14일 밤, 우리는 내가 기억하는 바 최악의 강풍을 만났다. 바람은 분명 태풍의 힘을 가지고 있었다. 텐트가 이 바람을 어떻게 견뎌냈는지 모르겠다. 절정일 때의 폭풍은 강한 텐트 버팀줄과 여러 사람의 무게에 아랑곳하지 않고 극지용 텐트를 통째로 들어 올렸다. 나는 잠시 동안 줄이 끊겨버린 계류기구繫留氣球처럼 빙하 아래로 즐겁게 미끄러져 내려가는 우리의 모습을 상상했다. 다행히 텐트 폴 하나만 바람에 날아갔고, 다른 하나는 제자리를 이탈했을 뿐이다. 십턴이 있는 쪽의 텐트가 무너져 내려, 그가 겨우 남아 있는 쉰 목소리로 이 상황에 대한 자신의 의견을 피력하는 것을 듣고 있자니 애처로운 생각이 들었다. 강풍 소리와 쏟아지는 눈과 권총이 발사된 듯 날카로운, 텐트 천이 바람에 펄럭이는 소리 때문에 잘 수가 없었다.

새벽이 되었지만 강풍이 잦아들기는커녕 오히려 더 심했다. 바람이 빙하의 눈을 일으켜서 노스콜 비탈면의 모든 스텝을 무자비하게 없애버렸다. 10시에 바람이 약해졌다. 버니와 십턴, 해리스, 보스테드 그리고 나는 열두 명의 짐꾼과 함께 4캠프 설치를 위해 출발했다. 우리 모두는 전진 3캠프에서 길고 지루하고 불편한 시간을 보낸 뒤라 더 높은 캠프로 출발할 수 있어서 다행이라 생각했고, 에베레스트를 등반하게 되기까지 전진 3캠프로 다시 돌아가는 일이 없기를 간절히 바랐다.

등반을 불쾌하게 만들 정도로 바람이 여전히 심했지만, 다시 한 번 짐꾼들이 훌륭하게 올라갔다. 찬바람 속에 줄사다리 위로 한 사람씩 짐꾼들을 보살피며 올리는 일은 생각할 수도 없는 일이어서 좀 더 빠른 방법을 강구했는데, 줄사다리 위에 두 명 이상이 매달리지 않도록 간격을 두고 모두를 긴 로프 하나에 묶는 것이었다. 해리스는 자진해서 짐꾼들이 다시 내려가는 것을 도와주었다. 나도 그를 돕기 위해서 멈췄어야 옳았지만, 내 평생 처음으로 발의 감각을 완전히 잃어버렸다. 동상이 두려워 캠프까지 가능한 한 빨리 올라가서 이미 구축된 텐트를 찾아 들어가 돌처럼 딱딱한 등산화를 벗고 힘껏 마사지를 했다. 그랬더니 점차 혈액이 순환되면서, 30분 후에는 동상의 위험이 완전히 사라졌다.

우리 모두는 4캠프가 더 안전해서 전진 3캠프보다 낫다

노스콜(6,900m)의 짐꾼들

고 생각했다. 유일한 걱정거리는 우리 캠프 바로 위쪽, 경사가 심한 비탈면에서 눈사태가 날지도 모른다는 것이었다. 그렇지만 그럴 가능성은 적었다. 히말라야를 따라서 칸첸중가로, 이어 눈 덮인 봉우리들 너머의 북동쪽 갈색 티베트 고원에 이르기까지 우리가 있는 곳에서 바라보이는 전경은 우리에게 기꺼이 날씨의 불리함을 극복하고 이곳까지 올라온 보상을 해주고도 남았다.

이전의 원정대원들과 달리 우리는 음식을 먹을 수 있어서 저녁을 많이 먹었지만, 크레바스의 윗입술에서 텐트로 떨어지는 작은 얼음 조각 때문에 나는 자정까지 못 잤다.

다음 날인 5월 16일 아침, 나는 다른 사람들보다 일찍 일어나 '프리무스'가 작동되도록 가열을 했다. 7,000미터 이상의 고도에서는 등유가 효과적으로 증발하지 않는다는 가정 아래, 우리는 휘발유와 등유를 반반씩 섞어서 사용했다. '프리무스'는 잘 가열만 해주면 화력이 좋다.

날씨가 의심스러웠다. 우리는 날씨가 왜 이러는지 걱정이었다. 정말이지 날씨에 대한 걱정은 우리가 베이스캠프를 떠난 이래 한결같은 것이었지만, 이제 4캠프가 세워졌기 때문에 공격 계획을 실행에 옮길 준비가 완료된 셈이었다. 만일 이 공격이 실패하면 마지막으로 아무 지원 없이 한 조가 정상

CHAPTER 12

공격을 감행하는 비상계획을 실행해야 하는데, 이는 러틀리지가 매우 피하고 싶어 한 마지막 대안이었다.

우리는 아침 내내 침낭에 누워 있다가 훈제 청어 통조림으로 점심을 먹었다. 이번에는 '프리무스'가 잘 작동되지 않았다. 연료를 제대로 태우지 못하고 독한 연기를 토해냈다. 나는 맑은 공기를 쐬러 텐트에서 나왔는데, 전진 3캠프에서 짐꾼들을 인솔해 올라오고 있는 롱랜드와 웨거스, 그린을 마중하게 되어 기뻤다.

노스콜 비탈면에서 대기는 적당히 조용했지만, 더 높은 곳에서는 바람이 느슨한 눈을 들어 올려 눈보라를 일으켰다. 옐로밴드와 북봉의 분설이 하늘로 솟구쳤다. 짐꾼들은 18킬로그램의 짐을 졌지만 모두 즐거운 표정이었다. 나는 줄사다리가 있는 곳에서 짐꾼들을 돕고 있는 웨거스를 도왔다.

4캠프에 남은 열한 명은 원뿔형 텐트 하나에 머물고, 나머지 여덟 명은 전진 3캠프로 내려갔다. 나는 사다리 위에서 로프를 조작했는데, 엄청난 찬바람이 분설과 함께 나를 공격했기 때문에 마지막 한 사람까지 안전하게 내려가는 모습을 보게 되어 매우 기뻤다.

날씨가 안 좋을 것으로 예상하기는 했지만 에베레스트에서는 어김없었다. 밤새 내린 눈은 새벽이 지나서도 오랫동안 계속됐다. 우리는 아무것도 할 수 없었다. 올라갈 수도 내려갈 수도 없었다. 도대체 우리의 날씨 운은 왜 이러는지 알 수 없었다. 베이스캠프를 떠난 이래 좋은 날은 한 손으로 꼽을 정도였다.

9시에 태양이 조금 나오는가 싶더니 햇빛이 형편없이 약해, 우리는 태양을 향해 불평을 늘어놓았다. 또 다른 걱정은 우리가 여러 날 동안 전진 3캠프와 단절된 채로 있어야 한다는 것이다. 몬순이 다가오고 있어 이제 하루하루가 소중했다. 몬순이 오기 전에 좋은 날이 확실히 며칠은 될 것이라고 이성적으로 기대할 수 있을지 모르겠다. 우리 중 누구도 히말라야에서 이렇게 계속되는 나쁜 날씨를 경험해보지 못 했다. 그런데도 짐꾼들은 비관하지 않았다. 텐트 안에서 그들이 잡담하는 소리가 들렸다. 우리의 일이 잘 되기를 바라는 이런 사람들이 있는 마당에 우리 역시 특별히 비관적으로 생각할 이유는 없었다.

십턴이 두 개의 '프리무스'를 이용해 만든 훌륭한 점심을 먹으니 조금 위안이 됐다. 음식은 적포도주 소스를 친 로얀식 음식Royans de la Bordelaise과 연유, 카페오레와 함께 로건베리 통조림이었다. 로건베리 통조림의 신 즙이 건조하고 아픈 목을 자극한 것을 빼고 푸짐한 식사였다.

오후에 눈이 계속 심하게 내려 하루를 보내기가 지루했다. 나는 작은 주머니 거울로 얼굴을 자세히 뜯어보면서 시간을 보냈다. 얼굴은 햇볕과 바람에 망가져 있었다. 턱수염의 보호를 받지 못한 피부는 커다란 조각으로 벗겨졌고, 귀는 일시적으로라도 회복될 기미가 전혀 없었다. 살갗이 벗겨졌지만 헌 콧구멍 가장자리를 제외하고 코는 괜찮은 편이었다. 입술도 그런대로 괜찮았다. 나는 보호 크림을 계속 발라서 입술이 사정없이 갈라지는 것을 피할 수 있었지만, 동료 몇몇은 크레바스나 베르크슈룬트처럼 갈라진 입술에서 진물이 나와 고통스러워했다. 최악의 상황은 반수면 상태에서 딱지를 뜯는 것인데, 그러면 이미 갈라진 곳이 다시 갈라지면서 나을 수가 없었다.

폭풍이 오후 내내 계속되면서 캠프 위쪽 비탈면에 눈이 쌓여 약간 불안했다. 우리는 그날 받기로 한 우편물이 안 와서 아쉬웠고, 받은 우편물을 탐독하고 있을 3캠프 사람들이 부러웠다.

오후에 날씨가 점차 악화되더니 저녁이 되면서 심한 눈폭풍이 몰아쳤다. 극지용 텐트가 너무도 고마웠다. 한두 번 밖으로 나갈 때 텐트 자락이 열리면서 고운 분설이 들어오는 것 말고는 텐트 안으로 눈이 침투하지는 못했다. 우리는 비교적 눈을 잘 피하고 있었지만, 전진 3캠프는 어땠을까? 그곳의 극지용 텐트는 함몰되어 제 기능을 못했다고 나중에 들었다.

신기하게도 우리 대부분은 이 심한 눈보라 속에서도 잘 잤지만, 다음 날인 5월 18일 아침에 깨어 보니 상당한 양의 분설이 밤새 텐트 자락을 뚫고 들어와 있었다. 들어온 눈을 밖으로 퍼내는 것이 우리의 첫 일이었다. 햇빛이 때때로 비칠 뿐 날씨가 거의 개선되지 않았다. 해안가 바위를 강타하는 거대한 파도처럼 노스콜을 가로질러 불어대는 바람소리가 우리 위쪽에서 들렸다. 그러나 이런 원한이 사무친 듯한 날씨에도 불구하고, 나쁜 날씨는 에베레스트 일부 지역에 국한됐다. 때때로 빠르게 흐르는 안개 사이로 햇빛이 비쳐, 낮은 산맥이 따뜻해 보였고, 그 너머로 티베트의 황색 평원이 보였다.

누구도 전진 3캠프에서 올라오지 않았다. 바람이 너무 격렬했다. 그렇지만 오후에는 날씨가 나아져, 우리 모두는 콜의 꼭대기로 루트를 완성하기 위해 출발했다. 캠프 사이트 바로 끝에 가파른 세락이 있는데, 먼저 이곳을 대각선으로 횡단해야 했다. 아무 활동도 못한 뒤라 다시 피켈을 휘두를 수 있어서 즐거웠다. 세락 표면은 순수한 얼음이 아니라 딱딱한 눈이어서 바구니 모양으로 스텝을 만들었다. 그러자 눈 덮인 두 개의 크레바스와 한 개의 도랑이 나왔다. 여전히 대각선으로 올라가면서 콜의 꼭대기로 이어지는, 스텝이 만들어지지 않은 비탈면 초입에 이르렀다. 콜의 가장 아래 지점으로 이르는 최단 루트는 거의가 평편한 횡단 길이었지만, 그곳의 눈 상태가 의심스러웠기 때문에 가장 안전하게 오를 방법은 콜의 꼭대기로 똑바로 나아가는 것이었다. 이 마지막 비탈면의 눈은 처음에는 부드러운 분설이었지만, 바람을 그대로 받은 더 높은 곳의 눈에서는 스텝커팅이 필요했다. 차례차례 우리는 그 꼭대기에 머리를 내밀었다. 그리고 심하게 헐떡이며, 딱딱한 눈으로 된 좁은 가장자리에 모였다. 마침내 노스콜이었다.

눈부신 햇빛이 쏟아지는, 롱북 빙하 상단부가 바로 밑에 있었다. 위쪽에는 희미하게 빛나는 푸모리의 원뿔이 있는데, 뒤얽힌 거대한 봉우리들의 아름다운 전진 초소哨所와 같았다. 가까운 봉우리들 옆구리에는 작은 은빛 안개 조각들이 걸려 있지만, 북서쪽으로는 모든 것이 햇빛을 받아 장엄했다. 에베레스트만 험악한 모습이었다. 위쪽 멀리에서 으르렁거리는 바람소리는 변함없이 위협적이었다. 이 거대한 산 주변에는 무자비하고 적대적인 그 무엇이 있었다. 그리고 햇빛이 들지 않는 곳에는, 바람에 쓸려 하늘로 날아오른 짙은 설연과 엄청난 속도로 흘러가는 연한 잿빛 구름이 있지만, 여전히 정상에서는 또 다른 구름이 신속히 생겨났다. 앙심을 품은 듯 무시무시한 분위기였다.

우리가 있는 곳은 노스콜의 가장 낮은 지점이 아니었다. 그곳으로 내려가려면 딱딱한 눈으로 된 날카로운 능선을 횡단해야 했다. 능선은 바람이 강해, 우리는 험악한 돌풍에 맞서 균형을 잡으려 피켈을 사용했다. 그 능선은 놀라웠다. 베데커Baedeker[45]라면 "능숙한 사람들에게는 어렵지 않겠지만, 그 대신 완전하고도 확고한 이성이 요구되는 곳"이라고 말했을 것이다. 40여 미터 거리는 거의 평편했고, 이어 내려가면서 원래대로 넓어지며 콜의 가장 낮은 지점으로 자연스레 이어졌다. 눈사태의 위험 때문에 어쩔 수 없이 아래쪽 처마에서 더 안전한 곳으로 4캠프를 옮겨야 한다면, 이곳이야말로 텐트 몇 개를 칠 수 있을 정도로 충분히 넓은 곳이었다. 그렇지만 에베레스트와 북봉 사이에서 힘이 모인 북서풍이 최고의 세기로 안부를 가로질러 불어대는 곳이기도 했다. 콜의 위쪽으로는 이미 말한 대로 7,468미터에서 끝나는 길고 점점 가팔라지는 설사면이 솟아 있고, 이 설사면의 한 쪽에는 오르기 쉬워 보이는 부서진 바위가 있는데, 그곳이 북봉의 실제 정상이었다.

우리는 그저 건성으로 주변을 몇 번 살핀 후, 에베레스트

---

45 여행안내서의 이름이자, 이 안내서를 처음 만든 사람의 이름 [역주]

를 등지고 콜의 꼭대기에서 4캠프로 철수했다. 늦은 오후였다. 그러나 바람이 우리를 재촉하지 않았더라면 그 훌륭한 광경을 좀 더 즐길 수도 있었을 것이다. 이제 푸모리에는 구름 띠가 둘러져 있고, 한 시간 전의 안개 조각은 위풍당당한 뭉게구름 기둥으로 변해서 설원에 느릿느릿 그림자를 드리우며 흘러가고 있었다.

우리의 발자국이 가파르게 갈팡질팡 선을 그리며 콜에서 바람 없는 고마운 곳으로 들어갔을 때, 돌풍이 능선에서 한 움큼의 눈을 집어 들어 우리 얼굴을 거칠게 후려치며 마지막으로 악랄하게 불어댔다. 에베레스트는 예의가 없었다.

원활치 않은 혈액 순환을 좋게 하려고, 이미 잘 만들어진 스텝에 힘차게 발을 디디면서 캠프로 빠르게 내려갔다. 얼마 후 우리는 극지용 텐트 안에서 언 등산화 끈을 풀었고, '프리무스'는 뜨거운 차를 준비하느라 굉음을 냈다. 석양은 수수하게 아름다웠다. 우리는 텐트 창을 통해서 운해 위로 칸첸중가의 빛나는 모습을 바라보았다. 날씨가 좋아질 가능성이 있을까? 희미한 가능성이라도….

5캠프의
심한 눈보라

밤새 눈은 내리지 않았지만, 다음 날인 5월 19일 아침 북서쪽에서 에베레스트를 가로질러 구름이 빨리 흘렀고, 우산 모양의 불길한 안개가 아룬Arun 계곡을 가렸다. 운동, 아니 무엇보다 고소적응을 위해 십턴과 나는 북봉 정찰에 나섰다. 우리의 첫 일은 콜로 가는 비탈면에 긴 로프를 깐 후 콜 꼭대기의 딱딱한 눈에 피켈을 박아서 피켈에 로프를 안전하게 고정시키는 것이었다. 콜에서 우리는 몇 개의 소형 크레바스뿐만 아니라 동쪽 가장자리의 긴 설사면 커니스를 피하려 애쓰면서, 기회가 올 때마다 설원 한쪽에 있는 바위를 향해 차츰 나아갔다. 등반속도로 볼 때 우리는 고소적응이 잘되어 있었다. 처음 한 시간 만에 거의 300미터를 올랐다. 콜의 바람은 그저 성가실 정도였다. 이 정도 높이에서 바람이 너무 강했다면 아마 바위들을 올라 계속 전진할 수 없었을 것이다. 7,000미터 위쪽에 와서야 처음으로 강한 바람을 경험했다. 우리는 지금까지 겪었던 그 어떤 바람보다 혹심하다는 것을, 그리고 이 바람이야말로 에베레스트의 본성임을 깨달았다. 바람을 제외하고 날씨에는 특별히 더 어려움이 없었다. 평소처럼 북동릉에서 설연이 날렸지만 날씨는 대체로 좋았고, 태양이 눈부셨다. 바람뿐이었다. 쉬지 않고 가차 없이 우리를 괴롭히는 에베레스트의 바람은 묘하게 사람의 기운을 빼앗는다. 바위 위쪽 절벽은 더 이상 흥미롭거나 오를 가치가 있는 곳이 아니었다. 그 벼랑 뒤쪽으로 설연이 몸부림치는 마지막 바위 피라미드가 있는데, 지루한 등반의 전형이었다.

비관적인 생각을 없애려면 등반조의 선두에 서는 것이 좋은지 아니면 뒤따라가는 것이 좋은지 알 수 없지만, 이번에는 십턴이 선두에 서서 등반속도를 결정했다. 바람조차도 어쩌지 못하는 안정적이면서도 율동적인 그의 멋진 동작에는 확신에 찬 그 무엇이 있었다.

우리는 약 7,400미터에서 멈추어 서로를 자세히 관찰했다. 십턴의 바라클라바와 얼굴은 얼음으로 덮여 있었다. 그렇지만 콧수염과 턱수염 사이에 미미한 움직임이 보였다. 그가 무엇인가 말하려는 것 같았는데, 강풍 때문에 들리지 않았다. 내 경우에는 장갑이 얼었고, 면綿 바라클라바가 턱수염에 달라붙어 있었다.

이 정도면 충분했다. 그래서 십턴에게 소리쳤다. "빌어먹을 바람!" 더 이상의 설명이나 의견이 필요치 않았다. 우리는 돌아서서 내려갔다.

지친 다리를 제대로 가누는 데는 상당한 의식적 노력이 필요했다. 때때로 우리는 바람에 휘청거렸다. 바람이 궁극적인 요인이었다. 만일 우리가 이런 바람 속에서 5캠프를 설치하려 든다면 분명 재앙에 직면하게 될 것이다. 무거운 짐을 진 짐꾼들은 결코 이런 바람을 견딜 수 없다. 설사 동상에 걸리지 않는다 해도 바람이 그들의 짐을 모두 날려버릴 것이다. 우리가 캠프에 도착한 지 얼마 안 돼, 롱랜드와 웨거스가 5캠프와 6캠프 설치를 위해 추가로 필요한 비품과 텐트를 갖고 전진 3캠프에서 올라왔다. 사흘간의 고립 후 그들을 만나서 새로운 소식을 듣게 되니 기뻤다. 몸 상태가 좋아진 브로클뱅크가 빙벽 초입까지 따라와 줄사다리를 오르내리는 짐꾼들을 도왔다. 추워서 누구도 선뜻 나서지 않는데, 그는 이 일을 자진해서 했다. 4캠프에는 이제 극지법 등반을 할 수 있을 정도로 충분한 비품이 비축됐다. 적당한 기회가 오면 5캠프를 설치하고 정상 공격을 할 수 있을 것이다.

저녁에 바람이 그쳤다. 우리가 4캠프에 도착한 이래 처음으로 조용한 밤이었다. 나는 잘 잤다. 일어나보니, 태양이 캠프를 데울 정도로 하늘이 청명했다. 운명의 세 여신께서 마음을 푸신 것일까? 피로와 비관은 힘과 낙관으로 변했다. 8시 45분, 해리스와 버니, 보스테드 그리고 열한 명의 짐꾼이 5캠프 설치를 위해 출발했다. 짐꾼들의 몸 상태는 훌륭했다. 그들이 무거운 짐을 짊어지면서 행복한 미소를 지었다. 그들은 일어서서 무엇인가를 하고 있을 때 우리만큼 기뻐했다. 그들이 출발했다. 나는 따뜻한 햇볕 속에서 그들이 캠프 근처의 얼음 모퉁이를 돌아 천천히 그 뒤쪽의 가파른 비탈면을 차례차례 올라 멀리 사라지는 모습을 느긋하게 바라보았다.

나는 햇볕을 한참 쬐었는데, 4캠프에서 이것이 처음으로 가능했다. 날씨는 잠잠했다. 비록 의심스러운 솜털구름이 가끔 나타나서 북봉 자락에 매달려 있기는 했지만, 늘 있는 위쪽 설연을 제외하고 에베레스트는 청명했다.

오후에 그린과 웨거스 그리고 나중에 크로포드와 브로클뱅크가 전진 3캠프를 출발해서 이곳에 도착했다.

그러는 동안, 남아 있는 사람들은 5캠프 설치조의 진행을 지켜보았다. 그들은 설사면 위쪽 부서진 바위가 길게 늘어선 곳에 도착해서 잠시 멈추었다. 왜? 무엇이 그들을 지체시켰을까? 5캠프 자리는 적어도 300미터 위쪽에 있었다. 버니와 나는 어제 5캠프 자리에 대해 논의했는데, 7,830미터 정도에 있는, 능선 상의 한 갈라진 틈이 가장 좋겠다는 결론을 내렸다. 내가 빙벽으로 내려가 추위 속에서 줄사다리 위로 짐꾼들을 끌어올리고 있는 롱랜드를 도와줘야 했을 때도, 그들이 멈춘 이유를 우리는 여전히 알지 못했다. 태양이 비탈면 너머로 지니, 찬바람이 내 손발의 온기를 빼앗았다. 짐꾼들이 모두 올라와서 다행이었다. 나는 캠프로 되돌아왔다. 다른 사람들 또한 마지막 남은 구간을 등반하는 동안에, 특히 빙벽 발치에서 불가피하게 차례를 기다려야 했기 때문에 몹시 추워했다. 그린은 발의 혈액 순환을 위해서 오랫동안 마사지를 받았다.

저녁 무렵에는 5캠프에 올라갔던 짐꾼들이 뿔뿔이 흩어져 내려오기 시작했다. 놀랍게도 그들은 긴장하거나 피곤한 기색이 거의 없이 비탈면을 뛸 듯이 내려왔다. 우리는 5캠프가 설치되지 않았을 뿐만 아니라, 계획된 장소 300미터 아래쪽 설사면 꼭대기의 바위 위에 짐을 부려놓았다는 그들의 보고가 납득되지 않았다. 그때 해리스가 텐트 자락 사이로 불쑥 목을 들이밀었다. 턱수염은 얼음으로 뻣뻣했고, 코에는 고드름이 10센티미터나 달려 있었다. 그가 나쁜 소식을 가져왔다. 캠프 자리에 대한 의견 차이가 있었다. 버니가 찬바람을 맞고 있는 짐꾼들이 걱정되어 설사면 꼭대기에 짐을 부려놓고 그만 퇴각하기로 결정했는데, 보스테드는 찬성했지만 해리스가 반대했다. 그들은 제각각 옳다고 생각하는 대로 행동했다. 5캠프를 설치하지 못한 이유는 조원들이 이전에 한 번도 함께 등반해본 경험이 없기 때문이다. 우리 모두는 세계 최고봉을 등반하기 위해 급조된 팀에 지나지 않는다는 것을 여실히 느꼈다. 이 이외의 어떤 다른 이유도 이런 사건의 원인이 될 수 없고, 그 조나 조원 누구도 비방할 필요가 없다. 누구도 잘못한 사람은 없지만 이런 상황에 놓인 그들이 안타까웠다.

매우 지쳐 느릿느릿 걷는 보스테드를 거들면서 마지막으로 버니가 들어왔다. 그날은 비생산적인 논쟁과 비판, 논의를 하면서 우울하게 끝났다. 한 가지 불쾌한 사실이 이로써 드러났다. 아무튼 귀중한, 아마도 우리의 생명과 관계될지도 모르는 시간이 낭비됐다.

크로포드와 브로클뱅크는 그날 저녁 전진 3캠프로 돌아갔지만, 웨거스와 롱랜드는 4캠프에 남았다. 이제 5캠프를 설치하고 정상 공격을 하기 위해서는 동원 가능한 우리의 모든 힘을 다 써야 한다는 것이 분명해졌다.

다음 날인 5월 21일 아침, 십턴과 나는 붉은 깃발을 많이 챙겨서 5캠프 자리로 루트를 만들기 위해 출발했다. 기대컨대 그 붉은 깃발은 내일 5캠프 조가 마지막으로 캠프를 설치할 때 도움이 되도록 루트 표시를 위한 것이었다.

CHAPTER 13

4캠프 위쪽 비탈면 상공의 공기는 잠잠하고 따뜻했다. 하지만 노스콜 꼭대기에 이르자 우리의 숙적宿敵인 바람이 불었다. 우리 둘은 몸 상태가 좋아 서둘러서 그 능선의 부서진 바위로 올라갔지만, 전진할수록 바람이 세졌다. 콜에서는 강한 산들바람 정도였지만 300미터 위쪽에서는 강풍이 불었다. 우리는 돌풍이 접근해오는 소리를 들었고, 이에 저항하려 힘을 냈지만 종종 휘청거렸다. 올라가려고 처절하게 발버둥 치면서 나는 이런 행위가 과연 가치 있는 일인지 여러 번 자문해보았다. 끔찍한 불편, 무감각해진 발, 바람에 찢긴 얼굴, 싸늘해진 손가락, 헐떡거림, 육체가 받는 이런 엄청난 스트레스를 참아가며 등반을 계속하는 것이 과연 의미 있는 일인지 미심쩍은 생각이 들었다. 나는 영국의 들판을 떠올렸다. 따뜻한 시냇물과 싹이 돋는 나무, 크리켓 구장, 갓 베어낸 건초 냄새가 그리웠다. 쓸데없는 수고인데 왜 이를 견뎌야 할까? 그리고 마음속으로 미소를 지으며 우리가 정상에 오르면 어떤 소동이 벌어질지 생각했다. 장황하게 아첨하는 말을 참아야 할 것이고, 끝없는 저녁식사로 소화기관이 망가질 것이며, 자필 서명 수집가에게 괴롭힘을 당할 것이다. 그렇지만 여기 에베레스트 위에는 적어도 평화가 있다. 구름이 휘날리는 이 초연한 피라미드는 어쨌든 무한히 만족스럽고, 고무적이며, 무시무시하다. 갈등하며 싸우는 요인들이 한 몸에 같이 들어 있다는 것을 에베레스트를 오르는 사람들은 알고 있다. 그들은 자신의 완전함과 불완전함을, 고귀함과 비열함을 함께 깨닫는다. 사람들이 탐험을 하는 이유는 아마 이것일 것이다. 지구를 탐험하면서 동시에 스스로를 탐험한다.

대개 고도가 높은 곳에서 등산가는 생각을 하려 하지 않는다. 안 그래도 엄청난 피로의 바다에서 허우적거리며 무기력하게 애쓰고 있기 때문이다. 아마 바위가 되겠지만, 어떤 것이든 보라. 사람들은 그것을 볼 수 있고 기억할 수는 있겠지만, 본능적으로, 그것의 모양과 색깔을 분석하려 들지는 않을 것이다. 바위는 비교의 감각을 자극하지도, 어떤 연역적 사고 훈련을 작동시키지도 않는다.

바람은 설사면 꼭대기에서 이전보다 더 심했다. 광대뼈가 불에 덴 것 같아서 바람 부는 쪽으로 얼굴을 들 수가 없었다. 우리는 바람에 날아가지 않으려고 가끔씩 능선에서 넙죽 엎드리거나 몸을 움츠리고 앉았다. 그러다 끝내 멈추고 서로를 바라보았다. 턱수염과 콧수염, 바라클라바가 두껍게 얼어 있었다. 강풍 속에서는 대화가 불가능하다. 미세한 신호가 한 번 오갔고, 우리는 힘써 아래로 내려갔다.

위쪽과 비교하니 노스콜에는 바람이 거의 없었다. 날카

로운 설릉을 따라서 산책하듯이 걸어갈 때는, 300미터 위쪽에서 그렇게 거세게 불던 잠시 전의 바람은 기억조차 없었다. 뇌가 얼마나 빨리 불편한 기억을 잊어버리는지 그저 놀라울 따름이다. 만일 그렇지 않으면, 제정신인 사람이 어떻게 다시 에베레스트에 오겠는가?

발가락의 감각이 없었기 때문에 우리는 노스콜에서 꾸물거릴 수 없어 서둘러 캠프로 내려갔고, 캠프에서 등산화를 벗고 손상된 부위를 조사했다. 혈액 순환을 위해서 긴 시간 힘찬 마사지가 필요했다. 특히 왼발 엄지발가락이 그랬다. 한참 후 감각이 돌아와 발가락이 아프다는 말이 나왔고, 다행히 우리는 동상을 면했다.

러틀리지가 슬픈 소식을 갖고 3캠프에서 올라왔다. 불쌍한 우드 존슨이 위궤양을 일으켰고, 그 증세가 심각해서 베이스캠프로 내려갔다는 것이다. 그는 한 사람의 대원도 동반하지 않고 빙하로 내려가겠다고 고집했는데, 이것이 스포츠맨다운 그의 진정한 면모였다. 나는 누구보다 그를 잘 알고 있기 때문에 이것이 그에게 무엇을 의미하는지 어느 정도는 알고 있다. 에베레스트는 지난 몇 년 동안 그의 꿈이었다. 그는 네팔어를 배우면서 히말라야 근처에 머물며 차를 재배하는 일을 했을 정도로 에베레스트를 간절히 원했다.

그날 저녁, 극지용 텐트 안에서 긴 논의가 있었다. 다음 날 날씨가 허락하면 윈 해리스(책임자), 그린, 버니와 보스테드가 한 조를 이루어 5캠프를 설치한다는 결론이 났다. 그리고 이튿날 날씨가 계속 좋으면, 나머지 사람들이 6캠프를 설치하는 동안 버니와 보스테드가 짐꾼들을 데리고 5캠프로 내려와 지원조로 남게 될 것이다. 6캠프를 위해서 선발된 짐꾼들 중에는, 평소 자신이 동료들을 이끌고 가장 높은 캠프로 올라갈 수 있기를 간절히 바랐던 락파 체디가 우리의 최고 캠프가 1924년에 자신이 올랐던 최고 캠프보다 더 높은 곳이라고 단언했다.

해리스와 그린은 5캠프 설치 후 세컨드스텝을 정찰할 것이고, 가능하면 정상 공격도 해볼 것이다. 십턴과 나는 첫 공격조보다 하루 늦게 긴급 상황이 발생하면 그들을 도울 지원조로 행동할 것이며, 그 후에 그들이 실패하면 다시 정상 공격에 나설 것이다.

저녁을 먹고 나서 러틀리지가 짐꾼 텐트를 찾아가 우리의 활동 계획을 자세히 설명했다. 그는 짐꾼들이 모두 사기충천하다는 유쾌한 소식을 가져왔다. "걱정하지 마세요. 우리가 할 수 있는 한 멀리 짐을 옮길게요. 내일이면 알게 되겠지요. 이제 이 산을 오르는 것은 나리님들에게 달렸어요."라고 짐꾼들이 그에게 말했다는 것이다.

5월 22일 새벽은 맑았다. 날씨만 계속 좋으면 우리는 꼭대기에 있는 그 크랙에 이를 수 있을 것이다. 해리스와 그린, 버니, 보스테드 그리고 짐꾼들이 출발할 때는 모두 낙관적이었다. 또한 러틀리지, 롱랜드와 웨거스는 운동 삼아서 그들을 따라갔다. 그들이 출발한 시간은 7시 15분이었다. 우리가 보기에 북릉에는 바람이 거의 없었다. 십턴과 나는 둘 다 다리 힘이 완전치 않아 빈둥거리며 하루를 보낼 수 있어서 고마웠다. 우리는 어제 바람과 싸우느라 힘들어서 아직도 지쳐 있었다. 7,000미터에서는 힘이 쉽게 회복되지 않는다.

우리는 비교적 편안히 극지용 텐트 밖에 앉아서 망원경으로 그들이 북릉을 오르는 모습을 지켜보았다.

그 나이에 엄청난 노력을 해서 노스콜까지 올라온 러틀리지가 먼저 내려왔다. 그는 날씨가 좋고 짐꾼들이 훌륭하게 잘 가고 있다고 했다. 그리고 위통을 호소해 계속 갈 수 없는 짐꾼 한 명과 롱랜드가 내려왔다. 나는 캠프에서 얼마쯤 나가 그 아픈 짐꾼이 가파르고 까다로운 얼음 모퉁이를 잘 돌아 나오도록 도와주었다. 낮 동안에 빙벽 초입까지 전화선을 설치한 후 톰과 스미지가 도착했다. 경험이 부족한데도 스미지는 등반을 잘했다. 그의 준비는 이제 거의 완벽했다. 그는 3캠프에 무선통신 장비를 구축해 베이스캠프의 토미와 교신했고, 토미는 차례로 교신 내용을 다르질링으로 전송하거나 일기예보를 수신했다. 이제 원정대의 통신을 최종적으로 완성시키기 위해서는 3캠프와 4캠프 사이에 전화선을 설치하는 일만 남아 있었다.

후두염이 좋아진 쉐비는 빙벽 어귀까지 짐꾼들과 동행했다. 내가 짐꾼들의 일을 거들려고 내려갔을 때, 쉰 목소리이기는 했지만 그가 유쾌하게 내게 인사했다.

오후에 차를 마실 시간에 그린이 내려왔다. 그는 몹시 피곤해했다. 고소적응이 안 된 상태에서 이런 일은 그의 능력에 부치는 일이고, 고소적응을 할 수 있도록 4캠프에서 좀 더 오래 머물도록 배려하지 않고 5캠프로 올려 보낸 것이 실수였다는 것을 우리는 곧 깨달았다. 그의 심장은 불규칙하게 뛰었다. 심장 팽창이 원인이라고 그는 생각했다. 웨거스가 그를 대신해 첫 공격조로 나섰고, 아파서 짐을 포기한 짐꾼을 빼고 모든 일이 잘 진행되어 약 7,830미터 지점에 5캠프가 설치됐다. 올라가는 도중에 그들은 큰 설사면 꼭대기 위 300미터 지점의 1922년 핀치Finch[46] 캠프를 지나갔다. 집채만 한 두 개의

---

46 조지 잉글 핀치George Ingle Finch는 1922년 제프리 브루스Geoffrey Bruce와 함께 산소를 사용해 에베레스트를 8,320미터까지 올라갔다. 그는 산소 사용을 열정적으로 주장했다. (역주)

바위 사이, 어느 정도 피난처가 될 만한 곳에 그 캠프가 있었다. 바람에 텐트가 갈기갈기 찢겨 리본처럼 변했고, 산소통이 여기저기 흩어져 있었다. 비록 십일 년이나 지났지만 그중 하나에는 여전히 산소가 들어 있었다. 에베레스트의 대기가 매우 건조해 밸브는 녹슬지 않았다. 그린이 일정 분량의 산소를 흡입해보았다. 이로 인해 그는 활력을 많이 되찾아, 잠시나마 내려가려는 결정을 후회할 정도였다고 했다. '코닥Kodak' 필름 한 롤이 캠프 근처에서 발견됐다. 현상을 하면 흥미 있는 내용을 알게 되지 않을까[47] 하고 우리 모두는 궁금해했다. 매우 피곤했는데도 그린이 산소 호흡기 몇 개를 갖고 내려왔다. 오직 높은 고도에서 등반을 해본 사람만이 이런 지극 정성이 무엇을 의미하는지 안다. 거의 1,000미터를 등반한 뒤라서 짐꾼들이 자연스레 지쳐, 보스테드는 등반하는 동안 그들을 돕고 용기를 북돋우려 많은 노력을 기울였다. 5캠프에 남지 못한 사람들은 피곤해했지만, 그래도 매우 즐거워하며 도착했다. 그들은 얼마나 멋지고 사랑스러운 사람들인가! 억셈과 유쾌함에 있어서 그들을 능가할 사람은 없다.

정상 공격을 위한 무대가 준비됐다. 모든 것은 날씨에 달렸는데, 그날 저녁 날씨는 순조롭지 못했다. 인도의 몬순은

---

47 필름은 사용되지 않은 것으로 밝혀졌다. [원주]

서서히 발달한다는 것을 우리는 이미 알고 있었다. 그런데 에베레스트에서 그럴 기미가 보였다. 참호 같은 아룬 계곡에 뭉게구름이 열을 지어 형성됐고, 남쪽 멀리 모루같이 생긴 거대한 털구름이 석양에 새빨갛게 빛났다.

나는 밤에 가볍게 바스락거리는 소리에 눈을 떴다. 눈이 내리고 있었다. 잠시 동안 그 소리에 귀를 기울이다 다시 잠이 들었다. 다음 날인 5월 23일 아침, 텐트 밖으로 머리를 내미니 10여 센티미터의 눈이 내린 듯했다. 태양은 빈둥거리는 안개를 뚫고 뜨겁고 강렬하게 번쩍였다. 지난 몇 주간의 건조하고 차가운 대기는 사라졌다. 이제 전보다 따뜻했고 바람 한 점 없었지만, 이것이 가장 불길한 징조였다. 몬순이 분명했다. 설사 그렇지 않더라도 어쨌든 몬순이 첫 숨을 쉰 것이 분명했다. 우리는 중대한 시점에 있었다. 이제 정상까지 나쁜 날씨와 경주를 해야 하는데, 이런 경주는 생각하기도 싫은 불쾌한 일이었다. 폭설이 내리면 고소캠프에 갇힐 위험이 너무 컸다.

4캠프에는 바람이 없었지만 노스콜에는 바람이 불고 있었다. 망원경으로 보니 5캠프의 텐트가 바람에 펄럭였다. 첫 조가 출발하기 전에 이미 등반계획이 합의되어 있었다. 만일 그들이 5캠프에 남아 있을 수 있다면 십턴과 나는 4캠프에 잔류하기로 했다. 우리가 파악한 바로는 5캠프에는 눈이 오

5캠프(7,770m)에서 북서쪽으로 보이는 모순 구름

5캠프의 심한 눈보라

지 않았다. 그들이 6캠프를 설치하기 좋은 날씨였다. 우리는 눈이 아프도록 망원경을 들여다보았다. 그러나 바위와 그 옆의 설원을 찾아보았는데도, 그들이 5캠프 예정지 300미터 아래의 설사면 꼭대기 바위 위에 부려 놓았다는 침낭 등 장비들의 흔적을 찾을 수 없었다. 그래서 결국 우리도 올라가기로 했다.

노스콜 아래 스텝이 신설로 채워져 있어 보수가 필요했다. 힘든 작업이었다. 그렇지만 콜에 도착하는 데 걸린 사십 분간의 작업은 북릉 위에서의 힘들고 단순한 긴 작업에 비하면 단지 사전준비에 불과했다. 다시 한 번 우리의 다리에 의심스러운 피로가 찾아왔다. 고소쇠퇴를 겪고 있는 것일까? 만일 그렇다면 이것은 부분적 원인이기는 하겠지만 영양가 있는 음식과 특히 4캠프에서의 육류 섭취 부족이 그 원인일 것이다. 고소에서의 식단은 1922년과 1924년의 경험을 토대로 준비됐는데, 그 당시에는 대원들이 딱딱한 음식을 거의 먹을 수 없었다. 우리는 더 높은 곳에 더 오래 있었고 고소적응을 더 잘했다. 결국 우리의 고소 식량 배급이 충분치 않다는 것이 문제였다. 아래에 있는 사람들에게 식량다운 식량을 더 많이 보내달라고 애원하는 메모를 4캠프에서 아래쪽으로 여러 번 보냈지만, 아무런 대답이 없었다. 이런 식량은 2캠프나 그 아래쪽에 있다. 등반조가 체력을 유지하려면 철저한 재조직이 필요했다. 에베레스트에서 언제나 그렇듯 과학적으로 짜인 식량배급 계획은 늘 무시됐다. 해수면에 있는 영국에서 종이에 적어놓을 때는 열량과 비타민이 매력적으로 보일지 모르지만, 히말라야의 높은 곳에서는 먹고 싶은 것을 먹는다. 누구도 내키지 않는 음식을 억지로 먹일 수 없다.

우리가 콜의 설릉을 따라 가고 있을 때 찬바람을 타고 구름이 서쪽에서 흘러왔다. 그리고 설사면 옆 바위를 등반할 때 눈이 내리기 시작했고 바람이 강해졌다. 설사면 상단에서 심한 눈보라를 무릅쓰고 작은 처마를 내려와 그만 돌아갈지를 논의했지만, 빠르게 이동 중인 안개 속의 희미한 태양을 보니 더 높은 곳은 날씨가 좋을 것 같았다. 아마 첫 조는 6캠프로 가고 있을 것이다. 그럴 경우 그들을 지원하는 것이 우리의 임무여서 계속 가기로 했다.

설사면 위쪽의 바위는 오르기 쉬웠다. 가끔 손을 사용하는 정도면 됐지만, 균형을 잡기 위해서는 피켈이 꼭 필요했다.

우리는 곧 핀치의 텐트 잔해가 있는 곳에 이르렀다. 넝마가 된 녹색 텐트 천이 부러진 텐트 폴에 매달려 나부끼는 모습은 이상하게 고독해 보였다. 반면에 흩어져 있는 산소통들은 다른 행성에서 온 외계인의 야영지 같은 분위기를 연출했다. 이 부근에서 능선 폭이 넓어져서 아래쪽보다 윤곽이 뚜렷하지 않기 때문에 흩어져 있는 바위들 위로 루트 선택을 할 때가 많았다.

우리가 고도를 높이고 있을 때 바람이 계속 강해졌다. 어떤 집채만 한 바위 뒤에서 휴식을 위해 멈췄지만 악의에 찬 바람의 공격을 조금도 피할 수 없었다. 이제 눈까지 심하게 내려 시야는 몇 미터밖에 되지 않았다. 그러나 첫 조가 루트 표시를 위해 넘어지지 않도록 바윗덩어리로 받쳐놓은 붉은 깃발을 보고 우리는 때때로 환호성을 질렀다.

마지막 150미터는 정말 어려웠다. 주로 바람 속에서 균형을 잡느라 긴장해서 다리에 힘이 빠졌는데, 리듬을 타고 율동적으로 전진하는 것이 불가능했기 때문이다. 나는 한 걸음마다 두 번 숨을 쉬고 있다는 것을 깨달았다. 납처럼 무겁고 떨리는 한 발을 앞으로 그리고 위로, 헉! 헉! 천천히 의식적으로 노력해 무게가 앞발로 옮겨지고, 이어 다른 무거운 발을 앞으로 그리고 억지로 위로 내밀고, 헉! 헉! 이런 식으로 계속됐다.

우리는 한동안 깃발을 볼 수 없어 캠프를 찾지 못할까 봐 두려웠다. 그때 바위조각들과 눈으로 된 비탈면이 나왔는데,

그 위에 특이하게 뚜렷한 어떤 형상이 심한 눈보라 속에 어렴풋이 보였다. 5캠프였다. 보스테드가 먼저 우리를 맞았다. 6캠프 조는 출발을 못 했다고 했다. 우리는 너무 피곤해서 처음에는 이 말이 무슨 뜻인지 몰랐다. 그 후에 각각 두 명씩 수용하는 두 개의 돔 텐트뿐이라는 것을 알게 됐다. 그리고 상황 판단이 되었을 때 나는 보통 이상의 피곤을 느끼고 있었다. 심한 눈보라를 뚫고 4캠프로 다시 돌아가는 것이 가능할지는 모르겠지만 쉽지는 않을 터였다. 그런데 이런 상황을 이해한 해리스와 웨거스가 곧이어 자발적으로 4캠프로 내려가 5캠프의 혼잡을 덜어주었다. 그 당시 그들은 우리 중 누구보다도 이타심이 강했다. 이것은 그들이 정상 공격을 포기한다는 의미였고, 또한 힘들게 오른 고도를 포기한다는 의미이기도 했다. 내 기억으로는 십턴과 나는 그들에게 고맙다는 말조차 못 했다. 우리는 그들의 결정을 불가피한 것으로, 즉 결코 그들이 어떤 인정을 받으려고 그런 행동을 한 것도 아니고 우리 또한 감사의 말을 할 필요 없는 단합의 한 사례로 그들의 결정을 당연하게 받아들였다. 그들은 지난밤을 매우 불편하게 보냈다고 했다. 또한 바람이 캠프를 공격해 능선 위의 캠프를 동쪽 롱북 빙하로 집어던지려 기를 썼다고도 했다. 배낭을 꾸린 그들은 몇 분 후 심한 눈보라 속으로 사라졌다.

그들이 출발하자 우리는 편안하게 있으려고 최선을 다했다. 이미 말한 대로 텐트 두 동이 등반할 사람들을 위해 설치되어 있었고, 약간 아래쪽에 짐꾼들의 텐트도 있었다. 요리와 대화가 쉽게 되도록 텐트는 입구를 맞대고 있었다. 이 방식은 바람을 피한 입구를 가진 텐트의 경우에는 만족스럽지만, 십턴과 내 텐트 입구는 바람을 정면으로 받았다. 비록 버니와 보스테드의 텐트가 부분적으로 우리 텐트 입구로 부는 바람을 막아주기는 했지만, 텐트 자락을 세심하게 묶어놓았는데도 이를 뚫고 분설이 들어오는 것을 막을 수 없었다. 우리는 이런 상황을 개선해보려 최선을 다했지만 성공하지 못했다. 그러나 이보다 훨씬 더 나쁜 것은 고운 입자의 눈이 시시각각 텐트를 뚫고 들어와 텐트 안의 모든 것을 덮어버리는 것이었다.

해질 무렵 바람이 약간 잦아들면서 눈이 멎었고, 구름이 에베레스트 위쪽 지역에서 사라졌다. 온도계를 갖고 있지는 않았지만, 추위는 우리가 지금껏 경험한 그 어느 때보다 심했다. 분명히 원정대가 기록한 최저온도에 필적할 것이다.[48]

뒤늦게 금빛 햇살이 어렴풋이 보였다. 망이 쳐진 텐트 창을 통해 우리는 맑은 하늘을, 그리고 아래쪽으로 멀리 펼쳐진

---

48 2캠프에서 영하 30.5도 (원주)

CHAPTER 13

운해를 바라보았다. 구름 위로 높은 봉우리들이 섬처럼 튀어 나와 있었다. 이제 힘이 회복된 나는 뜨거운 음료를 마셨다. 호기심이 되살아나면서 사진을 찍고 싶은 욕망도 생겼다. 기록으로 남길 만한 전경이 이곳에서 잘 보여 나는 텐트에서 바위조각들로 덮인 곳으로 기어 나왔다. 바람이 곧바로 나를 맞았다. 아마 나를 껴안았다는 표현이 더 정확할 것이다. 바람이 치명적인 추위로 나를 감쌌기 때문이다. 나는 카메라를 더듬더듬 조작해서 가능한 한 빨리 사진을 두세 장 찍었다. 작은 텐트에서 보였던 풍경! 하나의 봉우리, 단 하나의 봉우리를 우리가 있는 자리에서 촬영하고자 했다. 초오유(8,190m) 였다. 바로 가까이에 또 다른 거대한 봉우리가 솟아 있었다. 갸충캉Gyachung Kang(7,922m)이었다. 태양은 지평선 바로 위에 있었고, 따뜻함은 어디에도 없었다. 추위가 온 누리를 접수한 듯했다. 보이는 것이라고는 파도같이 규칙적인 양털구름이 펼쳐진 모습뿐이어서 우리의 고립은 더 두드러졌다. 노스콜조차 구름 아래 있었다. 4캠프의 동료들은 우리들을 보려 해도 볼 수 없을 것이다. 오직 우리뿐이었다. 시야를 어디로 두든 사람의 흔적은 찾을 수 없었다. 구름 꼭대기는 황금색이고, 구름 사이 계곡은 엷은 회색이었다. 북서쪽 봉우리들은 형언할 수 없을 정도로 야만적이고, 핏속에서 막 나온 듯한 태양이 붉게 물들인, 언월도 같은 얼음 봉우리들 때문에 그 가파름이 더욱 무자비해 보였다. 그리고 그 위에 황량하고 창백한 에베레스트가 솟아 있는데, 황금색 햇빛을 쫓아버릴 기세였다. 회오리치는 눈발이 에베레스트를 가로질러 급히 지나가다가 이제는 마구 위로 솟구쳐 짙푸른 하늘 속으로 사라지는가 싶더니, 늘 움직이는 힘의 끊임없는 변형체인 무無에서 재탄생하고 있었다.

이 광경은 장엄했지만 치명적이었다. 감각을 잃은 손에서 갑자기 카메라가 미끄러지는 것을 깨달았다. 카메라를 다시 잡고 작은 텐트로 기어들어가 한 시간 동안 손의 혈액 순환을 시키려 애를 썼다.

해가 지자 그 잔광이 캠프에 비치더니 곧이어 밤이 급속히 찾아왔다. 어둠과 함께 바람이 다시 일었다. 텐트는 계속 쿵쿵거렸다. 한번은 텐트 천이 진동하면서 윙윙대더니 총알이 발사된 듯한 날카로운 소리를 냈다. 우리는 나쁜 밤을 피할 수 없었다. 약간의 눈을 긁어모아 토미의 소스 냄비에 채워 따뜻한 차를 마시는 데 한 시간이 걸렸다. 우리는 냄비의 물을 비등점까지 올릴 수 없었다. 찬 공기가 냄비와 접촉하면서 가열해서 얻은 열을 빼앗았기 때문이다. 이런 고도에서 고형 메틸알코올은 완전히 비능률적이다.

우리의 저녁은 연유와 '오벌틴Ovaltine 음료', 정어리였다. 저녁은 어느 정도 괜찮았지만 충분히 좋지는 않았다. 7,830 미터에서 젤라틴 기름 속의 언 정어리는 특히 맛이 없었다. 저녁을 먹고 나서 우리는 긴 밤 내내 쉬었다. 바위 바닥의 냉기를 차단하려고 매트리스 대신 여분의 침낭을 깔았기 때문에 두 겹 양털오리 침낭은 상당히 따뜻했다. 불행하게도 짐꾼들이 너무 피곤해서 돌바닥 평탄작업을 못 했다. 우리 아래쪽의 봉우리와 계곡 그리고 능선은 잠을 자는 데는 아무런 도움이 되지 않았다. 우리는 아픈 엉덩이를 고정시킬 움푹한 곳을 찾느라 뒤척였지만 허사였다. 마침내 나는 서로 등을 밀착하고 눕는 것이 가장 편안하고 따뜻하다는 것을 알게 됐다.

그러는 동안 빈약한 텐트 천을 뚫고 분설이 점점 많이 들어왔다. 텐트 천의 재질이 분설을 막기에는 절망적이었다. 게다가 훨씬 많은 눈이 텐트 입구 자락과, 용마루 버팀줄이 나가는 텐트 끄트머리의 구멍을 통해 들어왔다. 한 시간 만에 우리 위에 눈이 아낌없이 뿌려졌다. 두 시간이 지나니 3센티미터 넘게 우리 위에 쌓였다. 나는 머리를 침낭 속으로 집어넣고 눈을 피하려 했지만, 숨쉬기 힘들어 금방 포기하고 말았다. 호흡의 습기로 인해 얼음으로 변한 내 턱수염에 눈이 쌓였다. 나는 바라클라바를 쓰고 침낭 속으로 파고들었다. 그렇게 우리는 누웠고, 불면의 긴 밤이 우울한 새벽으로 이어졌다.

아침을 먹기 위해서는 텐트 구석에 있는 비품을 눈 속에서 파내야 했다. 해를 기다렸지만 헛일이었다. 대신 잿빛 구름이 많은 눈을 거느리고 서쪽에서 흘러왔다. 의심할 여지없이 더 이상 전진할 수 없었다. 우리 텐트보다 눈이 덜 침투했던 버니와 보스테드는 우리보다 잘 잤다. 짐꾼들의 텐트는 우리 텐트에서 몇 미터 떨어져 있었는데, 짐꾼들은 움직이지 않았다. 우리는 짐꾼들이 따뜻하고 편안했기를 기대했다. 어쨌든 그들에게도 우리와 비슷한 장비가 지급됐다.

정오 들어 태양이 희미하게 나타났다. 6캠프로 출발하자는 이야기도 일부 있었지만, 바람이 거대한 바위지대를 가로질러 몰아치면서 캠프 위에 쌓인 눈을 거칠게 흔들어 이런 생각을 고쳐먹었다.

우리는 말을 거의 할 수 없을 정도로 목이 아팠다. 십턴은 쉰 목소리로 겨우 속삭일 수 있을 뿐이었다. 우리의 대화는 현저하게 줄어들면서 당장 필요한 말만 했다. 우리는 이제껏 겪은 최악의 날씨, 최악의 캠프라는 것에 모두 동의했다. 그렇지만 어쨌든 시간은 흘러갔다. 그런 면에서 고소는 자비롭다. 너무 무기력해져 지루한 것도 모른다. 고소등반에서 무기력이 대화의 으뜸음이다. 에베레스트에서는 음식을 만들려면 노력해야 하고, 말을 하려 해도 노력해야 하고, 생각을 하려 해도 노력해야 하며, 생활하기 위해서는 진저리나도록 노력해야 한다.

햇빛이 없어졌다. 어스레한 속에 희미한 금빛이 보였다. 낮 동안 내내 포악함을 조금도 누그러뜨리지 않더니 이번에는 에베레스트가 한 번 양보한 것이다.

해질녘에 바람이 다시 포악하게 불었다. 이전에 나는 텐트 안에서 이런 바람을 경험한 적이 없다. 얇은 텐트 천이 펄럭이며 매우 날카로운 소리를 냈는데, 마치 신이 난 바람이 모든 추종자들을 움켜쥔 수천의 악마에게 분노하고 있는 듯했다. 돌풍은 저마다 언제든 극도로 분노할 것 같은 태세였고, 뒤이어 더 심한 돌풍이 몰아쳤다. 에베레스트의 북동쪽 절벽 가장자리가 텐트에서 몇 미터 떨어져 있었다. 그리고 바람이 그 위로 똑바로 불고 있었다. 갑자기 버팀줄 하나가 벗겨져, 십턴 쪽 텐트 측면이 부풀어 올랐다. 그는 그 위에 누워서 몸 전체의 무게로 텐트를 누르려 애를 썼지만, 텐트 천은 축구공처럼 팽팽하게 바람의 압력을 계속 받았다. 만일 버팀줄이 하나 더 이탈했더라면, 우리는 텐트와 함께 절벽 아래로 날아갔을 것이다.

나는 어떻게든 침낭에서 빠져나와 방풍 바지를 입고, 방풍 웃옷 속으로 머리와 어깨를 집어넣기 위해 피곤한 동작을 해야 했다. 마침내 나는 딱딱해진 등산화를 신었다. 텐트 입구 자락을 묶어 놓은 끈이 얼어서 장갑을 끼고는 풀 수가 없었다. 맨손으로 묶인 줄을 풀고 나니 손가락에 감각이 없었다. 이 일을 끝내고 손과 무릎으로 기어서 텐트 밖으로 나왔다. 서쪽 하늘은 연초록으로 완전히 어둡지는 않았다. 설연이 바위에 사납게 일었고, 설연 사이로 길 잃은 버팀줄이 보였다. 버팀줄은 당초 두 개의 큰 돌에 묶여 있었는데, 줄이 받는 힘이 너무 강해서 50킬로그램 정도의 돌들이 통째로 움직인 것이다. 일시적으로 바람이 멈춘 사이에 상당한 힘을 써 가까스로 줄을 다시 묶어 팽팽하게 했다. 그리고 바람 속에 서 있는 것은 안전하지 않았기 때문에 손과 무릎으로 기면서 주위를 둘러보았다. 잠시 후 버팀줄을 보강할 수 있는 돌을 가까스로 찾을 수 있었다. 이런 일을 하느라 지쳐서 간신히 텐트로 돌아와 헐떡이며 침낭 위에 벌렁 드러누웠다.

침낭 속으로 들어갈 힘을 다시 찾는 데는 시간이 조금 걸렸다. 불행히도 이 사건 전에 저녁을 먹었다. 텐트 밖으로의 이 왕복여행이 짧기는 했지만, 바람이 손발 끝에서 온기를 빼앗는 데는 충분한 시간이었다. 한 시간 후에 가까스로 손가락의 혈액 순환이 회복됐지만, 발은 밤새도록 대리석 바위지대 같이 차가웠다. 이런 이유로, 또 한편으로는 폭풍 때문에 잠을 전혀 자지 못 했다.

한밤중에 갑자기 바람이 그쳤다. 우리는 새벽 1시에 5캠프를 출발해서 같은 날 정상에 도달하는 것이 가능한지에 대해 토의했다. 실패할 경우에 마지막 대안으로 6캠프를 설치하는 것에 대해서는 이미 이야기를 해왔기 때문에 이 의견에는 새로운 것이 없었다. 그렇지만 십턴과 나는 성공 확률이 거의 없다는 것을 이미 마음속으로 알고 있었다. 그래서 우리는 이 의견을 진지하게 고려할 수 없었다. 이것은 비참한 이틀 밤을 보낸 우리에게 너무 많은 것을 요구했고, 게다가 많은 것이 날씨에 달려 있기 때문이다. 신기하게도 조금 후 보스테드가 다른 텐트에서 기어들어와 비슷한 제안을 했다.

6시에 정말로 6캠프로 나아갈 약간의 희망적 움직임이 있었다. 보스테드가 비장한 각오로 짐꾼들을 깨워 출발 준비를 시켰다. 뛰어난 능력을 가진 이들은 곧 이에 응했다. 그런데 다시 바람이 일었다. 바람은 전보다 심하지는 않았지만 더욱 차가웠다. 그렇기는 해도 보스테드는 나아가기로 결정하고 짐꾼들에게 텐트를 접게 했다. 그것은 참사로 향해 가는, 뻔히 보이는 하나의 제스처에 불과했다. 그때는 우리가 몰랐지만, 네 명이 이미 동상에 걸려 있었다.

퇴각은 불가피했다. 십턴과 버니 그리고 나는 이에 동의했다. 우리의 계획은 실패였다. 적어도 당분간은 그랬다. 짐꾼용 식량도 남아 있지 않았다. 5캠프에 이렇게 오랫동안 많은 사람이 계속 머물게 될지는 미처 예상하지 못했다. 이 부분 우리가 심한 비난을 들어도 숨길 수 없는 사실이었다. 짐꾼들은 그들의 텐트로 돌아갔고, 다른 사람들과 함께 나는 그들이 내려가도록 설득하려고 바깥으로 나왔다. 바람과 추위는 가혹했다. 두꺼운 장갑을 꼈는데도 몇 분 안 있어 손의 감각을 모두 잃었고, 움직일 수 없었다. 손은 굳어 있었다. 무감각해져서 내 손 같지 않았다. 손을 위해서 무엇인가 하지 않으면 동상에 걸릴 위험한 순간이었다. 그래서 나는 텐트 쪽으로 되돌아가서 무릎을 꿇고 무기력하게 텐트 속으로 기어들어간 다음 잠시 헐떡이며 두 손으로 박수를 쳤다. 몇 분 동안 헛되이 이 짓을 했다. 그때는 기진맥진한 상태여서 누구인지 확실히 기억나지 않지만, 짐꾼 한 명이 나의 이런 행동을 보고 텐트 안으로 들어와서 혈액이 순환될 때까지 십오 분 동안 자기 손으로 내 언 손을 문지르고 두드렸다. 이것은 몹시 괴로운 과정이었다. 고통으로 몸을 꼬며 신음했던 것을 지금도 기억하고 있다. 그때쯤에는 모든 짐꾼들이 다소간 동상에 걸

CHAPTER 13

려 있었는데, 그의 손도 분명 그때 동상에 걸렸을 것이다. 셰르파의 정신과 헌신은 이 정도다.

우리는 버팀줄 끝을 그대로 내버려 둔 채 텐트를 무너뜨렸다. 그렇지 않았더라면 텐트가 날아갔을 것이다. 심한 눈보라를 뚫고 하산을 시작했다.

하산은 비참한 과정이었다. 바람에 휘날리는 자욱한 눈 속에서 비틀거리는 동료들의 흐릿한 모습이 보였다. 불길한 예감이 들었는데, 5월 25일은 예수 승천일이었다.

우리는 신중했고, 잘 계획된 시도였지만 실패했다. 우리 모두는 심신의 과로로 지쳤고 몇몇은 동상에 걸렸다.

우리가 내려감에 따라 바람과 추위가 차차 줄어들었다. 그곳에 비하면, 노스콜 위쪽 300미터 지점은 따뜻했다. 그럼에도 러틀리지는 『에베레스트 1933』에서 그날의 경험을 이렇게 기록했다

바람이 고통스럽다. 고글을 꼈는데도 눈이 아프다. 바람이 손발을 가만 놔두지 않는다. 마치 급히 흐르는, 얼음같이 찬 물에 손발을 담근 듯하다. 장갑을 끼고 있어도 피켈을 잡은 손가락이 곱아서, 장갑을 벗고 혈액 순환을 시키려고 두드려야 했다. 무엇보다 안 좋은 것

은, 타는 듯한 통증을 일으키는 차가운 공기가 이미 혹사당하고 있는 폐 속으로 들어오는 것이다. 움직임은 거의 무의식적이다.

그가 기록한 이런 상황은 우리가 5캠프에서 심한 눈보라를 겪은 뒤라서 오히려 쾌적하게 느껴졌다.

노스콜 위쪽 바위에서, 러틀리지와 해리스, 웨거스, 크로포드, 롱랜드 그리고 우리를 지원하기 위해 올라오고 있는 짐꾼 열 명으로 구성된 대규모 등반조를 만났다. 당초 계획대로 5캠프로 올라가는 등반조가 분명했다. 그리고 나머지 두 조는 힘을 합쳐서 4캠프로 내려가기 시작했다. 긴 설사면을 내려가던 버니가 아슬아슬하게 위험을 모면했다. 시간과 힘을 덜기 위해 그는 글리세이딩을 시도했는데, 눈이 얼음같이 딱딱해서 내려가는 속도를 조절할 수 없었다. 그 눈은 노스콜로 내려가는 동시에 동쪽으로 비껴가서, 동쪽 롱북 빙하로 떨어지는 600미터 높이의 한 절벽 위에서 끝났다. 그는 이 절벽 쪽으로 계속 미끄러졌다. 다행히 그 근처로 내려가던 짐꾼 다 체링Da Tsering이 그에게 뛰어들어 가까스로 그를 멈춰 세웠다. 침착한 행동이었다. 심각한 상황이었지만, 이를 웃음거리 정도로 여긴 다 체링이 다른 사람들과 함께 크게 웃음을 터뜨

CHAPTER 13

렸다. 버니는 한쪽 다리를 겹질리는 정도였지만, 구사일생의 순간이었다. 이것이 유일한 예상 밖 사건이었다. 4캠프에 도착하기 전, 5캠프 짐꾼 중 한두 명과 락파 체디가 쓰러질 지경이어서 도움이 필요했다.

우리처럼 그들도 온힘을 다 쏟았다. 이렇게 해서 마침내 모두 4캠프에 도착했는데, 5캠프에서 눈이 가득 찬 비참한 텐트를 경험한 뒤라서 극지용 텐트는 궁전 같았다. 이곳에서 우리는 우리 자신을 살펴보았다. 겨우 며칠 전에 자신 있게 출발한 등반조와는 전혀 다른 몰골이었다. 짐꾼들은 모두 동상에 걸렸고, 락파 체디와 파상은 상태가 심했다.[49]

작은 몸집의 용맹한 앙 타르케Ang Tarke만이 유일하게 다시 올라갈 수 있을 것 같았다. 나머지는 가능한 한 빨리 베이스캠프로 내려가 치료를 받아야 했다. 그날 저녁 심장통을 겪고 있으면서도 4캠프에 그대로 남겠다고 고집을 피운 그린에게 그들이 손가락과 발가락을 보여주면, 러틀리지와 다른 사람들이 우리가 5캠프에서 어떤 일을 겪었는지 직접 눈으로 확인해볼 수 있으리라 나는 생각했다.

유럽인들은 고통을 덜 받았다. 나는 엄지발가락 두 개와 손가락 끝에 약간의 동상을 입었다. 마침내 혈액 순환이 되

---

49 나중에 락파 체디는 손가락 두 개를, 파상은 한 개를 잃었다. {원주}

자, 맨발로 벽돌 벽을 차면서 동시에 손가락으로 뜨거운 냄비를 잡고 있는 듯한 통증이 왔다. 우리 모두는 몹시 피곤했다. 보통의 피곤이 아니라 죽음 같은 피곤이었다. 육체뿐만 아니라 정신도 피곤했다. 다리에 힘이 없었는데, 고소에 너무 오래 머문 탓이었다. 다시 한 번 시도하려고 우리는 쉬면서 음식을 먹었다.

우리는 극지용 텐트에서 우울하게 저녁을 먹었다. 확실히 큰 타격을 입었다. 에베레스트는 무자비했다. 1922년과 1924년에 사람을 안절부절못하게 만든 것은 고도였지만, 1933년은 날씨였다. 다시 시도하려 했지만 우리의 결정은 전과는 사뭇 달랐다. 우리에게 더 이상 즐거움과 낙관은 없었다. 어쨌든 이제 에베레스트 등반은 반드시 해야만 하는 엄하고 혹독한 일거리가 되어버렸다.

CHAPTER
14

6캠프

몬순의 영향력은 확대되었고, 4캠프는 혼잡했다. 눈이 캠프 위쪽 비탈면에 쌓이고 있었다. 작은 눈덩어리들이 이미 빙벽을 타고 흘러내려 텐트 옆에 쌓였다.

나는 정신없이 잤지만, 다음 날 아침 둔한 굉음에 이어 갑자기 무엇인가 내달리는 듯한 소리에 놀라 잠이 깼다. 눈사태인가? 아니었다. 수백 킬로그램 정도의 작은 눈 더미가 규모에 비해 큰 굉음을 내며 흘러내린 것이었다.

잠을 제대로 못 잔 사람들의 말에 따르면, 작은 눈사태가 여러 차례 났지만 다행히 우리 텐트를 덮치지는 않았다. 간밤에 눈이 15센티미터나 와서 이제 눈사태가 텐트를 없애버릴 위험이 컸다. 두 개의 방침이 결정됐다. 첫째는 혼잡을 줄이기 위해 여러 명이 3캠프로 내려가고, 둘째는 눈사태를 피해 보다 안전한 노스콜 꼭대기로 캠프를 옮기는 것이었다. 우리는 짧은 기간 동안이나마 에베레스트를 위한 정예 공격조를 편성하기로 했다. 따라서 안 그래도 부족한 고소캠프 짐꾼들이 등반조나 지원조가 아닌 불필요한 사람들을 위해 4캠프로 물자를 져 올리는 일은 피해야 했다. 정상 공격을 위한 또 한 번의 시도를 할 시간이 있는지는 몬순에 달려 있었다. 그런데 몬순의 선발대가 에베레스트 지역에 도착한 징후가 보였다. 날마다 계곡의 구름이 더 많아졌고, 노스콜 위아래에서 눈보라가 점점 빈번했으며, 공기 중에는 습한 기운이 느껴졌다.

윈 해리스와 웨거스, 버니, 롱랜드, 십턴 그리고 나는 이삼 주 정도 버틸 물자와 함께 4캠프에 남을 예정이었다. 이렇게 되면 — 짧은 기간 동안이기는 하겠지만 — 비록 몬순의 강설로 인해 우리와 3캠프가 단절되더라도, 굶주림을 견뎌낼 것인지 아니면 위험한 하산을 할 것인지 둘 중의 하나를 선택해야 하는 최악의 상황은 피할 수 있을 것 같았다. 이 계획에 동의하지 않는 사람이 한 명 있었다. 보스테드였다. 그는 군인의 직감으로 캠프 간 연락선이 끊길 경우 예상되는 고립이 걱정되어 강하게 반대했다. 그는 대안으로 3캠프로 철수해 북동릉으로 등반하자고 제안했다. 그러나 이 제안은 진지하게 고려되지 않았다. 이는 또 다른 원정을 하는 것이나 다름없고, 5캠프는 물론 5캠프에 있는 6캠프 설치를 위한 장비 모두를 포기해야 하는 것을 의미했기 때문이다. 또한 북동릉은 회의적이었다. 능선이 엄청 길 뿐더러 분명 곳곳에 어려운 곳이 있을 터였다. 게다가 등반을 위해서는 사전 정찰도 필요했다.

낮 동안 우리는 캠프를 노스콜로 옮겼다. 다행히 노스콜의 가장 아래쪽 불룩한 부분이 널찍해, 우리는 약간의 힘든 평탄 작업을 한 후 두 개의 극지용 텐트를 설치했다. 하나는 대원들을, 다른 하나는 짐꾼들을 위한 것이었다.

이렇게 하자니, 짐꾼들이 두 번이나 오르내려야 했다. 이 작업은 부드러운 눈과 신설로 루트를 다시 만들어야 해서 처음에는 힘들었다.

우리가 5캠프에 있는 동안 전화선이 4캠프 근처에 연결됐고, 이어 통신장비가 설치됐다. 전화선이 새로운 캠프까지 설치돼야 했지만, 불행히 선이 너무 짧았다. 선은 캠프에서 90미터 못 미친, 콜 언저리에서 끝났다. 그곳은 세계에서 가장 높이 전화가 설치된, 가장 바람이 센 장소였다. 우리는 자주 그곳으로 가는 일이 없기를 진심으로 바랐다. 그 선은 3캠프로 연결된 유일한 것이어서 적어도 전화를 잘못 걸 염려는 없는 것이 그나마 위안이었다.

한편, 러틀리지와 크로포드, 그린, 브로클뱅크가 동상에 걸린 5캠프 짐꾼들을 인솔해 3캠프로 내려갔다. 짐꾼들이 4캠프를 떠나도록 설득하는 데 약간의 어려움이 있었다는 것

6캠프

을 우리는 나중에 알게 됐다. 피로는 짐꾼들에게 조금도 영향을 미치지 못했다. 한두 명은 내려가야 해서 의기소침했다. 그중 한 명은 내 첫 카메라맨이었던 친 누르부였는데, 심한 폐병을 앓고 있어서 당장은 내려갈 수 없다는 것을 그린에게 확인시키려는 듯 붉은 사탕을 씹어서 눈 위에 뱉었다. 또한 다른 두 명을 내려가도록 설득하는 데 한 시간 이상이 걸렸다. 동상으로 엄청난 고통을 겪고 있는 것이 분명해 보이는 짐꾼 한 명이 자기연민의 온갖 유혹을 뿌리치고, 일그러진 당근처럼 소름끼칠 정도로 변형이 시작된 동상 걸린 자신의 손가락을 바라보며 크게 웃는 모습은 특히 인상적이었다. 육체의 나약함에 굴복하지 않고 다시 일어서려는 이런 용기는 영웅에게나 요구되는 것이다.

우리가 러틀리지와 헤어질 때 그는 우리의 행운을 기원했는데, 우리는 그의 이 진부한 표현 뒤에 우리의 안전과 성공을 간절히 바라는 마음이 숨어 있는 것을 알고 있었다. 진두지휘하지 못하면서 전투를 이끌어야 하는 것이 그가 가장 힘들어하는 부분이었다. 그는 3캠프에서 밤낮으로 걱정하며 시간을 보냈을 것이다. 그도 우리도 에베레스트가 무엇을 할 수 있는지에 대해서는 어떤 환상도 갖고 있지 않았다. 그렇지만 우리의 시도가 결코 모든 것을 운명에 내맡기는 도박으로

까지 내몰리지 말았어야 했다. 맬러리는 아래와 같이 기록해서 행동의 기준을 세웠다.

영국산악회에서 전통적으로 내려오는 원칙은 에베레스트를 등반할 때도 당연히 지켜져야 한다. 등반조는 안전의 한계를 넘어서서는 안 된다. 에베레스트 등반은 안전을 무시한 채 생각 없이 무모하게 밀어붙일 일이 아니다. 어떤 형태의 위험이든 깊이 생각하지 않고 수용하는 것은 불굴의 용기와는 무관하다. 등산이 어려운 것은 온전한 정신으로 분별 있는 판단을 하면서도 여전히 모험으로 남아 있어야 하기 때문이다.

완전히 노출된 콜에 바람이 불 것으로 예상했는데, 3캠프 위쪽 지역은 지금까지 경험한 가장 조용한 저녁이었다. 은빛 비행대 같은 구름이 롱북 빙하 위쪽의 쿰cwm[50]으로 모여들었다. 어떤 구름은 푸모리의 얼음 원뿔 위에 멈춰 꾸물거렸다. 또한 에베레스트에서 북서 방향으로 미로처럼 펼쳐진 봉우리들 너머 멀리 구릿빛 거짓 권운卷雲[51] 덩어리가 거대한 모루같이 자

---

50 빙하의 침식작용에 의해 우묵하게 반달 모양으로 된 지형 (역주)
51 폭풍우가 사라지고 날씨가 좋아지고 있다는 것을 보여준다. (역주)

리했고, 그 구름의 그림자가 길어지자 눈의 주름과 힘줄이 차차 드러났다. 구름은 서서히 은색과 동색, 회색으로 변했다. 이제 에베레스트 위쪽의 옅은 안개가 사라지면서, 서쪽으로 지는 햇빛에 그 마지막 피라미드가 을씨년스럽게 미소 지었다. 그리고 서쪽으로는 선명한 초록색 하늘에 권운의 가는 실구름이 칼로 벤 듯한 붉은 자국을 남겼고, 동쪽으로는 칸첸중가가 이미 빠르게 퍼지는 어둠 속에 잠겨 있었다.

그날 저녁, 텐트에서는 낙관적인 분위기가 되살아났다. 한 가지 불만은 음식이었다. 당장 도움이 되는 것을 올려 보내달라는 메시지를 수차례 수송 담당자에게 보냈지만, 아무것도 이루어진 게 없었다. 우리는 고소에서 식욕을 예상할 수도, 만족시킬 수도 없었다. 러틀리지는 내려가기 전에 이 문제를 직접 챙기겠다고 우리에게 약속했다. 그러는 동안 우리는 몹시 먹기 싫은 '구정물 수프'로 계속 연명해야 했다.

신선한 과일과 야채가 가장 먹고 싶었다. 나는 장밋빛 볼 같은 사과, 자두, 배가 열린 과수원과 야채샐러드를 마음속으로 그리곤 했다. 우리는 샐러드를 먹을 수 있으면 목숨이라도 저당 잡힐 수 있을 것 같았다. 그린은 칼림퐁이나 강토크에서 신선한 과일과 야채가 공급되어야 한다고 주장했고, 실제로 수송 가계약이 체결됐지만 나중에 추가비용 문제로 취소되고 말았다. 그럼에도 스물두 마리나 되는 노새가 무선통신 장비를 나르고 있었다. 통신장비냐, 야채샐러드냐! 그날 밤 4캠프에서 우리는 불평을 할 정당한 권리가 있다고 느꼈다.

장비가 다 올라오지는 않았다. 매트리스가 없는 우리는 불편하게 잤다. 웨거스가 담요의 반을 접어서 깔고 자자고 권하지 않았더라면, 나는 거의 못 잤을 것이다. 우리는 불어오는 온갖 바람을 그대로 맞아야 하는 상황이었지만, 다행히 바람은 거의 없었다.

다음 날인 5월 27일, 아침 일찍 햇살이 캠프에 비쳤다. 바람은 잔잔했다. 우리는 이런 사실을 못 믿겠다는 투로 침낭 안에 그대로 누워 있다가 과감히 밖으로 나왔다. 햇볕은 따뜻했다. 확실히 따뜻했다. 깊은 평화가 에베레스트를 덮고 있었다. 바람에 밀려온 눈구름은 사라졌고, 노란색 절벽은 짙푸른 하늘에 차분하게 솟아 있었다. 아래쪽에는 구름이 여전히 계곡을 가렸지만, 고맙게도 그 양이 줄어들어서 우리를 해할 정도의 힘을 갖고 있지 않았고 비스듬히 비치는 햇빛이 파도 같은 구름의 가장 위쪽에 막 비쳤다.

아침을 먹고 나서 누군가가 전화 상자를 능선으로 옮겨서 전화선을 연결해 3캠프로 전화를 걸었다. 알리포르에서 수신한 일기예보에 따르면, 다가오는 몬순이 일시적으로 약해진다고 러틀리지가 응답했다. 다르질링의 리처즈에게 전보로 보낸 이 예보가 무선으로 베이스캠프와 3캠프로 중계됐고, 이어 전화로 노스콜에 전달됐다.

어제 4캠프에서 콜로 짐을 수송하느라 힘이 들었기 때문에 짐꾼들을 하루 쉬게 하는 것이 필요했지만, 에베레스트의 벽을 따라서 느리게 흐르는 옅은 안개를 바라보는 것 말고는 아무것도 할 일이 없어서 우리는 감질이 나고 화도 났다. 계속 침낭 안에 누워 있다가, 오후 들어 아래쪽 캠프에서 올라온 여러 물건을 받으려고 십턴과 내가 내려갔다. 내려가다가 크로포드, 윌리 맥클린 그리고 다섯 덩어리의 식량을 지고 올라오는 짐꾼 몇을 만났다. 마침내 사치품과 고형 음식이 올라왔다! 러틀리지가 3캠프에서 기적적인 일을 해냈다. 우리는 서로를 바라보며 행복에 겨워 웃었고, 이것을 조합하거나 섞어서 갖가지 맛있는 음식을 먹을 수 있다는 생각에 군침이 흘렀다. 크로포드와 브로클뱅크가 지난 십 일 동안 엄청난 일을 해냈다. 단조로운 비탈면을 오르내리며 짐꾼들을 호송하느라 무척 지루하고 힘들었을 텐데도 크로포드는 여전히 활력이 넘치고 유쾌했다.

우리는 예상치 않았던 맥클린을 보게 되어 깜짝 놀랐다. 그는 훨씬 건강해 보였다. 나중에 정상 공격이 재개되고 지치고 동상에 걸린 사람들이 위쪽 캠프에서 돌아오면, 그의 존재는 헤아릴 수 없으리만치 중요해질 것이다.

한 번이라도 스텝을 만들거나 킥스텝을 할 필요가 없어서 우리는 즐겁게 캠프로 돌아왔다. 그렇지만 우리의 허드렛일을 돕는 쿠상Kusang이 매우 피곤해했다. 고소에서 장기간 머물러서 피로가 짐꾼들에게 영향을 미치고 있는 것은 아닐까? 그들이 있는 힘을 다해서 8,200미터 인근으로 캠프를 올려야 하는데 걱정이었다.

저녁으로 진수성찬을 얼마나 많이 먹었는지! 전채 요리로 비스킷과 '파툼 페프리엄Patum Peperium[52]' 그리고 등산의 오랜 친구인 '매기Maggi' 수프. 앙트레entrée[53]로는 콩을, 고기로는 피클과 호두절임을 곁들인 통조림 쇠고기를, 디저트로는 딸기 젤리를 먹었다. 어쨌든 차릴 시간만 있었더라면 젤리도 나왔을 텐데…. 식탁 한쪽 구석은 비스킷과 초콜릿, 커피로 채워졌다. 식사 후 잠을 잤는데, 나는 과식 때문에 속이 편치 않았다.

다음 날인 5월 28일, 우리는 아침 일찍 일어나야 했지만 소화하는 데 긴 밤이 필요했다. 8시가 넘어 해리스와 웨거스,

---

52 안초비 페이스트anchovy paste의 일종으로 신사의 풍미Gentleman's Relish라 불리기도 한다. (역주)

53 생선 요리와 고기 요리 사이에 나오는 것 (역주)

롱랜드 그리고 버니가 열두 명의 짐꾼과 함께 5캠프로 출발했다. 아침은 조용했고 눈부시게 맑았다.

몬순을 앞두고 한동안 계속되는 이런 조용함이 우리가 오랫동안 기다렸던 날씨인가? 이 기간에는 몬순이 발달하면서 남풍이 강해지기 때문에 북서풍이 접근하지 못한다.

사람들이 차례차례 그리고 천천히 능선을 올라가는 모습을 지켜보면서, 잠시 동안 십턴과 나는 텐트 밖에서 햇볕을 쬐며 서 있었다. 희미한 무지개 색 권운이 줄을 긋는 하늘의 모습은 전혀 반갑지 않았다. 반면 훨씬 아래쪽에서는, 지난 며칠 동안 아래쪽 계곡을 가렸던 운해가 조금 위쪽으로 이동해 있었다. 그러나 기상학자답게 늘 관찰력이 예리한 웨거스는 낙관적이었다. 10시 30분에 나는 능선으로 전화 상자를 옮겨서 전화선을 연결하고, 가파른 눈언저리에 웅크리고 앉아 스미지에게 전화를 걸었다. 그는 에베레스트 지역에 구름이 많고, 다음 날은 눈이 간헐적으로 내린다는 알리포르의 최신 일기예보를 전해주었다. 그리고 러틀리지가 전화를 바꿔 받아서, 나는 지난밤의 저녁 만찬에 대해 시시콜콜 이야기했다. 그는 낄낄거리면서, 공격이 진행되는 내내 산의 위쪽 지역에 대한 관찰이 3캠프에서 계속될 것이라고 했다.

내가 캠프로 돌아온 지 얼마 안 돼, 십턴이 혼자 능선을 내려오고 있는 짐꾼을 보았다. 그는 천천히 움직이고 있었다. 그가 지쳐 보여서 우리가 도우려고 마중을 나갔다. 가까이 가서 보니 쿠상이었다. 눈이 풀린 그는 기진해서 부축해야 했다. 그는 자신의 위치를 모르는 것 같았지만 한 번도 불굴의 미소를 잃지 않았다. 그는 많이 가지 못했다. 아마 설사면 꼭대기 위쪽으로 진출하지는 못했을 것이다. 우리는 그를 침낭 속으로 들여보내고 뜨거운 음료를 건넸다.

그 후 점심으로 우리는 다시 호사스러운 진수성찬을 즐겼다. 정말이지 그날에 대한 내 기억은 음식뿐이다.

날씨는 오후 내내 조용했다. 저녁때쯤 6캠프 설치를 위해 5캠프에 남을 필요가 없는 짐꾼 세 명이 돌아왔다. 그들은 쿠상과 달리 길고 힘든 짐 수송에 거의 영향을 받지 않았고 활력이 넘쳤다. 삔 다리로 인해 몸이 안 좋았지만, 엄청난 노력을 해서 결국 다른 사람들이 도착한 지 한참 만에 버니가 5캠프에 도착했다고 짐꾼들이 전해주었다.

조용한 저녁은 조용한 밤으로 이어졌다. 우리가 겪었던 폭풍에 이어서 한가롭게 텐트에 이는 산들바람을 제외하고 어떤 소리도 나지 않아 신기했다. 지난 몇 주 동안 부단히 애를 썼지만 결국 바람을 피할 수 없었는데, 이제 세상에서 가장 바람이 센 노스콜에서 비교적 평화롭게 지내게 됐다. 에베

6캠프

레스트는 날씨 변화에 있어 모순이 많은 산이다.

5월 29일 아침은 맑고 조용했다. 연속해서 사흘이나 날씨가 좋다니 도대체 예상치 못한 일이었다. 십턴과 나는 일찍 침낭에서 나왔다. 텐트 밖에는 햇빛이 눈부셨고, 에베레스트는 깊고 파란 하늘을 배경으로 장엄하게 솟아 있었다. 더 이상의 실수는 없어야 한다. 해리스와 웨거스, 롱랜드가 6캠프를 건설할 것이다. 얼마나 높이 텐트를 치느냐가 남은 문제였다. 우리는 위쪽의 바위를 바라보았다. 5캠프는 안 보였고, 5캠프 위쪽 부서진 벼랑 사이에도 등반조의 흔적이 없었다. 신들은 조용히 잠들어 있었다. 봉우리와 하늘이 만든 거대한 무대 어디에도 신들의 움직임이 없었다.

아래쪽에는 지난 이틀 동안 우리가 본 만큼이나 구름이 많았지만 구름의 흰 파도가 위쪽으로 이동하지는 않았다. 다시 구름의 분노가 폭발하는 것은 이삼 일 후 아니 시간문제일 것이다. 흔치 않은 희망과 즐거움이 주어졌을 때 우리는 이를 즐겨야 한다.

서두를 필요가 없어서 한가롭게 아침을 먹었다. 아마도 앞으로 며칠 동안은 이렇게 편안한 식사는 못 할 것이다. 아침을 먹고 배낭을 꾸렸다. 우리는 여분의 옷과 작은 카메라 한 대, 필름 한두 팩 외에 아무것도 배낭에 넣지 않았다. 고소

CHAPTER 14

에서는 어떤 불필요한 짐도 에너지 손실을 가져온다. 우리는 따뜻한 햇볕 속에서 등반의 첫 목적지로 출발했다.

우리는 북릉을 네 번 올랐다. 이전에는 처음에 시간 당 300미터의 속도로 올랐지만, 이제는 힘을 아끼려고 그 반의 속도로 올라갔다. 동시에 나는 아무리 노력을 해도 더 빨리 오를 수 없다는 것을 알고 있었다. 이미 고소에서 오래 머무른 데다 5캠프에서의 경험이 우리에게 불리하게 작용했기 때문이다. 우리는 모두 돌같이 몸이 무거웠고, 기운이 없었다. 그래서 결과적으로 바람과 추위에 취약했다. 내 경우에는 몸의 중심을 옮길 때마다 동상 걸린 발가락이 체중이 걸려 아팠다. 우리의 목은 심각했다. 나는 단순히 아팠지만 십턴은 훨씬 안 좋았다. 그는 거의 말을 할 수 없었다. 우리의 힘은 끊임없는 불편을 견디면서 서서히 사라졌다. 아무리 생각해도 최상의 몸 상태가 아니었다. 우리는 훌륭하게 고소적응을 했지만, 고소적응이 고소장애를 이기고 우리에게 도움을 줄 수 있느냐 하는 것이 남은 관건이었다. 나는 십턴보다 등반을 잘하는 사람과 함께 등반해본 기억이 없다. 그는 등반속도나 리듬에 있어서 최고의 등산가다. 그는 산을 오른다기보다 흘러간다. 그와 함께 등반을 하는 것은 하나의 교육이고, 시계 바늘이 결코 멈추지 않고 시간을 가리키듯 조용히 그리고 필연적으로 고도가 높아진다.

　한 시간도 안 돼 바람을 느끼기 시작했다. 바람은 찬물이 흐르듯 서쪽에서 불어왔는데, 우리가 올라갈수록 점점 세졌다. 날씨가 나빠지고 있었다. 맑은 아침이 오락가락하더니 사라져버렸다. 핀치 캠프를 지나자 심한 눈보라가 위협했다. 5캠프에서 심한 눈보라는 생각할 수도 없는 일이다. 6캠프는 어떨까? 그들은 세컨드스텝을 정찰도 못 해보고 실패하는 것은 아닐까? 우리는 희망에 부풀어서 4캠프를 떠났는데, 이제 희망은 절대적이고 무자비하며 냉혹한 어떤 것과 맞서려고 나서는 느낌으로 변했다. 벌써 몰아치는 잿빛 눈이 피라미드를 가렸다. 6캠프는 지금쯤 분명 설치됐겠지만, 롱랜드는 짐꾼들을 데리고 어려운 비탈면을 내려오느라 고생하고 있을 것이다.

　흐릿한 햇빛 속에 그 사이를 뚫고 보이는 절벽들은 괴상한 모습이어서 사악해 보이기까지 했다. 매부리코에 심술궂은 눈초리로 미소 짓는 노인의 옆모습 같았다. 고소에서는 늘 무기력하고 피로하기 때문에 헛것이 오락가락하는 것 같은 환상을 보게 된다.

　거세지는 강풍에 외롭게 나부끼는 붉은 깃발 하나, 썩은 바위의 부서진 가장자리, 부서져 내린 돌 더미 그리고 몰아치는 눈구름 속 몇 미터 앞에 5캠프가 보였다. 800미터 남짓 등반하는 데 다섯 시간이 걸렸다.

우리는 고맙게도 텐트 중 하나에 들어가 털썩 주저앉았다. 너무 피곤해서 잠시 동안 등산화와 얼어붙은 방풍 옷을 벗을 수도 없었다. 버니는 우리가 올라오리라 예상하고, 고맙게도 보온병에 뜨거운 음료를 준비하고 있었다. 그는 매우 피곤하고 지쳐 보였다. 하지만 자신의 살이 빠지는 것을 알아차릴 겨를이 없었던 그는 이제 옷을 여러 겹 입었는데도 피골이 상접해 보였다. 그런데도 지원이 필요하면 5캠프에 계속 남겠다고 우리에게 말했다. 이미 심한 눈보라가 치는 그곳에서 사흘 밤을 견뎌내야 했기 때문에 이것이 무엇을 의미하는지 그는 잘 알고 있었다. 그의 이런 희생이 첫 정상 공격의 길을 열게 했다. 우리는 그의 불굴의 의지를 칭찬했다. 정상 공격에 대한 희망도 없이 이런 고도의, 몰아치는 바람에 그대로 노출된 능선의 작은 텐트에서 여러 날을 보내야 하는 것보다 인간에게 더 혹독한 것이 따로 무엇이 있을까?

우리는 점차 세지는 눈보라 속에서 텐트 안에 누워 있었다. 가끔 바깥으로 머리를 내밀었지만, 몇 미터 앞의 산비탈에 휘몰아치는 눈이 회오리를 일으킬 뿐 보이는 것이 없었다. 롱랜드와 6캠프의 짐꾼들은 어떨까? 오후 들어서 점점 더 격정이 됐다. 그 등반조는 5캠프를 출발해서 북벽을 대각선으로 가로질러 갔다고 버니가 말했다. 잔뜩 흐린 날씨 속에서 방향 잡기가 쉽지 않은 흘러내린 바위 부스러기, 가파르고 작은 암벽 그리고 흩어져 있는 엄청난 크기의 비탈진 바위지대를 제외하고 북벽에는 분명한 것이 아무것도 없었다. 절벽들이 동쪽 롱북 빙하로 떨어져서 등반조가 캠프 동쪽으로 갈 수 없기도 했지만, 북벽을 제대로 보지도 못하고 캠프 서쪽으로 쉽게 가서 무심코 이 산의 가파른 북벽으로 내려가게 될지도 모를 일이었다. 만일 그렇게 되면, 세계에서 가장 큰 비탈면 중 하나에서 길을 잃은 기진맥진한 사람들이 속수무책으로 헤매다가 충분한 힘을 회복하지 못하고 다시 올라와 제대로 된 루트를 찾는다는 것은 차라리 생각지 않는 편이 나을 것이다.

오후가 지나가자 어둠이 서둘러 찾아왔고, 눈보라가 거세졌다. 거센 바람이 부는 위쪽에서 갑자기 무엇인가 움직이는 소리가 났다. 어둠 속에 희미한 그림자가 보였다. 이어 또 다른 그림자가 차례차례 보였다. 안도하는 환호성이 들려왔다. 짐꾼들이 바위를 내려와서 캠프에 도착했다. 그중에 롱랜드도 있었다. 처음에는 그를 알아볼 수 없었다. 눈썹과 속눈썹, 콧수염이 눈과 얼음으로 덮여 있었고, 턱수염은 얼음 덩

CHAPTER 14

어리였다. 콧수염에는 고드름이 몇 센티미터 달려 있었다.

"마실 거 있어?" 하지만 물을 필요도 없었다. 우리는 음료를 미리 준비해놓고 있었다. 그는 벌컥벌컥 마셨다. 눈은 충혈됐고, 눈보라 속에서 길을 찾느라 피곤해 보였다. 음료를 마시며 심하게 헐떡이면서 그가 짧고 간결하게 말했다. 그는 많이 피곤해했지만, 정신력의 불꽃이 그 어느 때보다 활활 타오르고 있었다. "캠프는 옐로밴드 위쪽 8,350미터에 쳐졌다." 멋진 소식이었다. 그리고 짐꾼들도 훌륭하게 등반했다. 그는 납작한 물건을 바닥에 내던졌다. 가죽집에 든 접이식 랜턴이었다. 그들이 1924년 당시 6캠프의 텐트 잔해 속에서 이 물건을 우연히 발견했다. 그리고 전등이 하나 있었다. 짐꾼 한 명이 그것을 텐트로 가져왔는데, 구식의 기계식 다이너모 방식의 물건이었다.[54]

나는 그것을 집어 들고 레버를 눌렀다. 즉각 그 다이너모가 윙윙거리더니 전구가 빛났다. 9년 동안 그곳에 있었는데도 전혀 녹슬지 않았다.

그 등반조는 어려운 루트로 내려왔다. 그들은 옐로밴드를 어느 정도 똑바로 올라갔지만, 내려오는 도중 롱랜드가 북동 숄더를 향해 수평으로 가로지르는 턱을 하나 발견했다. 그

---

54 제너럴일렉트릭사General Electric Company에서 만든 것이다. (원주)

끝에서 짧지만 가파른 하산을 하니 보다 쉬운 곳이 나왔고, 이후부터는 북릉을 따라 내려왔다. 심한 눈보라로 북벽으로 하산하기가 어려웠기 때문이다. 이는 현명한 결정이었다.

여러 개의 탑 같은 바위가 북릉으로 직접 접근하는 것을 방해하고 있어, 그들은 이 장애물 아래에서 그 능선을 횡단하기 전에 약간 거리를 두고 북벽을 내려가야 했고, 그곳에서 루트 파인딩은 직관이 최대한 발휘되어야 했다. 한 번이라도 실수하면, 그 능선의 어느 한쪽 면으로 내려가게 될지도 모를 일이었다. 분명하게 말할 수는 없지만, 그 능선은 이 산의 북벽과 북동벽 사이에서 둔각鈍角을 이룰 것이다. 러틀리지는 아래와 같이 기록하고 있다.

몇 초 만에 자연이 미친 것 같았다. 바람소리가 절규로 변했고, 앞을 볼 수 없을 정도로 눈이 휘날려서 먼 수평선이 사라져버렸다. 피곤한 사람들이 느꼈을 효과는 짐작이 된다. 그들의 세계는 사라졌고, 안경은 얼어서 벗어야 했으며, 결국 속눈썹이 얼어붙어서 앞을 제대로 보기도 어려웠다. 그들은 말 그대로 생존을 위해 싸우고 있었다. 그나마 다행인 것은 그들이 훌륭한 리더이자 뛰어난 등산가를 인솔자로 가졌다는 것이다.

롱랜드가 직접 한 말은 이렇다. "시야가 갑자기 몇 미터로 줄어들었고, 전에 가본 경험이 없어서 확실치 않은, 특히 이런 상황에서는 길을 잃을 가능성이 많은 능선 아래로 등반조를 이끌고 있었어."

화창한 아침이었지만 에베레스트는 가장 치명적인 모습이었다. 모든 것은 사람들이 얼마나 단결하느냐에 달려 있었다. 한 사람이라도 지쳐 쓰러지면 그 결과는 재앙으로 이어질 것이 뻔했지만, 셰르파들은 용감하게 이에 응했다. 그들의 용맹은 육체적·정신적으로 타고난 것이다. 그들은 고통으로 시달리는 육체에 불어대는, 살을 에는 바람을 조금이라도 줄여보려고 머리를 숙인 채 아래쪽으로 길을 열려고 애를 썼다. 능선에 도달한 그들은 몇 미터 아래쪽에서 1924년의 6캠프 흔적을 우연히 발견했다. 마음껏 불어대는 폭풍을 조금은 피할 수 있는, 약간 우묵한 곳에 녹색 텐트 누더기와 부서진 텐트 폴이 있었다. 여기서 그들은 잠시 멈추었다. 그리고 이 발견으로 활기를 되찾은 그들은 이 슬픈 유적에서 기념품이 될 만한 것을 샅샅이 뒤졌다. 맬러리와 어빈Irvine의 마지막 캠프였다.

그들은 계속 나아갔다. 롱랜드는 60미터 아래쪽에서 무서운 생각이 언뜻 들었다. 여전히 북릉 위에 있는 것일까? 아니면 착각을 해서 동쪽 롱북 빙하로 절벽을 이룬, 뚝 떨어지는 북동벽으로 내려가고 있는 것은 아닐까? 만일 그렇다면, 사람들을 다시 능선 위로 올려보낼 가망이 없었다. 그들은 너무 지쳐 있었다. 몇몇은 이미 곳곳에서 쉬고 있었다. 그들을 계속적으로 격려해주어야 했다. 사람들에게 루트에 대해 확신이 없다고 내색하면 절대 안 됐다. 등반조는 계속해서 바위지대를 내려갔다. 그들은 가파른 벽 위에서 한 치의 오차 없이 지친 발을 정확하게 옮겨야 했다. 끝없이 계속해서 내려가야 할 것 같은 순간에 마침내 휘몰아치는 눈보라 속에서 5캠프의 텐트가 어렴풋이 보이기 시작했다. 이것은 중대한 순간으로, 타인의 성공을 위해 자신의 모든 것을 내준 피곤한 사람들에게는 최고의 보상이었다. 피곤해서 롱랜드가 명쾌한 설명을 할 수 없었기 때문에 그때는 우리가 이 모든 것을 제대로 다 알 수 없었지만, 나중에 전말을 듣고 나서 그 순간이 에베레스트 정복이라는 전투의 한 훌륭한 끝부분이었다는 것을 확실히 알게 됐다.

롱랜드가 4캠프로 계속 하산을 해야 하느냐에 관해서는 정해진 것이 없었지만, 음식과 음료, 휴식으로 힘을 상당히 회복한 그는 오후 4시가 지난 늦은 시간에 계속 내려가기로 했다. 4캠프로 하산하는 일이 피곤하기는 하겠지만, 하산

CHAPTER 14

이 끝나는 곳에 그날 3캠프에서 올라온 지원조가 머무는, 자신과 짐꾼들의 욕구를 채워줄 수 있는 따뜻하고 안락한 극지용 텐트가 있기 때문에 충분히 해볼 만한 일이었다.

그렇지만 두 명은 너무 지쳐서 출발하지 못했다. 롱랜드 팀의 하산에 방해가 돼서 오히려 모두를 위험에 빠뜨릴 수도 있기 때문에 5캠프에서 하룻밤을 보내야 한다는 데 모두 동의했다. 그들 중 한 사람이 키파 라마Kipa Lama였다. 피로가 그에게 육체적·정신적으로 영향을 미치고 있는 것이 분명했다. 그는 예의 바르고 성격 좋은, 몸집이 작은 친구였다. 건강했고 관대했으며, 단순하고 솔직한 미소를 지을 때는 얼굴에 주름이 가득했다. 그는 틈만 나면 놀려대는 동료들의 웃음거리였다. 악의 없는 놀림이기는 했지만, 불쌍하고 작은 키파는 이를 자신의 능력을 반성하는 기회로 진지하게 받아들였다. 그는 6캠프에 도착하자마자 짐을 부리고, 납득이 갈 만한 앓는 소리를 내며 무엇인가 요구하는 듯한 표정으로 대원들에게 짐 인수증(6캠프 도달 증명서)을 즉석에서 요구했다. 그러나 나중에 써주겠다는 말을 들은 그는 다른 동료들과 함께 서둘러 자취를 감췄다. 자신이 6캠프를 설치하려고 특별히 선발된 여덟 명 중 한 명이고, 1924년보다 183미터 더 위쪽으로 캠프를 옮기는 일을 도왔다는 것은 그로서는 자랑스러운

6캠프

일임에 틀림없을 것이다. 이제 더 이상의 웃음거리는 없었다.

1924년 노턴은 6캠프를 구축한 사람들의 이름을 반드시 글로 남겨 영원히 기억해야 한다고 기록했다. 1933년의 사람들 또한 그렇다.

그들의 이름은 이렇다.[55]

앙 타르케Ang Tarke	셰르파족
다 체링Da Tsering	셰르파족
니마 도르제Nima Dorje	셰르파족
앙 체링Ang Tsering	셰르파족
키파 라마Kipa Lama	셰르파족
파상Pasang	부티아족
체링 타르케Tsering Tarke	부티아족
린징Rinzing	부티아족

---

55 이들의 그 후 이력을 회상하는 것은 흥미롭지만 또한 슬프다. 이들 중 여러 명이 1934년 낭가파르바트 독일원정대에 참가했고, 독일인 네 명과 여섯 명의 짐꾼들이 심한 눈보라 속에서 생명을 잃었다. 니마 도르제도 죽은 사람들 중 한 명이지만, 앙 체링은 끝까지 살아남았다. 음식도 피할 곳도 전혀 없는 상태에서 5일이나 심한 눈보라 속에서 살아남아, 그와 동료들을 구할 방법이 모두 포기된 상태에서 안전한 곳까지 내려올 수 있었다는 사실은 그 자체로 그가 얼마나 뛰어난 능력을 가졌는지를 웅변하고 있다. 바로 이런 정신이 그와 동료들을 에베레스트 6캠프까지 이끌었고, 또한 심한 눈보라 속에서 5캠프까지 내려오게 만들었다. 앙 타르케와 파상은 난다데비 원정에서 십턴, 틸먼과 함께 등반했다. 1936년에도 이들 중 여러 명이 에베레스트에서 뛰어난 기량을 발휘했는데, 특히 앙 타르케와 린징이 그랬다. 체링 타르케는 그 원정에서 돌아오자마자 죽었다. (원주)

롱랜드와 그의 짐꾼들이 출발하고 나서 버니와 십턴 그리고 나는 가능하면 편안히 있으려고 노력했다. 첫 공격을 한 이래 바뀐 것 없이 같은 텐트가 두 동 있었다. 십턴과 나는 돔 텐트에서 비참한 이틀 밤을 보냈다. 그래도 '그렌펠Grenfell' 천으로 된 번Burn 텐트는 눈에 강해서 비교적 안락했다.

다시 돔 텐트에서 불편한 밤을 견디고 싶지 않아, 십턴과 나는 버니와 함께 번 텐트를 쓰기로 했다. 불행히 이 텐트는 2인용으로 최적화되어 있어, 세 사람이 쓰기에는 캘커타의 지하 감옥처럼 좁았다. 나는 등산가들이 비좁은 산장에 대해서 냉소적으로 기술한 재미난 이야기를 읽은 적이 있는데, 한 사람이 돌아누우려면 다른 사람들도 동시에 돌아누워야 할 정도로 산장이 좁다는 내용이었다. 이제 나는 이 이야기가 사실이라는 것을 알았다. 이론상으로는 가운데 사람이 가장 불편할 것 같지만 사실은 그렇지 않다. 바깥쪽에 있는 사람들은 — 나도 그중 한 사람이지만 — 텐트 벽에 쐐기처럼 꽉 끼였는데, 텐트 벽은 바깥의 돌풍 때문에 얼음보다 차가웠다.

그날 밤 텐트에서 빠져나와, 비록 눈이 침투하더라도 결코 버니의 텐트만큼은 불편하지 않을 원래의 텐트로 돌아가려고 여러 번 마음을 먹었다. 우리 중에 누가 잠을 잤는지는 모르지만, 나는 못 잤다. 비록 반 수면상태에서 희미하게 바람을 인식했지만, 시간이 느릿느릿 흘러가면서 바람조차 피곤한 듯 조용해졌다. 동료들의 불규칙한 호흡과 혹사당하고 있는 폐가 희박한 공기 속에서 일시적이나마 휴식을 취하면서 내는, 떨리는 긴 한숨 소리 외에 아무 소리도 없었다. 고산을 등반하는 사람은 체인 스토크스Cheyne-Stokes 호흡[56]을 겪는다. 호흡이 점점 더 짧아지면, 여기에서 벗어날 때까지 일시적으로 폐가 길고 깊은 자율 호흡을 해서, 지켜보는 이는 숨이 멎는 듯한 느낌을 갖게 된다. 모두가 겪는 일은 아니지만, 이것이 발생하면 잠을 자기가 쉽지 않다. 고도가 낮은 곳에서는 죽어가는 사람에게만 이런 현상이 보인다는 사실 자체가 에베레스트에서는 우리가 삶과 죽음의 경계 지점에 서 있다는 것을 입증해준다.

텐트가 믿을 수 없으리만치 천천히 밝아졌다. 그러고 나서 희미한 젖빛 번쩍임이 있었다. 에베레스트에서 내려오는 햇빛의 반사광이었다. 갑자기 능선이 빛났고, 결빙된 능선의 뼈대가 다이아몬드처럼 반짝였다. 그 빛은 텐트로 내려와서 친절하게 텐트를 감쌌다. 처음에는 황금색, 곧이어 흰색으로 변하면서 서서히 따뜻해졌다.

쑤시고 뻣뻣한 몸으로 일어나서 아침 만드는 일을 시작

---

56 깊은 호흡과 얕은 호흡이 번갈아 나타나는 이상 호흡. (역주)

했다. 7,830미터에서의 작은 텐트 안에서 이런 일은 정말이지 얼마나 하기 싫은지 모르겠다. 고소에서 몸에 연료를 보급하는 일은 더럽고 불쾌한 일이다. 빠르고 효율적으로 이 일을 해결하지 못하도록 모든 것이 나서서 음모를 꾸미는 것 같았다. 깡통 따개가 사라졌다. 사람들은 이것을 제각각 다른 장소에서 마지막으로 보았다. 마스켈린Maskelyne[57]의 재간과 후디니Houdini[58]의 눈속임을 합친 것처럼 보였다. 마침내 가장 분명하고 눈에 잘 띄는 곳에서 따개가 발견됐다. 물론 누구도 찾으려는 생각을 하지 않았다. 따개의 외관은 더러웠다. 여러 가지 음식이 섞인 혼합물로 뒤덮여 있었다. 정어리와 연유도 그 혼합물 중 하나였다. 조심하지 않고, 언 농축 밀크 깡통 속으로 깡통 따개를 무리하게 밀어 넣으려 들면, 이놈이 격렬하게 반발하며 호시탐탐 사용자의 손을 찢으려고 노린다. 그러면 욕이 나온다.

연유가 딱딱하게 얼어 깡통 윗부분 전체를 제거해야 하는데, 야만적인 야전에서 이 과정은 사람을 분노케 한다. 다음은 스토브다. 고형 메틸알코올 스토브와 함께 5캠프에는 공기 압력 스토브가 한 대 있었다. 알코올 스토브는 어떤 것

---

57 영국의 마술사 {역주}

58 미국의 마술사 {역주}

을 가열하기 싫어하는 경향이 뚜렷하기는 하지만 적어도 합리적인 시간 안에 불이 붙는 겸양이 있고, 압력 스토브는 무한한 인내심과 함께 늘 바늘 같은 도구를 갖고 부지런히 비위를 맞춰야 한다. 그러지 않으면, 꿈에도 자존심 강한 압력 스토브가 고소에서 작동되기를 기대해서는 안 된다. 모든 사람들이 알고 있듯이, 노즐을 뚫는 이 도구는 깡통 따개만큼이나 수줍어하고 남 앞에 나서는 성격이 아니어서 어디에 있는지 좀처럼 찾기가 쉽지 않다.

다음은 노동이다. 평지에서라면 사소한 일도 7,830미터에서는 수백 배로 힘들다. 음식을 만드는 일은 정말이지 너무나 하기 싫지만, 가장 하기 싫은 일은 몸에 꼭 맞아서 도저히 나오기 싫은 침낭에서 나와 방풍 옷과 언 등산화를 신는 일이다. 어떤 사람은 등산화를 침낭 안에 소중히 보관해야 한다고 말하기도 하지만, 나는 이런 사람은 완전히 언 등산화를 침낭에 넣어본 적이 없는 이론가일 뿐이라고 생각한다. 그렇지만 이런 동침을 하기 싫은 사람은 아침에 자기의 이기심에 대한 대가를 치러야 한다. 그때쯤 등산화는 화강암같이 굳어서 애걸해도 소용없다. 뒤늦게 양초나 조리기구 위에서 녹이는 방법뿐이고, 그 무엇도 추위 속에 그냥 내버려진 등산화의 치욕을 달랠 수 없다. 사제가 장엄한 의식을 집전하듯, 등산가가 꼬치에 꿴 고깃덩이마냥 등산화를 촛불에 골고루 돌려가며 세심하게 녹이는 우울한 광경을 상상해보라.

다시 한 번 몬순의 구름이 물러갔지만, 예전 같지 않았다. 롱북 빙하는 1,520미터 아래에 있는데, 어떤 곳은 주름이 졌고 어떤 곳은 평편하고 깨끗했다. 지금까지는 롱북 빙하에 차가운 그림자가 드리워져 있었는데, 빙하 위쪽으로 푸모리의 원뿔에 햇빛이 가득했다. 그리고 이 우아한 산 너머로 연이은 봉우리들이 눈부신 햇빛으로 서서히 옷을 갈아입었다. 또한 무시무시한 산중턱의 수많은 얼음 능선들이 칼날을 번쩍이며 그림자 속에 솟아 있었다. 서쪽 멀리 과거 자주 에베레스트로 오인된 가우리샹카르Gaurishankar가 있고 더 가까이에 초오유와 갸충캉의 거대한 단층지괴가 있는데, 번쩍이는 눈이 수천 평방미터는 되어 보였다.

우리 아래로 동쪽 롱북 빙하가 장엄한 곡선을 그리며 북쪽으로 펼쳐졌고, 우리는 섬세하게 도려낸 듯한 그곳의 얼음 첨탑들을 분명히 분간할 수 있었다. 빙하 너머의 땅은 지루할 정도로 잡다하다. 히말라야는 항구의 파도처럼 높이와 경사가 점차 완만해지면서 마침내 티베트의 누런 꿀 빛깔 고지대와 하나가 된다. 우리 바로 가까이에는 북봉이 텐트 모양으로 거대하게 솟아 있는데, 조가비 같은 타원형의 연이은 급경사

설릉이 북봉을 노스콜과 연결하고 있다. 북봉은 당황스러울 정도로 가까이 있고 등반하기에도 쉬워 보여서, 한두 시간이면 정상에 갔다 올 수 있을 것 같았다. 이런 것이 북봉에 대한 우리의 첫인상이었지만 자세히 보려고 가까이 가보니 착각이었다. 인간의 판단과 눈을 경멸하는 규모였다. 우리는 해리스와 웨거스를 찾으려고 갈색 바위들을 자세히 살펴보았다. 그들이 루트 문제를 해결하고 정상에 도달할 수 있을까? 거의 불가능했다. 성공하려면 반드시 한 가지 루트와 목적에 집중해야 한다. 나는 그들이 노턴의 루트를 시도하는 데 힘을 쏟았더라면 더 좋지 않았을까 하는 느낌을 떨쳐버릴 수 없었다. 왜냐하면 노턴이 망설임 없이 그 루트가 좋다는 것을 밝혔고, 에베레스트 문제에 있어서 이보다 더 나은 판단은 아직 없기 때문이다. 두 루트의 상대적인 장점에 대해서는 이미 너무 많은 논쟁이 있었기 때문에 이제부터 최소한 한 조는 정찰하는 데 투입해야 했다. 쟁점은 분명했다. 노턴의 루트는 실행 가능한 루트이기는 하지만, 등산가가 본능적으로 피하고 싶을 정도로 분명히 어렵고 혹독하다는 것이다.[59]

실행이 가능하면 보다 좋은 루트가 되겠지만 그 능선은

---

59 등산에 있어서 극복할 수 없는 장애물이 능선을 가로막지 않는 한, 벽을 횡단하려고 능선을 떠나는 경우는 없다. {원주}

미지수였다. 정말로 퍼스트스텝은 어려워 보이지 않았지만, 망원경으로 보니 이것과 세컨드스텝 사이에 좁고 부서진 바위 능선이 있었다. 세컨드스텝은 24미터 정도의 가파른 절벽이고, 8,500미터의 높이에서는 엄청난 노력이 필요한 암벽등반을 할 수 없기 때문에 이를 정면으로 공격해서는 승산이 없을 것이다. 만약 그곳을 오를 수만 있다면 노턴의 루트보다 더 쉽고 덜 위험하겠지만, 맬러리는 어빈과 함께 세컨드스텝을 오르려 출발했다가 돌아오지 못했다. 원인은 분명치 않다. 오델이 안개 속에서 그들의 극적인 마지막 모습을 잠시 보았을 때 그들이 세컨드스텝에 있었는지는 분명치 않았다.

그런데 이것이 문제였다. 특히 몬순이 언제 들이닥칠지 모르는 상황에서 십턴과 나는 실행 가능하다고 판단되는 눈앞의 것을 시도하기로 했다. 해리스와 웨거스가 세컨드스텝 위로 실행 가능한 루트를 찾지 못해 정상 도달에 실패하면, 우리는 노턴의 루트로 앞뒤를 생각하지 않고 올라가기로 했다.

우리는 아침을 먹고 나서 혼자 남아 있는 버니에게 작별 인사를 한 다음 6캠프로 출발했다.

5캠프까지 북릉은 그저 쉽게 올라가기만 하면 된다. 5캠프 위쪽의 바위는 쉽기는 하지만 일반적으로 등반 각도가 상당히 가파르다. 처음에는 대각선으로, 곧이어 방향을 반대로 틀어 능선의 뭉툭한 지대로 올라가야 했지만 캠프에서 어느 정도 똑바로 올라갔다. 그래서 곧 약간 어려운 바위지대와 가파른 사암지대에 도착했다. 주의가 필요한 곳이었다. 가파르고 어정쩡한 암벽들을 피하려고 일방통행인 루트를 횡단한 후에, 또 다른 일방통행 루트를 횡단해야 해서, 시간과 힘이 많이 들었다. 60~70미터 위쪽은 더 쉬웠다. 능선은 윤곽이 훨씬 분명했다. 우리는 어제보다 등반을 잘했다. 새로운 땅 위에 있었고, 한 걸음 한 걸음이 목적지로 우리를 더 가까이 데려다줄 것이라는 활기찬 느낌이 들었다. 엄청 불편했던 몇 주와 헛되었던 많은 등반과 하산이 우리 뒤에 있었으나 이제 우리는 오르고 있었다.

때때로 십턴이 앞섰고, 때때로 내가 앞섰다. 힘을 조금이라도 아끼자는 것이 우리의 생각이었다. 그래서 천천히 걸었다. 쉬려고 자주 멈추는 것이 아니라 계속해서 꾸준히 나아가는 것이 우리의 계획이었다. 한 걸음 한 걸음은 아주 일상적인 일보一步였다. 한 걸음 한 걸음 그 자체에 최고로 집중을 하지 않으면 안 됐다. 산에서 지치는 사람은 걷는 방법을 제대로 알지 못 하는 사람이다. 고소에서는 가장 사소한 것도 커지게 된다. 알프스 같은 산에서 훈련 중인 등산가에게 30센티미터 위로 한 발을 올리는 데 드는 힘은 단순히 15센티미터 위로 한 발을 올리는 힘의 두 배가 아니라 여러 배의 힘이 든다는 것을 알려줄 필요가 있겠지만, 고소에서는 이것이 더욱 명백하다. 오르는 보폭을 줄이는 것이 에베레스트에서 힘을 아끼는 비밀 중 하나고, 무수히 부서진 바위에서 가장 쉬운 루트를 분간해내는 능력이 또 다른 비밀 중 하나다. 어떤 갑작스러운 움직임도 피해야 한다. 왜냐하면 갑작스러운 동작은 민감한 연료 제어장치를 가진 고출력 경기용 오토바이 엔진처럼 느닷없는 에너지의 출력이 필요해서 심장과 폐가 가속되기 때문이다. 이 모든 것을 다 더하면 결국 문제는 리듬이다. 리듬은 의식적으로 육체적 힘을 조절하는 것이라기보다는 마음가짐이다. 동료와 자신을 신뢰하는 것이고, 시간과 거리의 재촉을 결연히 거부하는 것이고, 조바심 나는 모든 생각을 버리는 것이다.

우리가 약 8,080미터에서 능선을 따라 올라가고 있을 때 앞서가던 십턴이 갑자기 멈추더니 소리쳤다. "저기 해리스와 웨거스가 세컨드스텝을 올라가고 있습니다." 나는 그가 있는 곳으로 가서 함께 북동릉을 살펴보았다. 그곳에 세컨드스텝의 가파른 뱃머리가 솟아 있었다. 그 스텝 발치의 작은 설사면에 두 개의 점이 분명히 보였다. 내 시선이 그들에게 집중

됐다. 그들은 움직이는 것처럼 보였다. 그런데 우리는 동시에 그것이 바위라는 것을 알아차렸다. 그 스텝 위 설사면에 움직이는 것 같은 또 다른 두 개의 바위가 있었다. 우리는 그것을 날카롭게 노려보았다.

특히 오델이 바람에 날리는 안개 속에서 맬러리와 어빈을 잠시 본 곳이 이 근방이라는 사실을 고려해보면, 이상한 경험이었다. 움직인다는 환상을 불러일으켰을 원인으로 생각되는 안개 때문에 특별히 오델이 우리와 비슷한 착각을 하게 되지는 않았을까? 나는 그가 착각했다고는 생각하지 않는다. 우선 그의 묘사가 너무 상세해서 착각의 여지는 없는 것 같다. 가장 중요한 것은 한 사람이 다른 사람과 합류하려 올라가고 있었다고 묘사한 것이다. 그러나 나는 그들이 세컨드스텝에 있었다거나, 그가 그들을 관찰하고 있는 잠시 동안 그들이 그 스텝을 올라갔다는 것은 믿을 수 없다. 그 스텝은 24미터 높이고, 그들은 무거운 산소 장비를 지고 있었다. 등반이 가능했다 하더라도 산소 장비가 있든 없든 삼십 분 이상이 걸릴 터인데, 오델은 몇 분 이상 그들을 보지 못했다. 그의 시야는 움직이는 안개 때문에 제한적이었다. 그들은 아마 퍼스트스텝이나 퍼스트스텝 약간 아래 능선 위 두 개의 돌출된 오르막 중 하나를 횡단하고 있었을 것이다. 에베레스트 같이 복잡한 봉우리에서 안개 낀 날 등반조의 위치를 착각하는 것은 흔한 일이다.

좀 더 위쪽에서 능선이 납작해졌다. 서쪽으로 몇 미터 거리에 얕고 우묵한 곳이 있는데, 실제로는 바위 부스러기들과 큰 바윗덩어리들이 비탈진 바닥에 깔려 있는 불분명한 작은 협곡의 상단 부분이었다. 여기에 녹색 텐트 천과 폴이 얽혀 있었다. 1924년의 가장 높은 캠프였다. 말로 표현할 수 없을 정도로 쓸쓸하고 불쌍한 광경이었다. 시간과 날씨가 이 미약한 피난처를 무너뜨리고 찢어서 넝마로 만들어놓았다. 이곳에서 마지막으로 잔 사람은 맬러리와 어빈일까? 그들은 어디에 있는가? 에베레스트가 그 비밀을 밝혀줄까?

몇 미터 더 위쪽에서 멈춰 쉬면서 음식을 먹기로 했다. 부는 듯 안 부는 듯 산들바람이 불었지만, 너무 추워서 능선에서 쉬는 것이 가능하지 않았다. 다행히 바람이 불어오는 쪽에 바위 턱이 있었다. 우리가 보기에 유일한 턱이었다. 그쪽으로 내려갔다. 이상적인 장소였다. 바람을 상당히 피할 수 있는 양지바른 곳이었다. 우리는 동쪽 롱북 빙하 쪽 작은 협곡 위로 다리를 대롱거리며 나란히 앉았다. 처음으로 노스 콜 위쪽에서 편안히 앉을 수 있었다. 5캠프를 떠난 후 태양은 계속 빛났지만, 우리는 이를 인식하지 못했다. 이제야 그것을 느낄 수 있었다. 햇빛이 우리의 옷을 뚫고 들어와 몸을 감쌌다. 얼굴이 따뜻했다. 부진한 혈액 순환을 만회하려고 발을 서로 부딪칠 필요도 없었다. 저절로 발이 따뜻해졌다. 따뜻함이 호기심과 희망을 새롭게 해주었다. 즐거움을 망치는 것은 곧 일어서서 계속 나아가야 한다는 생각이었다.

우리는 음식을 약간 먹었지만 많이 먹지 못했다. 위가 음식을 거부했다. 먹는 것은 즐거움이 아니라 의무였다. 마침내 힘을 모아서 계속 나아갔다. 차가운 산들바람이 능선에서 우리를 맞았고, 몇 분 안 되어 예전과 마찬가지로 춥고 피곤했다.

1924년의 6캠프 위쪽에서 노르스름하게 썩어가는 석회암 첨탑이 우리가 북릉을 따라 계속 똑바로 전진하는 것을 가로막았지만, 바위 부스러기들과 큰 바윗덩어리의 비탈면을 대각선으로 횡단해 올라가서 이를 쉽게 돌파했다. 그러자 부서진 바위지대, 바위 부스러기, 눈이 덮인 거대한 지역이 차례로 나왔다. 이 눈 지역은 옐로밴드라고 불리는 가파른 사암 띠의 초입과 연결되었다. 이곳을 등반하는 데는 어려움이 없었다. 힘을 최소화할 수 있는 루트를 찾아내기만 하면 됐다. 그렇지만 걸음이 무거웠고, 우리의 마음을 사로잡을 만한 어려움이나 흥미가 없었다. 확실치는 않지만 이로 인해 전에는 전혀 느끼지 못한 고소증세를 우리 모두 느끼기 시작했다. 이런 느낌을 촉진하는 또 다른 원인이 있었다. 북릉에서는 산들바람이 있었는데, 여기 이 벽에서는 갑자기 우리의 활기가 사라졌다. 기운이 없어지면서 미묘한 피로와 나른함이 밀려왔다.

능선에서는 느리기는 했지만 그래도 등반을 계속할 수 있었는데, 이제는 아무리 천천히 등반을 해도 중간 중간 쉬어야 했다. 그럼에도 우리는 시간당 100~120미터의 속도로 올라갔다고 나는 생각한다. 올라가기가 매우 쉬웠을 때도 결코 더 잘 갈 수 없었다. 지친 등산가처럼 나도 사소한 걱정거리에 쓸데없이 시달렸다.

어떤 바위 위 1미터 지점에 두 개의 루트가 있었다. 위쪽 루트와 아래쪽 루트였다. 아래쪽 루트는 중요한 문제를 잠시 뒤로 미루기는 하지만 결국 좀 더 가파르고 힘든 등반을 해야 하는 곳이고, 위쪽 루트는 반대로 계속 노력을 해야 하지만 노력이 좀 더 한결같기 때문에 분명히 더 좋은 루트였다. 그렇지만 마음은 어쨌든 한결같이 노력하는 쪽을 선택하는 것을 망설였다. '중요한 문제는 잠시 뒤로 미루는 것이 더 좋다.'라고 마음이 속삭였다. 그렇지만 결국 노력을 피할 수는 없는 것이다. 그때 축 처진 힘을 자극하는 결정이 마음속에서 갑작스럽게 솟아나와, 위쪽 루트를 택했다.

엘로밴드가 보이는 곳으로 나와서 멈추었다. 롱랜드는 우리가 6캠프가 있는 곳을 대략 짐작할 수 있을 거라고 했다. 그렇지만 거대한 바위지대에서 가까스로 암녹색 텐트를 찾을 수 있었다.

롱랜드가 말한, 내려가는 횡단 루트를 확신할 수 없어서 바위지대 위로 곧장 올라가기로 했다. 캠프는 거꾸로 된 V자형으로 펼쳐진, 두 개의 작고 얕은 협곡이 만나는 곳에 있었다. 이 협곡 중 하나가 편리한 루트를 제공해주었다. 그곳으로 들어가는 것은 엘로밴드 초입부터 어느 정도 거리까지 이어지는, 딱딱하게 굳은 넓은 눈 바닥을 대각선으로 가로지르는 것을 의미했다. 첫 등반조가 만든 발디딤 흔적이 없어 스텝커팅이 필요했다.

십턴과 나는 카메트의 7,620미터 높이에서 스텝커팅을 한 경험이 있지만, 여기는 600미터가 더 높은 곳이다. 눈은 푸른색으로 얼어 있고, 정말이지 거의 얼음 같아서 스텝을 만들자니 여러 번 피켈로 타격해야 했다. 산에서는 보통 피켈이 눈이나 얼음에 부딪치는 소리가 가장 감미로운 소리로 들리지만, 이곳에서는 타격을 할 때마다 안 그래도 지친 몸에서 조금씩 힘이 빠져나갔다. 여섯 번을 타격하니 심장과 폐가 견딜 수 없을 만큼 마구 뛰어서 피켈에 기대고 헐떡여야 했다. 자칫 헐떡이는 것을 잊기 쉽지만, 산소를 마시기 위해서는 반드시 필요한 행동이다. 서서히 피곤한 폐의 펌프질이 익숙해졌다. 다시 피켈 자루를 쥐었다. 휘두르고, 휘두르고 또 휘둘렀다. 그러자 심장과 폐가 다시 천천히 그리고 세게 뛰었다. 이것이 계속 반복됐다.

비탈면은 30미터도 안 됐지만 끝이 없는 듯했다. 마침내 비탈면이 우리 뒤에 있었고, 우리는 협곡 입구에 있었다. 이곳의 눈은 방금 가로질러 왔던 눈과는 정반대였다. 바람에 노출이 적어서 부드러운 분설 형태로 모여 있었다. 확고한 걸음걸이로 상반신에 균형을 유지해서 무릎이나 허벅지까지 눈 속으로 빠지는 횟수를 줄였다. 분설을 밟고 올라갈 수 없어서 눈 속에서 허우적거리며 서편의 바위를 향해 대각선으로 전진했다. 바위는 어제의 심한 눈보라로 느슨한 눈이 덮여 있었지만, 그렇기는 해도 협곡보다는 나았다. 눈에서 빠져 나왔기 때문에 훨씬 더 쉬울 수도 있었지만, 비탈진 바위 턱이 눈에 덮여 보이지 않아서 걸음마다 장갑을 낀 손으로 눈을 퍼내야 했다. 로프를 걸 만큼 튀어나온 바위가 하나도 없어서, 로프를 사용하자는 얘기는 없었다. 사용했더라도 성가시기만 했을 것이다.

등반은 힘들었다. 우리의 예상보다 훨씬 더 힘들었다. 우리가 평지에 있을 때 정상 등정은 어렵다고 생각하지만, 이제 나는 단순히 꼭 그렇다고 확신할 수 없었다. 에베레스트에서는 피곤과 고도를 어려움에 더해야 하기 때문이다. 한 바위지대를 올라, 몇 미터 앞 비탈면의 바위 부스러기 위에 설치된 텐트를 보았을 때, 우리가 그 캠프를 혹시 못 보고 그냥 지나치려 했던 것은 아닌지 헷갈렸다. 우리는, 아니 십턴이 거의 말을 할 수 없어서 내가 도와달라고 텐트에 대고 쉰 목소리를 냈다. 필요했더라면 계속 나아갔겠지만, 오늘은 충분했다. 우리는 기진맥진했다.

우리를 맞이한 사람은 아무도 없었다. 해리스와 웨거스는 아직 돌아오지 않았다. 올라가고 있든지 내려오고 있든지 어디에서인가 노력하고 있을 것이다. 정상에 도착했을까? 언제 돌아올까? 이런 문제는 기다리면 된다. 지금은 너무 피곤해서 당장 필요한 일을 하는 외에 다른 것은 할 수 없었다. 일단 쉬고 뜨거운 음료를 마셔야 했다. 쉬는 것은 쉬웠다. 텐트 입구 자락을 풀어서 침낭에 주저앉았다. 그리고 잠시 누웠다. 너무 피곤해서 움직일 수 없었다. 마침내 따뜻한 음료를 준비할 수 있을 정도로 힘이 회복됐다. 이런 고도에서 고형 메틸알코올은 거의 열을 내지 못한다. 깜빡거리는 푸른 불꽃은 추위와 고도의 위세를 두려워하는 듯했다. 메마른 목과 가죽 같은 혀를 부드럽게 풀어줄 정도로 눈을 충분히 녹이지도 못한 채 한 시간이 흘렀다. 드디어 각자 미지근한 차 한 잔을 마련했다.

갑자기 등산화의 징이 긁히는 소리가 났고, 잠시 후 우리는 해리스와 웨거스를 맞았다. 그들이 정상에 도달했는지 물을 필요도 없었다. 성공한 사람들의 태도가 아니었다. 해리스가 한 첫 행동은 텐트 입구에 피켈을 내던진 것이었다. "이걸 발견했습니다. 맬러리나 어빈 게 틀림없어요." 하고 그가 말했다.

그들은 텐트 입구 자락을 밀치고 들어와 앉아서 피곤한 사람 특유의 안도의 한숨을 내쉬었다. 우리는 따뜻한 차를 준비하면서 아무 말도 하지 않았다. 그들이 잠시 쉬고 나서 우리는 그들의 이야기를 들었다. 해리스가 말했다. 그는 지쳐 있었지만 놀랄 정도로 논리적이고 의식이 또렷했다. 그렇지만 우리는 자주 그의 말을 끊었다. 8,350미터는 생각과 설명을 분명하게 하는 데 결코 도움이 되지 않는다. 그럼에도 결국 그는 핵심적인 모든 정보를 분명하게 말했다.

그들은 비참한 밤을 보내고 새벽 4시 30분에 일어났다. 음식은 거의 먹지 못했다. 언 등산화를 녹인 후 방풍 옷을 입고 5시 30분이 지나 텐트를 출발했다. 이 시간에 태양은 북동릉 위에 없었고, 추위가 엄청나 동상이 두려웠다. 옐로밴드의 바위지대를 대각선으로 횡단하면서 차차 고도를 높였다. 한 시간 후 태양이 뜨자 그들은 멈추었다. 웨거스가 등산화를 벗고 무감각해진 발을 주물렀다. 다행히 바람이 거의 없었다. 그렇지 않았더라면 둘 다 심한 동상에 걸렸을 것이다.

잠시 멈춘 곳 너머 얼마 안 되는 곳에서 해리스가 맬러리나 어빈의 것일 수밖에 없는 이 피켈을 발견했다. 피켈은 크랙이나 바위 턱의 도움 없이 35~40도로 기운 상태에서 순전히 자체의 마찰력으로 바위지대에 놓여 있었다.

일단은 발견된 곳에 피켈을 그대로 두고 그들은 퍼스트스텝 발치로 횡단을 계속했다. 우리가 생각했던 대로, 퍼스트스텝을 구성하고 있는 두 개의 탑을 우회하는 것이 가능했다. 탑의 북쪽으로 횡단하는 것이다. 그러면 이 스텝 위쪽의 능선이 다시 나올 터였다. 그러나 그들이 이 스텝 위쪽 능선 위로 나아가지 못한 이유는 퍼스트스텝과 세컨드스텝 사이 180미터 정도의 능선 마루 구간이 4~6미터 낙차가 있는 톱날 같은 바위여서 오르기에 쉽지 않아 보였기 때문이었다. 8,500미터의 이런 능선을 지나가려면 엄청나게 힘들 것이고, 게다가 4미터의 낙차는 수직이어서 올라갈 수 없으면 등반조는 멈춰야 한다. 노턴과 소머벨도 1924년에 바로 이것을 보았다. 그들은 이 능선과 세컨드스텝의 어려움에 놀라서 이 어려운 곳을 우회한다는 희망을 품고 옐로밴드를 계속 횡단했던 것이다. 해리스와 웨거스도 그랬다.

그들의 생각은 위쪽으로 똑바로 올라 세컨드스텝 발치까지 나아가서 앞서 말한 대로 능선의 그 어려운 구간을 짧게 우회하는 것이었다. 이를 목표로 해서 옐로밴드의 꼭대기를 따라서 횡단을 계속했다. 그렇지만 가면 갈수록 경사가 점점 가팔라졌고, 위쪽의 바위는 오르기가 더욱 힘들었다. 망원경으로 보았을 때는 침니가 있고 등반이 가능한 진행 방향이었는데, 그 루트를 찾을 수 없었다. 유일한 가능성은 비스듬한 작은 걸리였다. 그것은 세컨드스텝 위쪽의 한 지점으로 가파른 바위지대를 가로지르며 올라가는 것 같았다. 그들은 10시에 걸리의 발치에 도착해 처음으로 서로 로프를 묶었다. 그리고 해리스가 선등을 섰지만, 석회암 특유의 움푹 파인 국자 같은 곳에 자신이 서 있다는 것을 알게 됐다. 그곳의 바위는 석회암이어서 분명한 모서리가 없었다. 잡을 만한 곳은 모가 지지 않고 둥그스름해서 홀드로서는 최악이었고, 그나마 눈이 덮인 곳은 더욱 그랬다. 경사는 매우 가팔랐다. 체조가 불가능한, 그래서 힘을 써서 팔 힘만으로 몸을 당겨 올려야 하는 방법으로는 어떤 것도 가능하지 않은 8,500미터에서 더이상의 가망은 없었다.

네 시간이 흘렀다. 최종적인 결론은 이렇다. 주의 깊은 관찰과 한 번의 결정적인 시도를 했지만, 이 능선 루트는 분명 실행 가능하지 않았다. 그들이 퍼스트스텝 위쪽에서 바로 능선에 도달했더라면 결과가 어땠을지는 다만 추측만 해볼 뿐이다. 그 능선은 실행 가능할지도 모른다. 중요한 것은 나중에 이를 입증하기 위해서 등반조가 따로 편성될 수 있느냐는 것이다. 그것이 불가능하다고 입증되면, 등반조는 더 이상 대안 루트를 향해서 출발할 시간도, 힘도 없게 될 것이다.

세컨드스텝 아래에 도달하지는 못했지만 해리스와 웨거스는 이제 유일한 대안 루트에 전념했다. 그것은 노턴과 소머벨 루트였다. 그래서 그들은 그들 위쪽에 있는 세컨드스텝의 가파른 바위 띠와 연결되는 옐로밴드의 꼭대기를 따라서 계속 나아갔는데, 곧 그레이트 쿨르와르 꼭대기가 나왔다. 그들은 이것을 가로질렀다. 노턴이 보았던 것처럼, 그들 앞에 믿을 수 없을 정도로 느슨한 눈이 쿨르와르 바닥에 깔려 있었다. 그 너머로 옐로밴드가 버트레스처럼 불룩하게 튀어나와 있었다. 그들은 주 쿨르와르와 그 옆쪽 쿨르와르를 분리하고 있는 튀어나온 한 바위에서 더욱 가파르고 힘든 등반을 해야 했다. 그러나 상황이 좋지 않았다. 어제의 심한 눈보라로 비탈면의 턱과 크랙, 침니 할 것 없이 눈이 쌓여 있었다. 게다가 웨거스는 피곤했다. 그는 한 시간 이상은 등반할 수 없겠다고 생각했다. 12시 30분이었다. 설사 등반조의 몸 상태와 힘이 정상으로 접근할 수 있을 정도로 좋았다 하더라도 아마 밤이 되기 전에 캠프로 돌아가는 것은 불가능할 것이고, 에베레스트에서 날이 저물면 지친 사람에게는 단 하나의 결말만 남는다.

돌아오는 중에 그들이 세컨드스텝 초입에 도달 가능한 방법이 없는지 다시 관찰해보았지만, 이미 너무 지쳐서 퍼스트스텝 위쪽 능선으로 이르려는 그들의 계획을 실행에 옮길 수 없었다. 마침내 웨거스는 그 피켈이[60] 있는 곳 바로 위쪽의 퍼스트스텝 아래 능선에 가까스로 이르렀다. 그곳에서는 남동벽South-East Face의 경탄할 만한 얼음 비탈면이 내려다보였다. 흥미롭게도 세컨드스텝 남쪽에는 회반죽을 바른 듯이 얼음이 덮여 있어, 그쪽으로 횡단을 하면 아마도 그 스텝을 피해갈 수도 있을 것 같았다. 8,500미터에서 등반자가 60도가 넘을 것으로 보이는 얼음 비탈면에서 스텝을 깎아 만들 수 있느냐 하는 것은 에베레스트의 풀리지 않는 또 다른 문제이기

---

60 원 해리스는 그 피켈 대신 자신의 것을 그곳에 남겨두었다. {원주}

는 하다. 아마 많은 어려움이 따를 것이고, 각각의 어려움이 힘을 합쳐 등반조를 기진맥진하게 만들 것이다. 아니면 등반대 전체를 그렇게 만들지도 모른다.

내가 여기에 기록한 이야기의 나머지를 나중에도 듣지 못했지만, 십턴과 나는 노턴의 루트에 '총력'을 기울여야 하고 해리스와 웨거스가 너무나 아쉽게도 정찰조의 임무를 해야 했던 능선 루트와 노턴의 루트 사이에서 갈팡질팡하면서 힘을 낭비하지는 않아야 한다는 확신을 가질 정도로 그들의 이야기를 충분히 들었다.

우리는 고소 특유의 무감각한 느낌으로 그들의 말을 들었다. 등반 역사에 있어서 가장 극적인 사건 중 하나인 이 피켈의 발견조차도 우리에게는 일시적인 흥밋거리 이상은 되지 못했다. 우리의 길고 필사적인 노력의 결과, 약간의 눈을 녹일 정도로 메틸알코올 스토브가 힘을 냈다. 좋은 음료를 데울 정도의 시간이 없었다. 시간은 늦어지고 있었다. 해리스와 웨거스는 5캠프로 내려가야 했다. 그래서 그들은 약간 미지근한 액체 상태로 만족하면서 정신을 차리고 내려갈 준비를 했다. 힘겨운 하산을 하자면 보통 이상의 노력이 들겠지만, 설사 너무 피곤해서 내려갈 수 없다손 치더라도 두 명밖에 잘 수 없는 이 작은 6캠프의 텐트에 그들의 자리가 어디 있겠는가? 그리고 얼마나 불편하겠는가? 만약 갑자기 눈이 많이 와서 하산을 할 수 없으면 또 어떻게 되겠는가?

잠시 후 내가 그들의 사진을 한 장 찍었다. 그들은 롱랜드의 루트를 따라 내려가고 있었다. 고개를 숙인 피곤한 사람 특유의 힘겹고 느릿느릿한 움직임이었다.

그들이 출발한 후 십턴과 나는 편안하게 있으려고 최선을 다했다. 우리의 마음속에는 오직 편안함에 대한 생각뿐이었다. 내일의 온갖 계획과 생각은 시간이 흐르면 자연히 해결될 것이다. 작은 텐트 안에 있는 것은 거의 휴식이 되지 않았다. 휴식을 위한 평편한 턱은 어디에도 없었다. 어떤 턱은 그나마 돌이었지만, 먼저의 등반조는 너무 피곤해서 이것을 효과적으로 이용하거나 그 턱의 바닥을 평편하게 고를 수 없었다. 그래서 텐트는 기울어져 있었고, 텐트 바닥의 잡다한 모난 돌들이 억지로 우리에게 흔한 것들의 견고함을, 특히 에베레스트의 견고함을 상기시켜 주었다. 게다가 텐트의 한쪽 측면은 지지가 부실했고 텐트 바닥 너머 허공에 튀어나와 있었다. 그래서 텐트의 모든 공간을 효과적으로 사용할 수 없어 더욱 불편했다.

누가 위쪽을 차지하고 누가 아래쪽을 차지할지에 대한 어떤 대화도 기억나지 않는다. 다만 내가 위쪽에 있었다는 것은 알고 있다. 최종적인 결론은 이렇다. 나는 자주 십턴 쪽으로 구르며 그날 밤을 보냈고, 십턴 또한 나 때문에 자주 구르며 그날 밤을 보냈다.

잠을 자려고 노력하기 전에 우리는 음식을 조금 해 먹었다. 비상시에는 나흘은 견딜 수 있고, 사흘 동안 먹기에는 충분한 식량이 있었다. 그리고 십여 개의 고형 메틸알코올이 있었다. 우리는 침낭 안에 누워 있으면서 우리 사이에 그 조리기구를 놓아두고 식량을 조사했다. 연유, 설탕, 액체 초콜릿, 타블로이드 차, '오벌틴', 카페오레, 브랜드Brand의 소고기 농축물, 정어리, 대구 알, 비스킷과 사탕이 있었다.

무엇보다 먼저 따뜻한 음료를 먹으려는데, 형편없이 작은 조리기구는 도대체 말을 듣지 않았다. 8,200미터 정도에서는 해수면의 비등점보다 훨씬 아래에서 물이 끓지만, 6캠프에 있는 동안에는 끓는 음료를 먹을 수 없어서 미지근한 혼합음료로 만족해야 했다. 고형 메틸알코올에 대한 우리의 욕설은 활자화하기에는 부적합하고, 8,350미터에서 화를 내려면 너무 많은 노력이 필요하다.

우리의 저녁식사는 주로 소고기를 재료로 한 압축식품인데, 딱딱하게 얼어 있어서 먹기 전에 녹여야 했다. 우리는 딱딱한 음식은 먹고 싶지 않았다. 정말이지 어떤 종류의 음식도 생각이 없었다. 그렇지만 먹는 것은 의무였다. 마시는 것 또한 힘든 과정을 거쳐야 한다. 엄청나게 건조한 대기 때문에 몸은 바싹 마르고, 충혈되어 아픈 목에 청량제 역할을 해줄 수분이 필요했다.

식사는 카페오레와 연유로 끝났는데, 최고의 선택이었다. 그리고 잠자리에 들기 전에 텐트 입구 자락을 열고 밖을 내다봤다. 이제 모든 것은 날씨에 달려 있었다.

우리가 노스콜 위쪽에서 경험한 가장 조용한 저녁이었다. 바깥쪽으로 완만하게 비탈진 바위지대가 서둘러 저무는 석양에 붉게 빛났다. 멀리 아래쪽의 구름이 계곡과 낮은 산봉우리들을 가릴 뿐, 탁 트인 전망을 막아서는 것은 아무것도 없었다. 에베레스트에서 보니, 동쪽 롱북 빙하를 따라서 그리고 노스콜의 비탈면에서 등반자를 압도했던 크나큰 산봉우리들이 마치 대양의 거대한 파도 자락 속의 하찮은 물결같이 보였다. 북봉조차도 얼핏 보기에 섬돌처럼 보였다. 추웠다. 우리는 공간, 즉 대기를 호흡했다. 노란색 바위는 치명적으로 차가웠다. 추위 속에는 궁극적이고, 냉정하며, 영원한 어떤 것이 있었다. 그것은 공간의 심연에서 우리에게로 나오는 단 하나의 쉼 없는 신호였다. 우리는 삶과 죽음의 바로 그 경계선에 있었다.

밤이 거대한 홍수처럼 동쪽에서 밀려와 단 일 분 만에 붉은 석양을 꺼버렸다. 우리는 호흡하기 불편할 정도로 침낭 속 깊이 기어들었다. 우리의 유일한 생각은 편안함에 관한 것이었다. 우리는 우리가 있는 곳의 장엄함이나 아름다움에 관심을 갖지 못했다. 내가 늘 유감으로 생각하고 있는 것은 일이 분 만이라도 다 함께 별을 바라보는 시간을 갖지 못한 것이었다. 나는 텐트 자락 사이로 밤을 얼핏 보았는데, 소름끼칠 정도로 별이 많았다는 것이 어렴풋이 기억난다. 낮은 고도의 습기 찬 대기를 통해 보이는 창백하고 먼 별이 아니라, 짙푸른 별의 뾰족한 모서리가 찬란하게 빛나서 거의 입체적으로 보였다. 마치 우주비행사가 많은 노력을 들인 후에야 볼 수 있는 광경 같았지만, 우리는 따뜻하고 편안해야 한다는 생각에만 몰두한 채 침낭 속에 멍하니 누워 있었다.

공개적으로 대놓고 말할 수는 없지만, 높은 곳에는 한 가지 축복이 있다. 산소 부족으로 육체적·정신적 활동이 너무 느려져서 잠 못 이루는 밤은 평지에서처럼 더디게 흐르지 않는다는 것이다. 등산가는 비록 깨어 있더라도 반 수면상태여서 시간의 흐름을 인식할 수 없다. 무딘 정신 작용을 일깨워 무언가 활동하게 만드는 한 가지는 심한 불편 뿐이다. 때때로 우리는 너무나 불편했는데, 이미 말한 것처럼 텐트 바닥이 비탈져 있고, 그나마 바닥 전체를 다 사용할 수 없었기 때문에 불편은 당연했다. 나는 때때로 질식할 정도로 심하게 기침을 하기도 했지만, 연거푸 기침을 하던 중간에 깜빡 선잠이 들어 십턴 위로 굴렀고, 그가 불편해하며 내 등을 팔꿈치로 쿡쿡 찔러서 잠이 깼다. 그 후에 우리는 서로에게가 아니라 우리의 어쩔 수 없는 공동 운명에 대해 심하게 불만을 토로했다.

우리는 배낭과 등산화, 로프, 방풍 옷을 뭉쳐서 머리를 높이 받치고 잤는데, 이렇게 하면 호흡하는 데 도움이 되기 때문이다. 바라클라바로 머리를 보호하면서 눈과 입, 코만 노출시켰다. 그래서 꽤 따뜻했다. 나는 잠을 못 잤지만 쉬고 있다고 느꼈다.

새벽이 오기 전까지 밤은 조용했다. 그 후 처음으로 돌풍이 텐트에 몰아쳤다. 이어 또 다른 더 센 돌풍이 일었고, 새벽 쯤에는 강풍이 몰아쳤다.

우리는 5시 30분쯤에 출발하기로 했지만 그럴 수 없었다. 몇 분이라도 텐트에서 나왔더라면 분명 심한 동상에 걸렸을 것이다. 이렇게 누워 있자니 엄청나게 우울했다. 단 한 시간 만에 우리의 계획이 취소되기는 했지만, 다른 한편으로는 침낭에서 나와 방풍 옷과 등산화를 입고 신어야 하는 지겨운 수고를 할 필요가 없어서 다행이었다. 안도의 느낌이 드는 것은 당연했다. 우리의 실망은 아무도 오르지 못한 정상을 오르고 싶어 열망하는 사람의 실망이 아니었다. 다만 유쾌하지 못한 의무가 좌절됐다고 느꼈을 뿐이다. 게다가 나는 피곤했고, 어제의 피로에서 회복되기 위해서는 휴식이 더 필요했다. 십턴은 나와 다른 생각을 하고 있었다. 낮 동안 힘이 회복되는 것이 아니라 오히려 서서히 쇠약해졌으며, 우리가 출발하지 못했을 때 자신의 능력을 발휘할 기회가 사라졌다고 나중에 내게 말했다. 우리의 육체적 차이가 에베레스트에서의 가장 큰 문제들 중 하나를 구체적으로 보여주었다. 최고의 몸 상태로 정상을 향해 출발해야 했지만, 두 사람에게는 어쩔 수 없는 육체적 문제가 있었다.

일조량이 늘어나자 눈이 떨어지기 시작했다. 우리는 눈이 텐트 위에 후두두 떨어지는 익숙하지만 무서운 소리도 들었다.

아침을 먹었다. 눈으로 냄비를 채워야 하는 비참한 일은 조리기구가 마침내 만들어낸 미지근한 차 한 잔으로는 결코 보상이 될 수 없다. 그렇지만 이 차 한 잔이 우리가 침낭 안에 나란히 누워 있을 때 현 상황에 대한 논의를 하도록 만들어주었다.

날씨가 좋아지면 내일은 정상에 오를 수 있을까? 신설

이 내렸고 내린 눈의 상당한 양이 바람에 날려 사라지기는 했지만, 아마도 바람이 들지 않는 곳에, 특히 그레이트 쿨르와르 근처에 많이 쌓이는 것은 불가피할 것이다. 우리 중 누구도 이런 생각을 서로에게 말하지는 않았지만, 기적이 일어나지 않는 한 패배한 것이나 마찬가지였다. 그러나 날씨가 개선되면, 적어도 가능한 만큼은 높이 올라갈 수 있을 것이다. 그렇지만 날씨가 나아질까? 우리의 마음 한구석에는 항상 몬순에 대한 생각이 떠나지 않았다. 이제 언제든 몬순이 에베레스트에서 총력을 기울여 몰아칠 태세였다. 눈은 며칠이고 계속될 것이다. 그렇게 되면 어떻게 될까? 우리는 사흘 치 식량을 갖고 있고 위급한 상황이면 나흘, 아마도 엄격하게 배분하면 닷새는 견딜 수 있겠지만, 연료는 이틀 치뿐이었다. 한 끼에 고형 메틸알코올 한 통이 드니까 하루에 세 개가 필요하다. 8,350미터에서 식량은 연료가 없으면 쓸모없다. 위를 따뜻하게 하는 것이 가장 중요하다. 온기가 없이는 사람이 오래 살 수 없다. 산소가 충분치 않은 곳에 너무 접근해 있어서 찬 공기에 신체가 냉각되는 것을 막을 수 없기 때문이다. 8,350미터에서의 작은 텐트 안에서 사람이 며칠을 견딜 수 있느냐 하는 것은 추측만 할 수 있을 뿐이다. 내 생각으로는 일주일 이상은 견딜 수 없을 것이다. 계속 눈보라가 칠 경우에는 당연히 내려가야겠지만, 비록 맑은 날씨라 하더라도 많은 눈을 뚫고 6캠프에서 하산하는 것은 가능하지 않다고 나는 믿고 있다. 옐로밴드의 바위지대는 아마 내려가기가 불가능할 것이다.

심한 강설은 에베레스트의 고지에서 등산가가 늘 직면하는 위험이고, 그레이트 쿨르와르 서쪽의 마지막 피라미드 위의 캠프에 악영향을 미친다. 그곳에는 눈이 흩뿌리기만 해도 하산이 불가능해지거나 적어도 절망적으로 위험하게 된다. 당초 6캠프를 설치하려고 계획했던, 퍼스트스텝 아래 약 8,500미터 지점에서 하산을 할 수 없다면 당연히 서쪽으로 더 치우친 지점에서는 하강이 불가능하게 될 것이다. 그렇지만 어쨌든 피라미드 위에 캠프를 하나 더 설치하는 것은 고려되어야 할 것이다. 에베레스트는 통상의 등반 위험을 훨씬 능가하는 위험 없이 어떤 루트나 방법으로도 등반할 수 없을 것이고, 등산가가 늘 직면해야 하는 문제는 어쨌든 성공하려면 등반의 전통적인 안전기준을 넘어서는 위험을 감수할 수밖에 없다는 것이다. 에베레스트 상단 부분을 등반하는 사람은 이런 기준을 넘어서고 있다. 이런 문제의 속성 때문에 무엇이 정당화되고, 무엇이 정당화될 수 없는지에 대한 안전과 위험의 기준을 알프스의 기준에 맞출 수 없다. 오직 한 가지

기준만이 등반을 불합리하고 무모한 행동이 아니라 합리적인 모험이 되게 한다. 원정대가 짐꾼에게 지운 의무가 그것이다. 이들이 고용되는 한 이들의 안전을 우선시해서 에베레스트 등반 방법을 결정해야 한다. 그리고 동료나 자신의 무사귀환을 고대하는 사람들에 대한 의무가 있다는 것을 등산가는 다시 한 번 자각해야 한다.

오후 들어 심한 눈보라가 본격적으로 몰아쳤다. 우리는 너무 무기력해져서 이제 몬순이 계속될지도 모른다는 가능성에도 놀라지 않았다. 정말이지 우리가 이미 말했던 그런 가능성에 대한 논의는 마치 완성되지도 않은 실험에 대해서 과학자들이 갑론을박하는 것처럼 그저 이론일 뿐이고, 이상하게도 현실과 너무 동떨어져서 비인간적으로 느껴졌다. 그렇지만 그럼에도 불구하고 현재와 관련된 것에 대한 우리의 본능은 인간이라기보다는 차라리 동물에 가깝게 민감했다. 우리의 불평거리는 미래의 가능성 있는 일들과는 전혀 관계없는 사소한 것들이었다. 우리는 아마도 자신의 불평은 기억하지 못한 채 상대방의 불평은 기억할 것이다. 이는 오묘한 섭리다. 십턴은 신선한 음식에 대해 '병적인 집착'을 갖고 있었다. 그는 원정 내내 신선한 음식에 대한 열렬한 옹호자였다. 비록 마라톤 선수처럼 바싹 마른 티베트 양의 가장 거칠고 가장 소

화하기 힘든 힘줄이라도 그에게는 포트넘앤드메이슨Fortnum
& Mason사의 즙이 많은 깡통 제품보다는 더 좋을 것이다. 이
제 목이 쉬어 거의 말을 할 수도 없었지만 그는 6캠프에 신
선한 음식이 부족하다고 주절댔다. "아, 계란 한 판만 있었으
면." 하고 끝없이 투덜대거나 "깡통에 든 거름이나 먹어야 하
다니!" 하며 힘없이 말했다. 어쨌든 나도 계란에 대한 그의
이런 갈망에 공감했다. 잘 튀긴 버터를 바르고 핀제르브fines
herbes를 뿌린 오믈렛 한 접시가 있으면 얼마나 좋을까! 언 기
름 속의 언 청어 시체를 대신해서 팔라트쉰켄Palatschinken으
로 알려진 티롤의 빌베리 오믈렛 하나가 있다면 무척 반가울
것이고 이 상황에 큰 변화를 줄 텐데.

내 불평거리는 텐트 바닥의 날카로운 돌에 대한 커지는
증오심이었다. 이것은 내 엉덩이뼈가 가장 불편해 할 위치에
정확하게 놓여 있었다. 몇 번 헛되이 당겨보기도 하고 밀어보
기도 했지만, 크기도 큰 데다 잘 박혀 있어서 움직이지 않았
다. 이 돌에 한 욕을 수정하려고 인쇄업자가 하이픈이나 별표
를 많이 달았다. 그런데 역설적으로 이것은 영어의 우아함을
드러내는 방법이기도 하다.

저녁이 되면서 갑자기 어슴푸레한 빛이 보였다. 우리는
바깥을 내다보았다. 구름이 흩어지면서 석양이 급속하게 드

러났다. 이 창백한 빛은 우리의 암담한 전망을 누그러뜨리기 보다는 오히려 가중시켰다. 바람은 여전히 에베레스트를 가로질러 불어서 분설이 소용돌이를 일으켰으며, 이 소용돌이는 끝없이 줄을 지어 바위지대에서 허둥대고 있었다. 모든 크랙과 깊숙하게 파인 곳에는 소금 같은 눈이 채워져 있었다. 노출이 훨씬 더 심한 바위지대는 눈이 깨끗하게 청소되어 있었다. 넝마같이 날리는 안개 속에 하늘은 초록빛이었지만, 풀과 나무의 따뜻한 초록이 아니라 너무나도 무자비한 잔인하고 음흉한 초록빛이었다. 그럼에도 이 광경이 다시 희망에 불을 붙였다. 내일 우리는 다른 것은 못 해도 능선과 세컨드스텝까지는 해결할 수 있을 것이다.

우리가 빈약한 저녁을 준비하고 있을 때, 돌풍이 가끔 텐트를 집적거릴 뿐 바람이 누그러들었다. 밤은 지난밤보다 훨씬 편치 않았다. 그것을 다시 거론하는 것은 불편했던 것들을 반복하는 것에 불과하다. 이따금 돌풍이 세차게 불더니 조용해졌고, 이어 또 다른 돌풍으로 이어졌다. 그러나 밤이 깊어질수록 조용한 간격이 길어지면서 돌풍이 차차 약해졌다. 결국 정상 시도는 해볼 수 있을 것이다. 이런 조건에서 성공을 기대하지는 못하겠지만, 그래도 최선을 다해볼 수는 있지 않을까?

CHAPTER

15

공격

새벽에는 날씨가 맑았다. 5시에 출발하자고 간밤에 합의했지만 바람과 심한 추위로 출발할 수 없었다. 추위야 어떻게든 견딜 수 있겠지만, 에베레스트에서 바람이 추가되면 살아 있는 인간이 견디기 쉽지 않다.

그런데 6시가 지나자 갑자기 바람이 완벽하게 멎었다. 그때까지는 희망 없는 상황이었다. 바람은 다시 불지 않았다. 우리는 바람이 불지 않기를 기대하며, 그 지긋지긋한 바람소리에 귀를 기울였는데 정적이 계속됐다.

아침을 먹고 침낭에서 한 발 한 발 빠져나와 많은 힘을 들여 헐떡거리며 방풍 옷을 입었다. 우리의 등산화는 돌을 깎아 낸 듯 습기가 얼어서 반짝반짝 빛났다. 나는 양초로 등산화를 부드럽게 하려고 애를 썼지만 소용없었다. 맨손을 서로 부딪치거나, 가끔 멈추어서 주머니 속에 집어넣기도 하면서 어떻게든 등산화를 신으려 했다.

우리는 갖고 있는 옷을 다 입었다. 나는 셰틀랜드 조끼,

두꺼운 플란넬 셔츠, 두꺼운 낙타 털 스웨터, 얇은 셰틀랜드 풀오버 여섯 개, 긴 셰틀랜드 바지 두 개, 플란넬 바지 한 개 그리고 그 위에 실크로 안감을 댄 그렌펠 방풍 옷을 입었다. 그런 다음 셰틀랜드 바라클라바와 그렌펠 헬멧으로 머리를 보호했고, 셰틀랜드 양말과 스타킹 네 개를 신었다. 에베레스트에서는 항상 장갑이 문제다. 따뜻하면서 신축성 있고, 바위에 잘 붙는 이상적인 장갑이 디자인 되어야 한다. 이번에는 양모 벙어리장갑 안에 역시 벙어리장갑인 남아프리카 새끼양 모피 장갑을 꼈는데, 적당히 따뜻했다.

켄들Kendal 박하 과자 한 개를 먹었다. 아침으로 충분했다. 더 많은 음식을 안 먹은 것이 실수였지만, 6캠프에 있는 동안은 음식에 대한 혐오가 더욱 심해지는 것은 어쩔 수 없었다. 우리는 가벼운 로프 하나와 평소처럼 에투이Etui 카메라[61]를 갖고 갔다.

7시에 텐트에서 나와 텐트 입구 자락을 묶었다. 슬프게도 십턴의 몸 상태가 분명히 평소보다 많이 좋지 않았다. 그는 6캠프에 도착한 이래 나보다 많이 먹지 못했고, 이제 배가 아프다며 천천히 가자고 했다. 그의 몸 상태가 좀 더 나았더

---

61 한 개의 필름 팩이 들어 있는 이것의 무게는 566그램이고, 이것으로 3.5인치 × 2.5인치 사진을 찍을 수 있다. {원주}

라면, 도리어 내가 천천히 가자고 요구했을 것이다.

우리는 눈이 얕게 덮인 걸리를 비스듬히 올라, 옐로밴드의 가장 오르기 좋은 곳 30미터를 가로질렀다. 어려움은 없었지만, 일이 분마다 멈추어 피켈에 기댄 채 헐떡였다.

걸리는 점차 큰 바위지대로 변했다. 다시 어려움은 없었다. 전진은, 주의 깊게 균형을 유지하면서 가장 쉬운 루트를 선택하기만 하면 되는 단순한 문제에 지나지 않았다. 그렇지만 옐로밴드의 대체적인 경사는 미끄러지면 치명적이다. 특히 등반자가 스스로를 제동시킬 수 없을 정도로 힘이 남아 있지 않은 상태에서는 더욱 그렇다. 다행히 바닥이 넓고 징이 박힌 등산화가 사암에서 잘 버텨주었다. 어제의 심한 눈보라로 바위지대에 쌓인 눈이 강풍에 날려 사라졌지만 그래도 경사가 덜한 바위 턱에는 여전히 쌓여 있어서, 곳곳에서 신중하게 걸어야 했다. 해리스와 웨거스보다 한 시간 삼십 분 늦게 캠프를 출발했는데도 추위는 여전히 심했고, 북동릉을 막 넘어다보는 태양은 따뜻하지 않았다.

에베레스트에서 등반자가 처음부터 마지막까지 갖는 인상은 거대한 이 산의 본성인 황량함과 쌀쌀함이다. 옐로밴드 위에서는 어떤 돌출 벼랑이나 능선, 버트레스도 등반자에게 아무런 호기심이나 상상력을 일으키지 못한다. 평편한 곳도 없고, 로프도 쓸모없는 비탈진 턱을 등반자는 계속 걸어야 한다. 나는 이보다 더 황량한 산비탈을 한 번도 걸어본 적이 없다. 그리고 위쪽으로 여전히 힘든 길이 남아 있고, 그 길 뒤로 거대한 바위 지붕 위에 정상 피라미드가 분명하게 보였다. 꺼져가는 우리의 힘으로는 엄청난 마지막 도전이었다.

횡단을 하다가 약간 올라가서 퍼스트스텝으로 향했다. 우리가 초입의 걸리에서 나온 순간부터 퍼스트스텝은 손에 잡힐 듯 가까웠다. 그런데 그 모습을 보니 이상하게도 이슬에 젖은 어느 봄날 아침 식사 전에 식욕을 돋우려고 등반했던 레이크 디스트릭트의 산 정상이 떠올랐다. 잔디와 양치류로 덮인 700미터의 산비탈을 오르는 데 한 시간이 걸렸었는데, 이제 햇빛이 있는 열한 시간 동안 487미터를 오르고 내릴 힘과 시간이 있는지 의심스러웠다. 그렇지만 나는 예상했던 것보다 더 잘 갔다. 운동을 하니, 근육경련 때문에 뻣뻣했던 팔다리가 다시 풀렸다. 6캠프에 도착한 이래 처음으로 따뜻한 피가 혈관으로 힘차게 흐르는 느낌이었다. 불행히도 십턴은 그렇지 못했다. 그는 꾸준히 나아가고 있었지만, 매우 느렸다. 무엇인가 문제가 있는 것이 분명했다.

퍼스트스텝에서 멀지 않은 곳에 나중에 캠프 자리로 쓸 수 있을지도 모르는, 부서진 바위 부스러기로 덮인 조그마하지만 평탄한 곳을 지나서 수평으로 횡단했다. 내 뒤에서 십턴이 외치는 소리를 들었을 때 우리는 퍼스트스텝 바로 아래에 있었다. 돌아보니 십턴이 멈춰 서서 피켈에 몸을 기대고 있었다. 그리고 곧 앉은 자세를 취했다.

우리는 티베트를 가로질러 행군하는 동안, 한 사람이 계속 전진할 수 없으면 어떻게 할 것인지 여러 번 토의했고, 지친 나머지 안전하게 혼자 돌아갈 수 없더라도 나머지 한 사람은 계속 전진하기로 사전에 의견일치를 보았었다. 이런 상황이 발생하면 지친 사람은 원정대와 원정대장의 지원을 받기로 했다. 누구도 완전히 탈진할 때까지 계속 나아가지 않아야 한다는 것이 원정대의 금언金言이고, 십턴은 분명 이 금언을 지킬 수 있는 등산가였다. 더 이상 등반을 할 수 없다고 스스로 느낀다는 것은 대체로 이즈음에는 비교적 쉽고 안전하게 하산할 수 있다는 것을 의미하는데, 이것이 고소등반의 특징이다. 이는 자연의 자동 안전점검 장치다.[62]

---

62 나는 이 자동 안전점검 장치가 에베레스트 정상 근처에서 갑자기 쓰러질 가능성을 막아준다고 확신한다. 사람을 불안하게 하는 이런 가능성은 영국 공군이 감압실에서 수행한 실험 결과로 인해 거론됐다. 8,500~9,000미터 높이의 기압에서는 사람들이 갑자기 경고 없이 기절한다는 것이 이 실험의 결과였다. 그러나 이런 실험은 인공적인 것이어서 고소적응에는 적용되지 않으며, 나는 에베레스트에 관한 문제를 해결하는 데 있어서 이런 실험이 어떤 실질적인 도움이 되리라고는 생각하지 않는다. 나는 자연적인 조건에서 자연이 임의적으로 작용한다고는 한순간도 생각한 적이 없다. 자연의 진행은 서서히 그리고 실수 없이 논리적인 결론에 도달한다. 자연이 싫어하는 것은 인공적인 조건이다. 아마도 이것이 에베레스트를 오르려

나는 캠프로 안전하게 돌아갈 수 있는 체력이 남아 있는 지 십턴에게 물었다. "갈 수 있습니다." 하고 그는 주저 없이 말했다. 그리고 천천히 뒤따라가겠다고 했다. 당시에는 몰랐지만, 뒤따라가겠다는 말은 그의 관대한 성격에서 나온 배려의 말이었다. 그는 더 나아갈 마음이 없었고, 그저 내게 용기를 주고 자신의 안전에 대한 내 걱정을 덜어주려는 의도로 그렇게 말했던 것이다. 이런 배려는 언젠가는 에베레스트 정상에 누군가를 오르게 할 훌륭한 우정의 한 예가 될 것이다.

그를 바위에 남겨두고 계속 나아갔다. 잠시 후 돌아보았지만, 그는 여전히 움직이지 않았다.

최상의 루트에 대한 의심은 결코 없었다. 세컨드스텝에서 연결되는 북동릉은 날카로운 톱니 같았고 분명히 어려웠다. 세컨드스텝은 이제 거의 내 바로 위에 있고, 난공불락처럼 보였다. 그것은 순양함대의 뱃머리 같았다. 성공하려면 노턴의 루트를 따라갈 수밖에 없는 듯하고, 그러자면 가파른 벽 아래 옐로밴드를 따라서 그레이트 쿨르와르 꼭대기 쪽으로

는 등산가가 산소 공급장치를 혐오하는 뿌리 깊은 이유 중 하나일 것이다. 그래서 인공적이고 비자연적인 것은 에베레스트에서는 위험하다. 인공적이고 비자연적인 것이 고공비행이나 광산 등에서는 이미 필수적이라는 주장은 하늘 높이 날고 땅속 깊이 파고 들어가는 이런 상황들이 비정상적인 만큼이나 비논리적이다. 인간에게는 새나 두더지의 능력이 부여되지 않았다. 새나 두더지는 살아가는 데 인공적인 산소 공급장치가 필요 없다. (원주)

CHAPTER 15

나아가야 했다.

처음에는 어려움이 없었다. 옐로밴드 꼭대기에 있는 연속된 비탈진 턱을 따라가 모퉁이를 돌아서니 십턴이 안 보였다. 이어 30미터 폭의 설원이 나왔다. 계속 가기 위해서는 30미터를 내려가는 방법뿐이었지만, 다행히 눈은 예상했던 가루눈이 아니라 바람에 잘 다져져 있어서 정말이지 스텝커팅을 해야 할 만큼 단단했다.

거의 8,500미터나 되는 곳에서 스텝커팅을 하는 것은 무척 피곤한 작업이다. 피켈은 무거워서 제 역할을 할 것 같지 않았다. 알프스에서는 한 번 힘껏 휘두르면 하나의 스텝을 만들 수 있지만, 8,500미터에서 갑자기 힘을 쓰는 것은 피해야 해서 여러 번 가볍고 짧게 두드리는 정도였다. 분명히 내가 벌레를 쪼는 암탉처럼 보였겠지만, 그럼에도 하나의 스텝을 만들 때마다 멈춰서 헐떡여야 했다.

고소는 사람을 우유부단하게 만든다. 바위 하나가 눈 위로 돌출해 있었다. 처음에는 밟고 서기에 좋을 것 같다고 생각했다가 곧 바위가 너무 비탈져서 그 옆에 스텝을 만드는 것이 좋겠다고 생각했다. 그렇지만 밟고 설 수 있다면 한두 개의 스텝 만드는 노고를 덜어줄 것이라는 생각이 들자 곧 마음이 또 바뀌었다. 너무나 명백한 것을 하기에 앞서, 이 어처구니없는 작은 돌출부에 대해 숙고하느라 몇 분을 써야 했다. 큰일을 할 때마다 마주치게 되는 사소한 문제들이 어떻게 그 비중에 전혀 맞지 않는 중요한 역할을 하는지 신기했다.

설원을 가로지르고 다시 돌아보았지만 십턴이 따라오는 기적은 없었다. 나는 고독한 길을 계속 갔다.

일반적으로 행해지는 등산과 달리 바위에는 늘 피켈을 집어넣을 수 있는 작은 크랙이나 갈라진 틈이 있어서, 바위지대를 가장 안전하고 쉽게 횡단하려면 피켈을 바위의 표면에 확실히 고정시켜야 한다. 피켈은 나의 세 번째 다리이자 그날 하루 매우 소중한 동료였다.

설원 너머의 바위지대는 곳곳이 느슨한 가루눈으로 덮여 있었다. 경사진 턱을 선뜻 올라서기 위해서는 발로 눈을 차내거나 긁어내야 했다. 꾸준하기는 했지만 전진은 느렸다. 나는 바위 띠 밑으로 횡단하고 있었다. 더 나아가니 그 바위 띠 위쪽에 마지막 피라미드가 보였다. 그날 처음 흥분과 희망으로 가슴이 설렜다. 이제 십턴과 헤어질 때보다 더 잘 갔고, 잠시 성공의 기회가 보이는 것 같았다.

그레이트 쿨르와르의 바닥은 보이지 않았지만, 그레이트 쿨르와르와 옆쪽 쿨르와르를 분리시키는 버트레스가 완벽하게 보였다. 둘 다 바람을 피할 수 있는 곳이지만, 어제의 심한 눈보라로 여전히 많은 눈으로 도배되어 있었다. 버트레스를 보니 희망이 실망으로 변했다. 내가 지금까지 횡단했던 그 어떤 바위보다 훨씬 가팔랐고, 크랙들은 물론이고 비탈진 턱이란 턱은 모두 눈이 많이 쌓여 있었다. 이런 조건에서 등반을 할 수 있을까? 알프스에서라면 몰라도 8,500미터에서는 등반자가 힘을 한계치까지 쓸 수 없다. 그 옆쪽 쿨르와르는 어떨까? 버트레스를 횡단하는 것이 가능하더라도 이 좁게 갈라진 틈의 눈 상태는 어떨까? 아마 거의 불안정한 분설이어서 확실하게 발을 딛지 못할 것이고, 움직일 때마다 방해를 받을 것이다. 사실, 한쪽에 있는 바위들을 올라가면 그것을 피해갈 수 있을지는 모르겠지만, 바위들은 차례대로 거의 눈에 덮여 있었다.

나는 본능적으로 대안을 찾았다. 이처럼 길고 힘들고 무익한 횡단을 계속하지 않고, 세컨드스텝 위쪽의 한 지점으로 똑바로 등반해서 마지막 피라미드를 공격할 방법은 없는 것일까? 벽은 내 위쪽에 해벽같이 솟아 있었다. 곳곳이 오버행이고, 모든 홀드, 모든 주름진 곳과 크랙이 자신의 할당량만큼 눈을 갖고 있었다. 아마 1924년에 노턴이 도달한 지점일지도 모르는, 쿨르와르가 딸린 버트레스까지는 분명한 틈이 그 벽에 없었다. 이 쿨르와르가 옆쪽 쿨르와르에 이르는 실행 가능한 대안 루트가 될지는 모르겠지만, 어쨌든 곧바로 오를 수가 없었다. 단 하나의 희망이 있었다. 일단, 옆쪽 쿨르와르를 등반해서 바위 띠를 통과하면 기본적인 어려움은 끝난다고 생각할 충분한 근거가 있어 보였다. 그 뒤로 마지막 피라미드의 벽이 보였다. 어려워 보이지는 않았다. 피라미드 기슭은 작은 바위 부스러기로 된 비탈면이고, 더 높은 곳은 옅은 색의 큰 바윗덩어리들의 비탈면이었다. 그것을 오르는 데는 힘만 있으면 될 것이다. 물론 깜짝 놀랄 만한 문제를 숨기고 있을지도 모른다. 왜냐하면 에베레스트는 마지막까지 고집 센 상대로 남아 있을 것이기 때문이다. 그렇지만 일단 그 바위 띠 아래쪽에 서면, 어렵고 위험한 등반은 안전하고 쉬운 등반으로 변해서, 등반자가 정상까지 남은 180미터의 고도와 피로를 이길 수 있을 것이다.

그레이트 쿨르와르로 접근하자 옐로밴드의 경사가 점차 심해졌다. 대체로 턱들이 밴드와 수평을 이루고 있었지만 매번 계속 이어지지는 않아, 한두 번은 1~2미터를 되돌아가서 대체 루트를 찾아야 했다. 그래도 등반은 결코 어렵지 않았다. 등반은 비탈진 턱에서, 특히 턱에 느슨한 눈이 덮여 있을 때는 걸음마다 확실하게 주의하기만 하면 됐다.

이제 그레이트 쿨르와르의 바닥이 보였다. 눈으로 채워

진 바닥은 얕아서, 가파르게 내려가지 않아도 됐다. 바닥의 폭은 9~12미터 정도이고, 바위 띠 아래에서 끝났다. 100여 미터 아래쪽에는 크기를 알 수 없는 구간이 있었다. 그 아래에서 쿨르와르의 폭이 넓어지며 오버행 빙하로 바뀌고, 이어 내가 있는 위치에서 2,400미터 아래의 룽북 빙하로 가파르게 떨어진다.

무자비한 곳이었다. 저편에, 나와 옆쪽 쿨르와르를 갈라 놓는, 가파르고 눈 덮인 버트레스가 있었다. 위쪽은 나를 둘러싼 무자비한 바위 띠였다. 그리고 저 멀리 더 높은 곳에 사람을 지치게 만드는 마지막 피라미드가 여전히 냉담하게 창공에 솟아 있었다.

나는 턱 하나를 따라 그레이트 쿨르와르로 접근했는데, 그 턱은 작은 모퉁이를 돌아나가면서 가팔라졌다. 그 턱은 모퉁이까지는 폭이 넓어 편안해 보였지만, 그 후에는 10여 센티미터까지 좁아졌다. 모퉁이까지는 쉽겠지만, 모퉁이를 돌아서기 위해서는 산을 마주하고 게처럼 옆 걸음을 해야 했다. 위쪽의 바위는 난처하게 돌출해 있기는 했지만 고산 등반을 하면서 단 일 초라도 망설일 만한 곳은 아니었다. 모퉁이를 돌아서려면 딱 한 발짝이 필요했다. 그런데 이 한 발짝이 두려웠다. 균형이 결정적인 요소였다. 팔을 독수리같이 위로 벌리고 좋은 홀드를 찾았다. 홀드는 꼭 필요한 것이 아니라 그저 균형만 잡을 수 있을 정도면 충분했지만, 홀드 없이는 해낼 수 있을 것 같지 않았다. 홀드를 찾을 수가 없었다. 바위에 난 모든 주름은 당기는 쪽으로 기울어져 있었다. 잠시 동안 십자가에 매달린 것처럼 서 있었다. 심장이 고동쳤고, 폐는 산소를 갈망했다. 쿨르와르 속으로 거꾸로 떨어져서 끝없이 미끄러져 내려가면 이제까지의 노력이 허망하게 끝날 수도 있다는 생각이 언뜻 들었다.

1~2미터 물러나서 내가 바보 같다는 생각을 했다. 나는 횡단할 수 있다는 것을 알고 있었다. 십턴이 있었더라면 망설이지 않았을 것이다. 혼자인 것이 많은 변화를 가져왔다.

나는 다시 시도했다. 한 번 더 독수리가 날개를 펼친 자세를 했지만, 모퉁이를 돌아서 안전한 곳으로 갈 수 있는 한 발짝을 뗄 용기가 없었다.

유일한 대안은 6미터 아래쪽의 턱이었다. 6미터조차도 손해 보기가 너무 싫었지만 내려가는 수밖에 달리 방법이 없었다. 이 턱과 나를 분리시키고 있는 바위지대는 상당히 울퉁불퉁했고, 확실한 홀드는 없지만 주름과 기복이 있었다. 그리고 마찰이 좋았다. 바위를 등지고 앉아서 두 손바닥에 의지한 채 신중하게 턱에서 몸을 뺐다. 마찰은 기대보다 훨씬 좋았다. 손바닥의 추가적인 도움 없이 엉덩이만으로 자세를 유지했는데, 그것으로 충분했다. 아래쪽 턱에는 어려운 곳이 없었다. 턱은 넓고 믿을 수 있었다. 비탈져 있고 1센티미터 두께의 눈 둑을 떠받치고 있기는 했지만, 별 어려움 없이 쿨르와르의 눈 바닥으로 나를 데려다주었다.

해리스와 웨거스는 쿨르와르에서 1924년 노턴이 발견했던 것과 같은 느슨하고 마음에 내키지 않는 눈을 발견했었다. 그렇지만 그들이 위쪽의 턱을 횡단해서 나보다 더 높은 곳을 가로질러 갔는지는 의심스럽다. 내가 있는 높이에서 눈은 피켈로 한 번 쿡 찔러보기만 해도 상태를 알 수 있는데, 바람에 딱딱하게 굳어 있어서 다시 스텝커팅이 필요했다.

스텝을 하나 만들고 나서 숨을 쉬려고 멈췄다. 발아래 눈과 눈 아래 바위가 불안하게 움직였다. 스텝을 또 한 개 만들고 또 한 번 헐떡였다.

눈은 매우 딱딱했다. 이 지점에서 그레이트 쿨르와르의 경사는 50도가 넘었다. 나는 스텝 열두 개를 만들어 마침내 건너편에 도착했다.

이제 버트레스를 어떻게 횡단할까? 옆쪽 쿨르와르를 향해 수평으로 계속 나아가기 전에 버트레스를 15미터 정도 똑바로 올라가야 했다.

바위는 가팔랐고 바람이 건드리지 않은 눈이 쌓여 있었다. 바람이 쿨르와르 안의 눈을 딱딱하게 만들면서 어떻게 이쪽 바위지대는 그대로 내버려두었는지 모르겠다.

바위지대는 눈이 없으면 그레이트 쿨르와르 동쪽 바위지대 정도의 난이도밖에 되지 않아, 턱이 많고 경사가 상당히 심하기는 해도 특별히 완력을 쓸 필요 없이 몸의 균형을 유지하고 오르기만 하면 될 터였다. 확신컨대, 옆쪽 쿨르와르로 가는 데 극복할 수 없는 장애물이 있을 것 같지 않았다. 그렇지만 눈이 완경사의 턱에 많이 쌓인 데다 상태가 최악이었다. 더구나 밀가루같이 부드럽고 설탕가루같이 점착력이 없어서 발을 확실하게 디딜 수 없었다. 피켈로 눈을 찔러보니 게임이 끝났다는 것을 바로 알 수 있었다. 지금까지 등반은 어렵다기보다는 위험했는데, 이제는 어렵기도 하고 위험하기도 해서 에베레스트에서는 치명적인 조건이었다. 내가 할 수 있는 것은 날씨와 안전하게 돌아갈 힘이 남아 있는지 계속 신경을 쓰면서 갈 수 있는 만큼 가보는 것이었다.

어쨌든 날씨는 좋았다. 버트레스의 피난처와 옆쪽 쿨르와르 너머 벽에는 바람이 전혀 없었다. 태양은 강렬하게 빛났다. 너무 강렬해서 내 힘과 결의를 서서히 빼앗는 것 같았다. 나는 지하 감옥의 벽으로 둘러싸인 거대한 구멍에서 탈출하려 헛되이 발버둥치는 죄수였다. 어디를 보아도 적대적인 벽이 무력한 내 몸부림에 눈살을 찌푸리고 있었다. 위쪽의 벽은 벽 위에 벽이 층층이 놓여 있어서 거의 오버행을 이룬 것 같았고, 조용하고 무자비한 어떤 힘이 구체화된 듯한 모습을 하고 있었다. 마지막 피라미드는 보이지 않았다. 무자비한 바위지대를 가진 이런 형편없는 곳에서 벗어나 피라미드 위에 내가 있으면 얼마나 좋을까! 바위지대를 가로질러 마지막 피라미드에 이르려는 등반자는 육체적 피로뿐만 아니라 정신적 고통을 극복해야 한다. 나는 가슴 높이에서 두 손으로 내 앞의 눈을 퍼내기 시작했다. 비탈진 턱이 드러나는 데 몇 분이 걸리지 않았다. 턱 위로 몸을 일으켰다. 처음에는 한쪽 무릎, 그다음에 또 한쪽 무릎을 올려놓았다. 이렇게 힘을 쓰느라고 참을 수 없을 정도로 폐의 움직임이 가속되어 헉헉대는 동안, 나는 사제 앞에서 애원하는 자세로 가만히 있었다. 그리고 또 한 번 힘을 써서 일어섰다.

위쪽 바위지대의 좀 작은 턱으로 가려면 더 많은 눈을 치워야 했다. 그런데 다행히 무리하게 힘을 들여서 눈을 치울 필요 없는 한 수직 벽이 나왔다. 그러나 이런 요행은 에베레스트에서 그리 오래가지 않는다. 이어지는 턱에는 10센티미터의 눈이 쌓여 있었다. 턱은 기울어지며 가파른 눈 둑으로 변했고, 눈은 응집력이 전혀 없었다.

나는 곧 멈춰야 했다. 무리하게 힘을 쓰고 있는 심장과 폐가 쉬어야 하는 것과는 별개로, 장갑을 끼고 있기는 하지만 눈 속으로 손을 자꾸 집어넣어야 해서 손에 감각이 없었다. 이러다가 혹시 피켈을 놓치지는 않을까 걱정이 됐다.

눈을 치우는 일이 너무 느리고 힘들어서 촉감에만 의지하기 시작했다. 즉, 홀드가 보일 때까지 바위지대의 눈을 치우느니보다 눈 아래 있는 홀드를 발로 더듬어서 찾는 방법을 신뢰하게 됐다. 하지만 이런 방법의 위험을 충분히 알고 있어서, 가능할 때는 언제든 추가적인 지지력을 얻으려고 피켈의 피크를 크랙에 끼워 넣었다. 분명히 이런 대비책이 재앙으로부터 나를 보호해주고 있었다. 무릎까지 빠지는 부드러운 눈이 덮인 급경사의 바위지대가 있었는데, 더듬는 내 첫 발이 눈 밑에 있는 홀드를 찾아냈다. 그것은 꽤 확실했다. 그래서 피켈의 피크를 가느다란 크랙 속으로 15센티미터 정도 밀어 넣었다. 그리고 주의 깊게 그 홀드 위로 다른 발을 올리면서 모든 체중을 앞발로 옮겼다. 뒷발이 앞발과 만나려는 순간 갑자기 스탠스가 무너졌다. 한순간 두 발이 다 미끄러지면서 내 체중이 피켈에 실렸다. 다음 순간 발놀림을 회복해서 다른 스탠스를 찾아냈다. 너무 갑작스러운 일이어서 내 부실한 뇌가 공포를 느낄 겨를도 없었다. 나는 완전히 본능적으로 행동했는데, 이런 일이 발생했다는 사실을 알기도 전에 이 사건은 끝나버렸다. 이후로는 신기하게도 초연하고 냉담한 마음가짐으로 등반을 하게 되어서 거의 두려움조차 없었다. 나의 한 부분이 내 옆에 서서 계속 분투하고 있는 또 다른 나를 바라보고 있는 것 같았다. 계속되는 피로로 정신적 기능이 둔해진 것 같았지만, 근본적으로는 산소 부족이 그 원인이었다. 이것은 음주운전 하는 사람의 정신 상태와 비슷했다. 음주운전 하는 사람은 자신의 판단이 멀쩡하다고 믿으며, 평소보다 운전을 더 잘할 수 있다고 믿기까지 한다. 사실 통계를 봐도 그렇고 경찰과 법원의 뉴스를 통해서도 알 수 있듯이 이런 상태에서 사고가 날 확률이 매우 높다.

그레이트 쿨르와르를 가로지르기 직전 시계를 보니 10시였다. 이제 다시 보니 한 시간이 흘렀는데, 고작 15미터밖에 고도를 못 높였다. 마지막 피라미드 위의 쉬운 곳에 이르기 위해서는 여전히 눈이 깊게 쌓인 어려운 100여 미터의 높이가 남아 있었다. 아마 한두 시간은 등반할 수 있겠지만, 그렇게 되면 어떻게 될까? 완전히 지쳐버려 돌아갈 힘도 없게 될 것이다. 앉을 수는 없지만 설 수 있는 공간이라도 만들려고 가루 같은 눈을 퍼냈다.

나는 그레이트 쿨르와르와 그 옆쪽 쿨르와르를 나누는 버트레스 위에 있었다. 내 위쪽으로는 바위 띠가 여전히 횡으로 이어지고 있었다. 돌파해 왔던 옆쪽 쿨르와르와 이미 말한 이 쿨르와르 동쪽 몇 미터 떨어진 곳을 제외하고, 바위 띠는 난공불락처럼 보였다. 이 바위 띠는 에베레스트의 가장 훌륭한 요새인데, 이 산의 북벽을 가로질러 끝까지 펼쳐져 있다. 바위 띠를 구성하고 있는, 가느다란 홈을 가진 석회암 바위는 곳곳이 오버행이고, 그레이트 쿨르와르 위쪽 지역은 노스 웨일스의 유명한 리웨드Lliwedd 중앙 걸리Central Gully 구간을 연상시켰다.

피로와 고도로 인해 판단이 왜곡될 수도 있었다. 정말로 그랬는지는 모르겠지만, 두 가지는 확실한 것 같다. 첫째, 노턴의 루트는 실행 가능하고, '타일' ― 노턴은 바위지대를 이렇게 불렀는데 ― 에 눈이 없으면 큰 어려움 없이 횡단해서 옆쪽 쿨르와르에 이를 수 있을 것이며, 그곳을 올라 마지막 피라미드의 벽에 도달할 수 있을 것이다. 둘째, 눈이 바위지대를 덮고 있으면 이 루트는 가능하지 않다. 그렇지만 가장 좋은 조건에서도 이 부분을 등반하려면 등반자가 온힘을 다 쏟아 부어야 하는 것은 확실하다. 고도 때문에 생기는 무기력과 육체적·정신적 피로뿐만 아니라 바위지대에서 가차 없는 위험에의 노출, 몇 시간 동안 계속해서 등산화에 박힌 징의 마찰력에 의지해야 하는 것 등, 이런 어려움을 성공적으로 극복해내기 위해서는 결국 등반자에게 힘과 기술 이상의 그 어떤 것이 필요하다. 정상이 바위 띠 위쪽으로 보였다. 정상은 겨우 300미터 위쪽에 있었지만, 이제 동작 하나하나가 너무 피곤했기 때문에 정상까지는 무한히 긴 시간이 걸릴 것 같았다. 요새 위에 또 요새, 바위지대 위에 또 바위지대. 이처럼 바위들은 엄청나게 층을 이루고 있었다. 그리고 그것들의 연노랑 가장자리가 짙푸른 하늘을 배경으로 유령 같은 모습을 하고 있었다. 마루에는 끝없이 계속되는 화산의 증기처럼 설연이 조용히 흘러가고 있지만, 내가 서 있는 곳에는 바람 한 점 없이 태양이 강렬하게 골짜기에 내리비치고 있었다. 그럼에도 찬 공기에는 따뜻함이 없었다. 구름이 꼈지만, 구름은 100미터 아래쪽에 있었다. 구름 사이로 롱북 빙하가 보였다. 빙하 가장 위쪽은 순결한 흰색이고, 그 아래쪽의 세락이 많은 곳은 울퉁불퉁하며, 더 아래쪽은 거대한 모레인이 뒤죽박죽 얽혀 있는데, 마치 이 세상의 모든 인부가 미쳐버려서 아무 이유 없이 흙을 파낸 듯했다. 그 너머 북쪽으로 롱북 계곡이 티베트의 황색 낮은 산들을 향해 펼쳐져 있고, 눈부시게 맑은 대기를 통해 롱북 사원과 작은 건물들이 옹기종기 모여 있는 모습이 세세한 부분까지 명확하게 보였다. 이것을 빼고 다른 것들은 기억나지 않는다. 내 위치는 너무 높고 바라보이는 광경은 너무 광대해서, 내 머리로 일일이 기억하기에는 너무 무리였다. 이 높이에 도전하는 것은 아무것도 없었다. 땅은 너무 아래에 있어서 다시 그곳에 도달하지 못할 것 같았다. 이런 광경을 이해하려면 인간의 두뇌는 반드시 영감을 받아야 하지만, 내 뇌는 힘을 쓰느라 지친 육체에 얽매여 있고 산소 부족으로 중요한 두뇌 작용의 속도가 느렸다. 이런 광경에 대한 표현으로 소머벨의 말이 가장 간단하고 훌륭하다. "신 마음대로였다."

어떤 다른 것보다 본능적으로 주머니에서 카메라를 꺼냈다. 하지만 내가 찍은 사진은 안타깝게도 나오지 않았다.

나는 패배의 비참함을 자세히 말하지 않겠다. 그렇지만 에베레스트에서 패배한 사람은 한 가지에는 의견이 일치한다. 더 이상 올라갈 필요가 없다는 안도감이 다른 모든 생각을 압도한다는 것이다. 에베레스트에서 마지막 300미터는 피와 살이 있는 단순한 인간을 위한 곳이 아니다. 인공적 도구의 도움 없이 정상에 도달하려는 사람은 누구든 자기 자신의 약점과 엄청난 주위 환경을 극복하고 신처럼 올라가야 한다. 내 안에 존재하는 동시에 내 바깥에 존재하는 어떤 힘으로 치

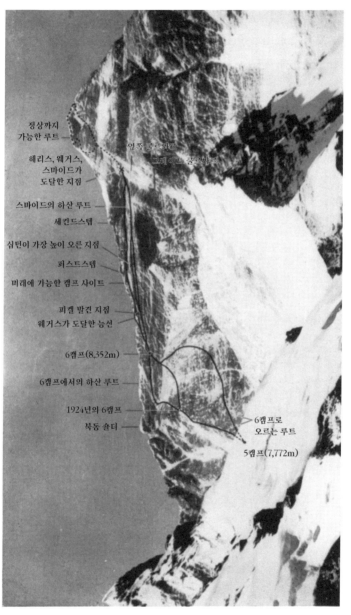

정상까지
가능한 루트

헤리스, 웨거스,
스마이드가
도달한 지점

스마이드의 하산 루트

세컨드스텝

심턴이 가장 높이 오른 지점

퍼스트스텝

미래에 가능한 캠프 사이트

피켈 발견 지점
웨거스가 도달한 능선

6캠프(8,352m)

6캠프에서의 하산 루트

1924년의 6캠프

북동 숄더

옆쪽 쿨르와르
그레이트 쿨르와르

6캠프로
오르는 루트

5캠프(7,772m)

1933년 원정대 등반 루트

공격

373

명적인 피로를 극복해낸 후에야 성공을 이끌어낼 수 있을 것이다.

비록 에베레스트는 높고 어려운 곳이기는 하지만 하산은 보통의 고산에서 하는 정도로 쉽다. 나는 몇 분 안 있어 그레이트 쿨르와르에 다시 도착했다. 그곳을 다시 횡단하며 사진을 찍으려고 넓고 편안한 턱에 멈췄다. 신기하게도 필름이 현상될 때까지 이 사진도, 가장 높은 지점에서 찍었던 다른 사진도 기억나지 않았다. 당시 내 행동은 생각을 해서 한 것이 아니라 무의식적이었다. 왜냐하면 원정을 시작하기 전에 기회 있을 때마다 사진을 찍어야 한다고 여러 번 다짐했기 때문이다. 몸과 마음이 자신도 모르는 사이에 무기력해지는 엄청난 고도에서 이런 행동은 등반자가 앞으로 나아가려면 의식보다는 무의식의 힘을 빌려야 한다는 내 오랜 이론이 사실임을 증명해주었다. 그러므로 에베레스트 정상에 도달하려는 의지는 그곳에 도달하려는 이전의 결심이 튼튼하게 받쳐주어야 한다. 그런 까닭에 결국 영국이 에베레스트를 초등할 것이라고 말해도 과언은 아니다.

사진을 찍고 나서 무엇인가 먹어야겠다는 생각이 들었다. 조금도 배가 고프지는 않았다. 입은 바짝 마르고 혀는 가죽처럼 굳어서 정말이지 음식은 지긋지긋하게 싫었다. 그렇지만 먹지 않을 수 없어서 주머니에서 박하 과자 한 개를 꺼냈다.

이제 나는 『에베레스트 1933』에서 기술한 신기한 사건에 대해 언급해야겠다.

십턴과 헤어진 후 누군가가 함께 가고 있다는 이상한 느낌이 들었다. 내가 옆에 서서 내 자신을 바라보고 있는 것 같은 초연한 느낌에 관해서는 이미 말했다. 전에 한번 돌로미테에서 추락하는 동안 똑같은 경험을 했었다. 이런 느낌은 긴 추락을 경험한 클라이머에게는 특별한 경험이 아니다. 내가 누군가와 함께 가고 있다는 느낌은 아마 이런 것과 관계가 있을 것이고, 또한 산소 부족과 엄청난 고도에서 혼자 등반하고 있다는 정신적·육체적 스트레스와도 관계가 있을 것이다. 나는 이것을 자세히 설명할 수 없다. 다만 어렴풋이 암시하는 정도만 하겠다.

그 '존재'는 뚜렷하고 우호적이었다. 그와 함께 있을 때 나는 외롭지 않았고, 어떤 해로움도 없었다. 눈 덮인 바위지대를 고독하게 오를 때 그는 항상 나를 지탱해주려고 옆에 있었다. 내가 멈춰 주머니에서 박하 과자를 꺼냈을 때 그는 아주 가까이 있었고, 너무 진짜 같아서 나는 본능적으로 과자를 둘로 나누어 한 손에 과자를 들고 돌아서서 내 '동료'에게 건넀다.

쿨르와르를 다시 횡단할 때 아래쪽 루트로 옐로밴드를
횡단하면 분명히 좀 더 쉽게 돌아갈 수 있겠다는 생각이 들었
다. 퍼스트스텝 서쪽의 밴드 모습은 약간 오목했다. 이런 바
위지대에서 1~2도 정도의 각도는 큰 변화를 가져온다. 밴드
의 서쪽 끝은 잘라낸 듯 가파른 거대한 아래쪽 절벽에서 끝나
고, 그 절벽에서는 롱북 빙하가 바로 보인다. 돌아갈 루트는
몇 미터 위쪽에 있는데 이 절벽의 가장자리와 평행했다. 어려
움은 전혀 없었다. 주의만 하면 됐다. 밴드 위쪽 구간과는 다
른, 부드럽고 불안정한 눈 구간을 가로지를 때는 더욱 그랬
다.

나는 얼마 전 십턴과 헤어졌던 그 지점을 지나 내가 있다
는 것을 알았다. 위쪽을 올려다봐도 그의 흔적은 보이지 않았
다. 이제 최소한 30미터를 올라 등반 루트로 나아갈지, 아니
면 캠프까지 똑바로 횡단할지 결정해야 했다. 이 단계에서 다
시 올라가는 것은 너무 싫었다. 많이 지쳤고, 다리가 무거웠
다. 내 다리는 충분히 쉽게 내려가거나 수평 횡단을 할 수는
있겠지만, 힘을 들이지 않고 위쪽으로 몸을 끌어올릴 수 있을
지는 의문스러웠다. 내가 단호하게 거부해야 하는 유혹은 노
턴과 소머벨의 루트를 택해, 아래쪽으로 비스듬히 옐로밴드

를 가로지르는 것이다. 만일 그렇게 하면, 연속된 경사진 턱을 가로질러 6캠프까지 길고 피곤한 횡단을 할 필요 없이 훨씬 쉽게 내려가서, 한두 시간 안에 5캠프에 도착 후 편안한 극지용 텐트가 있는 4캠프까지 계속 내려갈 수 있을지도 모른다. 그렇지만 불행히도 십턴이 6캠프에서 나를 기다리고 있을 것이고, 만일 내가 나타나지 않으면 그는 사고가 났을 것이라고 자연스럽게 생각할 것이다.

처음에는 올라가는 것이 아주 간단했지만 곧 어려워졌다. 6캠프에서 퍼스트스텝 발치로 우리를 이끌었던 쉬운 바위지대가 아니라, 오르기 어려운 작은 벽이 가로막고 있는 연속된 경사진 좁은 턱 위에 내가 있었다. 이 턱은 계속 이어지지 않고 가늘어져서 나는 또 다른 턱으로 내려가지 않을 수 없었다. 그래도 6캠프 높이 아래로 내려가지 않을 정도로 내려갈 여유는 여전히 있었다.

이 루트는 해리스와 웨거스가 피켈을 발견한 장소 몇 미터 아래에서 밴드를 가로지르고 있었지만, 맬러리와 어빈의 흔적은 더 이상 보이지 않았다. 나는 밴드 아래쪽의 눈과 바위 부스러기, 부서진 바위로 된 완경사의 넓은 지역을 얼핏 내려다보면서, 만일 그 피켈이 정말로 그들이 미끄러진 지점을 나타낸다면, 그들의 시체가 아마 이 넓은 지역 어딘가에 있지 않을까 하고 생각했던 기억이 난다.

어떤 턱은 다른 턱보다 넓어서 가끔 멈추어 쉬었다. 이렇게 쉬는 동안 어떤 특이한 현상을 보고 깜짝 놀랐다.

바로 내 앞에 있는 북동 숄더 위쪽을 우연히 봤는데, 하늘에 두 개의 검은 물체가 있었다. 그것은 유선형 기구氣球와 모양이 비슷한 비행물체로 보였다. '비행물체가 에베레스트 근처에서 도대체 무얼 하는 걸까?'라는 것이 내 첫 반응이었다. 그것은 산소 부족으로 내 정신 기능이 망가졌다는 분명한 증거였다. 그러나 잠시 후 이것이 터무니없는 생각임을 깨달았다. 동시에 매우 당황스러웠다. 그 물체는 검은색으로, 하늘을 배경으로 뚜렷한 윤곽이 보였다. 비행물체가 아니라면 멀리 있는 구름의 모습일지도 모르겠지만, 이 지점에서의 기억은 분명치 않다. 모양은 둥글납작했으며 그중 하나는 짧고 두꺼운 덜 자란 날개 같은 것을 갖고 있고, 다른 하나는 주전자의 주둥이 같은 돌기를 갖고 있었다. 가장 기묘한 것은 마치 끔찍한 삶을 견디고 있는 듯 분명히 안팎으로 진동하는 것이었다. 흥미 있는 점은 그 진동이 내 심장의 박동보다 훨씬 느렸다. 나는 이를 확신하고 있다. 내가 지금 이것을 말하는 이유는 당시에는 착시로 인해 외견상의 떨림이 내 맥박 수와 같아 보였다는 생각이 나중에 들었기 때문이다.

비행물체에 대한 첫 반응 후 내 뇌는 정상적으로 작동하는 것 같았다. 나는 매우 흥분해서 그것을 내 상상이 지어낸 허상이라 여기고 일부러 일련의 정신 테스트를 해보았다. 우선 눈을 돌려보았다. 그 비행물체는 내 시선을 따라 움직이지 않았다. 내 시선이 북동 숄더로 되돌아오자 그것들이 그곳에 여전히 떠돌고 있었다. 나는 다시 시선을 돌려 더 정확한 테스트를 하려고 봉우리와 계곡, 빙하의 이름을 하나하나 확인했다. 초오유, 갸충캉, 푸모리, 롱북 빙하의 이름을 확인하는 데 어려움이 없었다. 그러나 다시 되돌아보니 그것들은 정확히 똑같은 자리에 있었다.

더 이상의 테스트로 얻을 것이 없었다. 나는 끝없이 계속되는 바위지대에 싫증이 나서 6캠프로 계속 내려가기로 했다. 갑자기 낀 안개가 북동 숄더를 가로질러 흐르기 시작했을 때 나는 막 출발하고 있었고, 그 비행물체는 서서히 구름 뒤로 사라지고 있었다. 곧 그것들은 희미한 그림자로 보이다가 안개가 짙어지자 완전히 사라졌다. 그런데 그 안개는 고작 몇 초 만에 사라져버렸다. 나는 그 비행물체를 다시 볼 수 있기를 기대했지만 더 이상은 없었다. 그것들은 나타날 때만큼이나 신기하게 사라졌다.

그것은 착시현상이었을까? 아니면 신기루였을까? 내가

있는 곳이 약 8,410미터이고, 그 비행물체는 1924년의 6캠프 자리와 북동 숄더 마루 사이 중간쯤 어느 곳에 있었다는 것을 말하면 혹 흥미로울지도 모르겠다. 이런 정황으로 판단해보면 그것들은 약 8,290미터에 있었다. 그것들과 나를 연결하는 선은 하늘을 배경으로 해서 끝나지 않고, 아마 구름과 산들을 배경으로 끝날 것이다. 그러므로 상상이 구름이나 산, 혹은 그림자의 어떤 신기한 효과를 과장했을 것이다. 그러나 그것이 무엇이었든 이상하고 불가사의한 경험이었다.

처음의 옅은 안개는 또 다른 안개의 징조였다. 안개가 빨리 모여들면서 산비탈의 익숙한 길잡이가 될 표식들을 숨겨버렸다. 안개가 낀 망망한 바위지대에서 6캠프를 찾는 일은 쉽지 않을 것 같았다. 그래서 걱정이 되기 시작했다. 게다가 텐트가 보이지 않았다. 그러나 다행히 북동릉 위에 탑의 형상을 한 두 개의 바위가 가끔 보였다. 나는 그 탑 같은 두 개의 바위가 6캠프 바로 위쪽에 있다는 것을 알고 있었다.

곳곳에서 미끄러운 규암 띠가 사암 바위지대를 수평으로 나누고 있었다. 규암 띠가 얼마나 미끄러운지, 가파르고 작은 바위인 비탈진 규암 턱에 몸을 내려놓을 때는 거의 기겁할 정도였다. 그것은 사암 턱보다 훨씬 더 미끄러워, 감히 그 위에 등산화의 징을 올려놓을 엄두조차 나지 않았다. 사암 턱을 올라가는 외에 달리 대안이 없었다. 비록 6미터도 되지 않았지만, 이 오름 짓이 내가 얼마나 지쳤는지 깨닫게 해주었다.

곧 두 개의 바위 탑이 거의 내 바로 위에 있었다. 나는 멈춰 선 후 기대에 차서 캠프를 찾았다. 캠프는 보이지 않았다. 내가 캠프 위쪽에 있는 것일까? 아니면 아래쪽에 있는 것일까? 내 루트 파인딩에 무슨 문제가 있는 것은 아닐까? 주변은 온통 거대하고 비탈진 바위지대의 미로였다. 때때로 한 뭉치의 쌀쌀맞은 안개가 공간에서 흘러나와 산비탈을 지나 북동릉 쪽으로 유령같이 올라갔다. 북동릉 쪽에서 안개는 갈가리 흩어지며, 남동 절벽에서 발생해 위로 그리고 밖으로 소용돌이치는, 끝없이 움직이는 수증기와 결합하려 내달렸다.

몇 개의 절벽이 더 있었다. 바위들은 이제 익숙했다. 갑자기 얕고 완경사인, 눈으로 채워진 걸리가 나왔다. 그 눈 속에 발자국이 있었다. 이 걸리는 캠프 바로 위쪽에 있었다. 다음 순간 모퉁이에 설치된 작은 텐트가 보였다. 앞서 이것을 못 본 것은 이상한 일이 아니었다. 정말 다행이었다. 나는 기뻐서 쉰 목소리로 소리치며 급히 텐트 속으로 기어들어갔다.

십턴이 거기에 있었다. 실패했다고 말할 필요도 없었다. 그는 이런 상황을 평가할 수 있을 정도로 모든 것을 충분히 잘 알고 있었다. 그는 큰 어려움 없이 내려왔고, 위胃의 상태는 훨씬 좋아져 있었다. 건조한 공기로 입과 목이 말라서 우리는 속삭였다. 뜨거운 음료를 마시는 일이 급선무였다. 고소의 격심하기 짝이 없는 건조한 환경이 단순한 갈증이라는 감각 너머로 내 몸을 데려갔기 때문에 나는 얼마나 목이 타는지조차 알 수 없었다. 따뜻한 음료가 있었다. 그리고 그 음료 속에 생명이 있었다.

우리는 앞으로의 계획을 논의했다. 우리는 실패했다. 다만 한 가지 바라는 것이 있다면 편안함이었지만, 6캠프에는 편안함이 없었다. 푹 쉬었던 십턴은 5캠프로 내려갈 수 있을 정도로 체력이 다시 회복됐다. 그러나 나는 몹시 피곤했다. 그레이트 쿨르와르 너머로의 등반이 여러 시간의 보통 등반을 한 것 이상으로 내게서 힘을 빼앗아갔다. 그래서 십턴은 내려가고, 나는 6캠프에 남아 있다가 다음 날 내려가기로 했다. 이것은 좋은 합의가 아니었다. 에베레스트에서는 함께 있어야 한다. 그러나 이 작은 텐트에서 꽉 끼인 채 또 하룻밤을 보내는 것은 참을 수 없었다.

한 시간 후인 오후 1시 30분쯤 십턴이 출발했다. 날씨는 빠르게 악화되고 있었다. 안개가 우리 위쪽과 아래쪽에 형성됐고, 바람이 일어서 벽에서 분설을 들어올리기 시작했다. 나는 잠시 동안, 잭 롱랜드가 내려간 루트를 따라서 점점 기울어져 있는 처마를 횡단하는 십턴을 지켜보았다. 모퉁이 뒤로 그가 사라지자 나는 필요한 휴식을 위해 침낭 속에 누웠다.

한 시간 동안 반 혼수상태였다. 나는 잠을 잘 수 있을지 확신할 수 없었다. 그때 갑자기 텐트가 강풍에 심하게 펄럭였다. 휴식으로 피로에서 많이 회복되자, 두뇌는 피곤한 육체를 이기고 제 역할을 하기 시작했다. 텐트 자락을 열고 밖을 내다봤다. 심한 눈보라가 몰아치고 있었다. 눈을 실은 돌풍이 소용돌이치는, 몇 미터 앞의 바위지대를 제외하고 보이는 것이 없었다. 바람은 빠르게 강해졌다. 버팀줄에 묶인 텐트가 들썩거리며 긴장하는 것을 느낄 수 있었다. 엄청나게 팽팽해진 텐트 천이 쿵쿵거리는 속에서, 일제사격을 가하는 듯 눈이 텐트에 휘몰아치는 소리가 났다.

십턴은? 걱정스러웠다. 그는 끔찍한 하산을 하고 있을 것이다. 그래도 등반사고와는 어울리지 않는 사람이어서 아마 안전하게 하산할 수 있을 것이다. 차분하고 초연한 그의 자신감은 그 자체가 안전의 보증수표다. 그렇지만 걱정을, 헛되지만 마음을 스쳐가는 꼬리에 꼬리를 무는 근심스러운 장면들을 떨쳐버릴 수 없었다. 눈과 바람. 무자비하게 두들겨 패는 듯한, 눈이 섞인 바람. 죽음같이 차가운 바람. 외롭게 애를 쓰는, 얼음으로 덮인 한 인간….

해질 무렵 바람이 눈에 띄게 잦아들었다. 바람에 날아가서 에베레스트에는 구름이 없었다. 다시 밖을 내다봤다. 사방에 퍼진 구름 지붕이 모든 봉우리들을 가렸다. 구름이 있는 곳에는 격렬한 바람이 일었고, 밑에서 격하게 추진시킨 것처럼 한 덩어리의 구름이 위로 솟구치더니 차차 허공으로 흩어졌다. 위쪽 하늘은 청록색이었다. 나는 결코 이보다 더 차가운 색을 본 기억이 없다. 지는 해에는 따뜻함이 전혀 없었다. 가끔 엄청난 회오리바람에 눈이 흩날렸다. 티베트 사람들이 지옥을 추운 곳이라고 믿는 것은 조금도 이상하지 않다. 바로 그 지옥의 불꽃이 차마룽Chamalung의 바위지대를 핥고 있었다.

남은 연료가 거의 없었다. 그나마 반은 저녁을 하는 데 사용했다. 저녁을 먹으니 6시였다. 나는 편안히 있을 수 있어서 기뻤다. 이제는 나를 따뜻하게 해줄 침낭이 두 개나 되고, 바닥에 깔 것이 많아서 내 밑의 뾰족한 돌에 신경을 쓰지 않고 편안히 있을 수 있었다. 어떤 인간보다 더 높은 곳에서 밤을 보내고 있지만 실감나지 않았다. 나는 따뜻함과 편안함만을 바라는 온전한 동물이었다. 조금도 외롭지 않았다. 이런 면에서 8,350미터의 텐트에서 혼자 밤을 보내는 것은 지상의 호텔에서 혼자 밤을 보내는 것이나 마찬가지로 자연스러웠다.

CHAPTER 15

다음 날 아침까지는 더 이상 아무런 기억이 나지 않는다. 무거운 무엇이 나를 누르는 것 같은 느낌이 들어서 잠을 깼다. 내 몸의 아랫부분은 이미 눈으로 덮여 있었다. 바람에 날려 들어온 눈 더미가 텐트 용마루까지 쌓여 있는 것을 보니 놀라지 않을 수 없었다. 어떻게 된 일일까? 그때 작은 구멍이 생각났는데, 십턴과 내가 음식을 만들다가 우연히 태운 것이었다. 직경이 3센티미터밖에 되지 않았지만, 모래시계의 모래같이 그곳으로 밤새 쉴 없이 분설이 쏟아져 들어와 텐트의 1/4을 채웠다. 분명히 보통 정도의 심한 눈보라 그 이상이었다.[63]

시계를 보니 아침 7시였다. 전체 원정기간 중 처음인지는 모르겠지만, 베이스캠프를 떠난 이래 처음으로 열두 시간을 잤다. 나는 훌륭하게 몸이 회복되어, 움직이지만 않으면 평지에 있는 것이나 마찬가지였다. 심장은 느리고도 지속적으로 그리고 율동적으로 뛰었고, 뇌는 4캠프를 떠날 때보다 활동적이었다. 아마 4캠프로 내려가기 전에 세컨드스텝의 그 어려운 곳을 마지막으로 한 번 더 도전해볼 수도 있을 것 같았다. 이런 생각이 들자, 일어나 앉아 힘껏 눈을 치우기 시작했다. 곧 익숙한 헐떡거림이 뒤따라 일어났고, 동시에 엄청나

---

63 그날 밤은 5캠프와 4캠프의 날씨도 매우 좋지 않았다. (원주)

게 춥다는 것을 알았다. 내가 기억하기에 원정기간 중 가장 추웠다. 손의 감각이 금방 없어져, 침낭 속 허벅지 사이에 손을 집어넣었다.

태양은 아직 텐트에 비치지 않았다. 아마도 지금쯤 구름 속에 있겠지만, 해가 뜨기 전에 무슨 일을 해보려는 생각은 쓸데없는 짓이다. 몇 분 후 태양이 텐트에 비쳤다. 나는 장갑을 끼고 눈 속에서 연료와 식량을 샅샅이 뒤졌다. 그리고 마지막 남은 고형 메틸알코올 한 통을 찾아 얼마간의 시간이 지나서 카페오레 한 컵을 준비할 수 있었다. 음식은 보기도 싫었지만 억지로 조금 집어넣었다. 그리고 밖을 내다보았다. 대충 한 번 보아도 충분했다. 설사 정찰을 해볼 힘이나 마음이 남아 있더라도, 연료 부족은 말할 것도 없고 날씨가 곧바로 하산하지 않을 수 없게 만들었다. 하늘 높이 회색 구름이 서쪽에서 빠져나와 있었다. 머리 위에는 형체 없는 어둠이 모여들고 있었으며, 어둠 속에서 급격히 힘을 잃어가는 태양이 어둠을 이기려 투쟁하고 있었다. 반면에 새로 내린 눈은 생명이 없는 탁한 빛이었다. 심한 눈보라가 또 한 번 불고 있었다.

얼마 남지 않은 재산을 한곳에 모아놓고 밖으로 기어 나와 텐트 자락을 묶었다. 그리고 설사면을 가로지르며 북동 숄더 방향의 사면을 따라 서서히 움직이기 시작했다. 한 번 돌

CHAPTER 15

아보니 그 작은 텐트가 보였다. 황량한 바위 사이에 설치된 텐트는 마치 내가 친구를 버리고 가는 것 같이 이상하게 슬퍼 보였다. 텐트는 우리를 잘 섬겨주었다.

공기는 차가웠다. 그리고 1,000여 미터 아래의 몬순 구름은 거의 움직임이 없었다. 내려가는 것이 쉽지 않았기 때문에 이런 상황은 다행이었다. 밤에 바람이 너무 세서 많은 눈이 쌓이지 않았고, 바위지대의 바위 부스러기를 굳게 결합시켜 주었다. 부스러기가 없는 바위지대는 얼음으로 덮여 있었다. 내가 노스콜 위쪽에서, 산악인들에게 베르글라스verglas로 알려진 이 마음에 내키지 않는 살얼음을 본 것은 이번이 처음이다. 전날의 태양이 바위를 데워서 처음의 눈이 녹은 후 다시 얼었거나 바람의 압력 때문일지도 모른다.[64]

북동 숄더 근처는 처마가 좁아지면서 부드러운 분설이

---

[64] 후에 이것에 대해서 생각해보니 몬순의 흐름으로 공기 중에 습기가 증가해서 이런 현상이 발생했을지도 모른다는 생각이 들었다. 그 반면 녹고 어는 것은 에베레스트 북벽에서는 발생할 수 없다. 그렇지 않으면 훨씬 많은 눈이 북벽에 붙어 있어야 한다. 공기가 극단적으로 건조하다는 것은 해리스와 웨거스가 발견한 피켈이 전혀 녹슬지 않았다는 사실로 입증된다. 그러므로 아마도 바람의 압력만이 이런 현상의 원인일 것이다. 노턴이 횡단한 루트의 얼음처럼 딱딱한 눈은 바람에 의해서만 형성될 수 있고, 이런 눈이 몬순기간 동안 공기가 평소보다 더 습할 때 바위에 얼음 광택을 만든다. 높은 고도이긴 하지만 몬순의 흐름 때문에 공기의 습도가 많이 증가한 것이 틀림없다. 습한 상황에서는 바람만이 바위 표면을 얼음으로 두껍게 덮을 수 있다. 에베레스트 북벽에 눈이 없는 이유는 바람뿐만 아니라 증발이 그 원인이다. 형성된 얼음 광택은 곧 증발한다. 등반자가 몬순의 공기 흐름이 오기 전에 노스콜 위쪽 바위에서 얼음을 발견할 수 있을지는 의심스럽다. 이번의 경우에는 몬순의 공기 흐름이 분명하게 이 산에 도착했다. {원주}

덮인 비탈로 바뀌었다. 이곳은 그다지 가파르지 않다는 것을 제외하고는 그레이트 쿨르와르 위쪽 지역과 똑같았다. 가능한 한 빨리 내려가고 싶었지만, 내 첫 생각은 이 비탈을 대각선으로 내려가면 옐로밴드 아래쪽의 바위 부스러기 지역으로 연결되는 몇몇 바위가 나오리란 것이었다. 이곳의 눈은 바람의 영향을 거의 받지 않아서 6~9센티미터 두께로 쌓여 있을 것이다. 따라서 그레이트 쿨르와르 너머의 눈처럼 너무 느슨해 미끄러지면 나를 제동시킬 수 없고, 또한 많은 눈이 어느 순간 바위지대로 쏟아져 내리면 나를 잡아채 갈 것 같은 불쾌한 느낌이었다.

천천히 그리고 조심조심 내려가서 바위 옆의 얕은 침니에 도착했다. 이제 길은 분명했고 비교적 쉬웠다. 잠시 쉬려고 멈추었다. 그렇게 하고 있을 때 북서쪽에서 기묘하게 생긴 보송보송한 것이 보였다. 그것이 마지막 피라미드를 급히 가리면서 바위지대를 따라 전진해 왔다. 그것이 무엇인지 깨달을 시간도 없이 돌풍이 홀드에서 나를 잡아떼어 날려버리려 했다. 그리고 또 다른 돌풍이 연거푸 일었고, 움직여볼 시간도 없이 태풍이 몰아쳤다.

이런 상황은 우스울 정도로 갑자기 닥쳤다. 나는 조용한 대기 속에서 천천히 합리적으로 편안한 등반을 하다가, 일순

CHAPTER 15

388

간 생명을 걸고 바위를 등반해야 하는 위급한 처지로 몰리고 말았다. 게다가 바람의 거대한 파도가 산에서 나를 쓸어가려 애를 썼다. 다행히 옐로밴드 발치 15미터 아래에 안전한 곳이 있어서, 어쨌든 가까스로 바위를 내려가 그곳에 이르렀다. 그러나 완경사의 비탈면을 걸을 때의 편안한 느낌은 태풍으로 인해 상쇄되어 버렸다. 비록 머리에 두 개의 모자를 썼고 모든 옷을 입기는 했지만 몰아치는 눈에 대항할 수는 없었다. 안경은 무용지물이었다. 앞을 볼 수 없었다. 바람이 너무 사나워 손과 무릎으로 기어가야 할 때도 있었고, 그럴 때조차 여러 번 균형을 잃고 휩쓸려서 피켈을 사용하고 나서야 가까스로 멈출 수 있었다.

에베레스트의 깊은 원한과 무자비함이 힘을 합쳐서 압도적인 공격을 가했다. 추위는 바람의 세기에 비례했다. 지금까지 경험한 중에 손발을 마비시키는 가장 심한 추위였다. 단순히 손발을 마비시키는 것으로 그치지 않았다. 가차 없이 온몸을 엄습했다.

1924년의 6캠프 위쪽에서 노란 절벽 발치를 지나 본능적으로 북릉 꼭대기를 향해 오른쪽으로 움직였던 희미한 기억이 떠올랐다. 내가 있는 이곳은 바람을 막아줄 것이 아무것도 없었다. 최악의 상황이었다. 한 번에 몇 분을 계속 나아갈 수가 없었다. 전에는 결코 몰랐던 죽음 같은 어떤 것이 하반신으로 기어오르는 것을 느낄 수 있었다. 그리고 그것이 심장에 도달하면 죽음을 맞을지도 모른다고 어렴풋이 생각했던 것을 지금도 기억하고 있다. 다리 또한 너무 굳어버려서 내 것이 아닌 것 같았다. 싸움은 더 이상 계속될 수 없었다.

그런데 갑자기 내가 북릉 마루에, 그리고 낯익은 어떤 장소에 있다는 것을 깨달았다. 몇 미터 아래에 십턴과 내가 6캠프로 오를 때 쉬었던 턱이 있었다. 바람을 피할 수 있는 유일한 곳이었다. 천천히 뻣뻣하게 반쯤 내려가서, 이어 미끄럼을 타고 그곳에 도착했다. 그곳에는 바람이 없었다. 바람에 휩쓸린 눈구름을 뚫고 태양이 희미하게 빛나는 것을 나는 실제로 느낄 수 있었다.

잠시 동안 몸이 너무 마비되고 지쳐서 움직일 수 없어 그대로 앉아 있었다. 그리고 감각 없는 손과 발을 서로 부딪쳤다. 서서히 죽음의 그림자가 내 몸을 떠났다. 아무리 부딪쳐도 소용없는 손가락 끝과 발을 제외하고 어렵게 혈액 순환이 좋아졌다.

턱은 놀랄 정도로 따뜻했지만 내 위쪽 능선자락에서는 바람이 광폭하게 몰아쳐서 가끔 청천벽력 같은 소리가 났고, 바람에 휩쓸린 눈구름이 머리 위에서 회오리쳤다.

CHAPTER 15

삼십 분 후 폭풍의 첫 분노가 누그러졌다. 나는 나머지 하산을 준비했다. 더 오래 쉬어야 했지만, 태양이 사라지면서 따뜻함도 함께 사라졌다.

능선 위로 다시 올라가 바람을 견뎌내야 했다. 능선을 따라갈 수는 없었다. 그래서 1924년의 6캠프 자취를 지나쳐 그 아래의 바람이 그다지 강하지 않은 서편으로 방향을 유지했다. 그렇게 했는데도 바람에 날아가지 않으려 자주 바위를 꼭 껴안아야 했다. 진행은 매우 느렸다. 특히 그곳은 그 캠프 위쪽보다 더 가팔랐다. 바람은 내려가면서 자연스럽게 많이 약해졌다. 대략 7,900미터에서는 보통의 강풍 이상이 아니었다. 시야도 상당히 개선되어 지난번처럼 5캠프를 놓칠 위험도 없었다.

전진은 더 빨라야 했지만 오히려 느렸다. 매우 피곤해서 벽과 바위지대가 나올 때마다 이를 극복하는 데 긴 시간이 필요했다. 5캠프가 보일 무렵에는 달팽이처럼 느릿느릿 내려갔다. 다리는 거의 내 것이 아니었다. 처음 캠프를 보았을 때 나는 그 위쪽 90미터 지점에 있었다. 나는 휴식과 대피, 뜨거운 음료에 대한 기대로 기뻤다. 한 텐트에서 두 사람이 밖으로 나왔다. 나는 소리치며 손을 흔들었지만, 내 소리는 내 귀에 조차 가늘고 구슬픈 쉰 소리로 들렸다. 그들이 내 소리를 듣기는커녕 유일하게 서 있는 텐트마저 서둘러 무너뜨리기 시작했다. 기가 막혔다.

이번에는 화가 나서 소리쳤지만, 그들은 나를 보지도, 내 소리를 듣지도 못하고 몇 분이 안 되어 4캠프로 출발해 시야에서 사라졌다. 운명이 밥맛 떨어지는 속임수를 쓰며 나를 갖고 놀고 있었다.

욕설을 내뱉으며 계속 내려갔다. 그리고 이런 실망 때문이겠지만, 갑작스레 나타난 몇몇 가파른 작은 벽을 내려가는데 상당한 어려움을 겪었다. 특히 한 곳이 생생하게 기억난다. 팔 힘을 이용해서 눈 덮인 바위지대로 내려서야 했는데, 그 바위지대의 모퉁이는 딱딱한 눈 바닥이었다. 또한 그 바위지대의 아랫부분은 너무 가팔라 내려갈 수 없어서 눈 아래로 스텝을 잘라 만들어야 했다. 스텝을 만드는 것이 내가 할 수 있는 모든 것이었다. 나는 이것을 만드느라 안 그래도 없는 힘을 상당히 소비해야 했다. 5캠프에 도착했지만, 고생하며 또 내려가는 수밖에 다른 방법이 없었다. 나는 텐트를 다시 세우지 않고 4캠프로 계속 내려가기로 했다. 나중에 알았지만, 텐트 안을 들여다봤더라면, 버니가 사려 깊게 놓아둔, 뜨거운 물이 든 보온병을 발견했을 것이다.

의심의 여지없이, 고도가 낮아지자 이제 몸이 상당히 강해진 느낌이었다. 다만 나를 괴롭히는 유일한 것은 이상하게도 다리에 힘이 없다는 것이었다. 성가시게 몇 미터마다 주저앉아 쉬어야 했다. 그런데 피곤했다는 기억이 없으니 신기한 일이다. 그렇지만 토요일 밤에 '술 취한' 사람처럼, 바위를 내려올 때 비틀거렸다. 비참한 하산이었다. 이젠 익숙한 표식들이 악몽처럼 천천히 다가와서 지나가고, 작고 붉은 깃발이 나왔다. 그러더니 두 개의 큰 바윗덩어리가 나왔고, 이어 갈기갈기 찢긴 녹색 텐트 천과 흩어진 산소통이 있는 1922년의 핀치 텐트가 나왔다.

마침내 긴 설사면 꼭대기가 나왔다. 4캠프의 물집 같은 극지용 텐트에서 몇 사람이 나와서 능선으로 천천히 올라오는 모습이 보여 기뻤다.

이제 내려가기가 퍽 쉬웠지만, 몸 상태가 좋지 않아 글리세이딩을 할 수가 없어 바위 사면을 따라 계속 가야 했다. 바위 사면은 믿을 수 없으리만치 힘들어 보였다. 그러나 이제 다리의 상태가 좋아졌다. 미끄러져 넘어지느니 몇 미터마다 쉬었다. 그럼에도 역설적으로 전보다 힘이 들었다. 아마도 보통의 육체적 피로와는 다른 고도로 인한 체력 소진이 그 원인일 것이다.

캠프를 출발해서 올라온 사람들 중 몇몇은 앞서 하산하

여 능선에 올라온 십턴과 버니를 돕기 위해 멈추었다. 반면 한 사람은 나를 향해 계속 올라오다가 능선 위 어느 지점에서 나를 기다렸다. 그에게 다가갔을 때 나는 그가 롱랜드인 것을 알았다. 그는 엄청 추워 보였지만 유쾌하게 나를 환영하며 브랜디를 탄 뜨거운 차가 가득 든 보온병을 내밀었다. 그 효과는 기적이나 다름없었다. 몇 분 지나지 않아 온몸이 따뜻해지면서 힘이 되살아났다. 그래서 멈출 필요도 없이 계속 내려갈 수 있었다.

우리가 극지용 텐트 속으로 머리를 들이밀었을 때의 광경이라니! 침낭 안에 있는 십턴과 버니는 매우 지쳐 보였다. 결국 맥클린만이 다른 사람들을 위해 할 수 있는 일을 하면서 뜨거운 음료와 음식을 준비하느라 분주했다.

짐꾼 한 명이 즉각 얼음같이 굳은 내 방풍 옷과 등산화를 벗긴 다음 감각이 없는 발을 원기왕성하게 주물렀다. 상처가 없을 수 없었다. 발가락 몇 개는 동상에 걸렸고, 손가락 끝은 모두 감각이 없었다. 시간이 지나면 위험의 정도를 알게 될 것이다.

맥클린은 음식과 뜨거운 음료를 만드는 일에 만족하지 않고 우리 모두를 검사했다. 그는 동상 말고는 완벽하게 멀쩡하다고 내게 말했다. 맥박은 62고 심장 압박의 흔적도 없었다. 그러는 동안 롱랜드가, 우리가 도착했고 실패했다는 소식을 3캠프에 알렸다. 러틀리지는 우리가 무사히 돌아왔다는 소식을 듣고 실패에 대한 걱정을 잠시 잊을 정도로 기뻐했을 것이다. 여전히 영국으로 좋은 뉴스를 보낼 수 없어 우리는 매우 불행했다. 당장은 에베레스트가 이겼다. 또 다른 공격을 할 수 있을 정도로 힘이 남아 있는 사람은 아무도 없었다. 온 힘을 다 쏟은 우리는 내려가서 쉬어야 했다. 아마도 운이 좋으면 나중에 또 다른 공격을 할 수도 있겠지만 적어도 지금은 때가 아니었다.

텐트에는 산소통이 많이 남아 있었다. 시험 삼아 산소를 마셔보았다. 이제 고소에 매우 잘 적응되어 있었기 때문에 도움이 되는 단 한 가지는 몸이 약간 더 따뜻해진 것이었다. 이것을 빼고는 목이 건조해져서 더 아팠을 뿐이었다. 산소마스크를 벗으니 기분이 좋았다.

십턴은 6캠프에서 끔찍한 하산을 했다. 바람이 너무 세서 그는 되돌아가고 싶은 유혹이 들었지만, 계속 내려가기로 했다. 물론 그는 태풍을 무릅쓰고 옐로밴드를 가로질러 되돌아갈 수는 없었을 것이다. 더 아래쪽에 있는, 내가 많은 어려움을 겪었던 5캠프 위쪽의 힘든 바위지대에서, 그리고 가파르고 작은 벽에서 눈이 쌓인 곳으로 몸을 내려놓을 때 발아래의 눈이 무너지는 바람에 그는 죽을 뻔했다. 스탠스를 찾을 수 없어 손으로 몸을 끌어 올려야 했는데, 이런 고도에서 지친 사람에게는 필사적인 노력이 필요했을 것이다. 그는 완전히 탈진해서 5캠프에 도착했다.

비록 폭풍이 이는 밤이었고 눈이 텐트를 후려쳤지만, 많이 아픈 버니를 제외하고 모두 기진맥진한 상태로 잠들었다. 어떻게 5캠프에서 버니가 외롭게 이런 어려움을 이겨냈을까? 무리한 것이 크게 탈이 됐을 것이다. 양쪽 발이 동상에 걸린 그는 무척 여위었다. 에베레스트는 마지막까지 최종 결정권을 갖고 있었고, 우리는 지친 한 조였다. 우리 중 누구도 5캠프나 그 위쪽에서 하루 이틀 이상은 더 견딜 수 없을 것이다.

CHAPTER

16

후퇴

높은 곳에서는 바람이 세차게 불었다. 늘 그렇듯 얇게 쌓였던 눈이 에베레스트를 황급히 가로지르며 날리고 있었지만, 6월 3일 아침은 상당히 조용했다. 아침을 먹고 나서 우리가 한 첫 일은 또 다른 공격을 위해서 — 가능한 일인지는 모르겠지만 — 텐트 안에 충분한 음식과 산소와 관련된 장비를 남겨두고 극지용 텐트를 무너뜨린 것이었다.

　이제 환자가 된 버니가 노스콜의 가파른 사면에서 균형을 잡을 수 없어 비틀거렸다. 그렇지만 어떤 면에서 우리에게는 행운도 있었다. 신설이 쌓인 데다 몬순의 공기 흐름으로 곧 눈사태가 발생할 수도 있었지만, 노스콜 비탈면에서는 아직 눈사태가 일어나지 않았다.

　처음의 4캠프 자리에서 쉐비를 만나서 우리는 깜짝 놀랐다. 노스콜까지 가보는 것이 그의 야망이었는데, 그날 그는 자신의 꿈을 이뤘다. 그 나이에 대단한 일이었다. 그는 많은 짐꾼을 데리고 올라왔다. 그래서 텐트와 다음 공격을 위한 음식과 장비를 제외하고 모든 물품을 회수할 수 있었다.

줄사다리가 있는 비탈면 아래에서 맥클린은 힘이 완전히 소진되어 도움이 계속 필요했다. 십턴 또한 상태가 안 좋았다. 그는 말을 이어갈 수 없을 정도로 심한 두통을 겪었는데, 햇볕에 계속 노출됐기 때문이다. 파산지경에 이른 사람들의 하산이었다.

우리는 피곤해서 인사를 나눌 경황도 없었다. 우리는 맥클린을 부축해서 아래쪽 비탈면으로 내려갔고, 그제야 위험이 끝났다. 그래서 그를 놓아주었는데, 그는 석탄 자루처럼 빙하가 있는 곳으로 미끄러져 내려갔다. 그런데도 우리가 한 이 짓이 얼마나 야만적인지조차 인식할 수 없었다. 나중에 우리는 가까스로 그를 전진 3캠프로 옮겼다. 그곳에서는 누르상이 사려 깊게도 음식을 준비해놓고 웃으며 우리를 맞았다.

버니는 쓰러질 지경이었다. 십턴은 여전히 매우 좋지 않았다. 작은 행렬이 발을 질질 끌며 캠프로 향했다. 나는 러틀리지와 다른 사람들로부터 받은 환대를 결코 잊을 수 없다. 그 환대는 우리가 경험한 모든 것을, 아니 패배조차도 가치 있는 것으로 만들어주었다. 고소캠프에 머문 뒤라서 그런지 편안함과 사치스러움이 나폴리 카푸아capua와 같았다. 우리는 뜨거운 음료를 마신 후 갖은 방법으로 애지중지 대우를 받으며 북극 텐트 안에 누웠다.

버니가 짐꾼 두 명의 도움을 받으며 나중에 도착했다. 그는 숨쉬기조차 힘들어했다. 폐와 심장에 무엇인가 심각한 문제가 있었다. 십턴 또한 일시적으로 녹초가 됐다. 매우 고통스러운 양발의 동상이 아니더라도, 다시 높이 올라갈 체력이 그에게 남아 있지 않았다. 예전의 모습은 어디에서도 찾을 수 없었다.

그들과 함께 해리스와 웨거스가 3캠프에 있었다. 우리는 6캠프에서 그들이 내려온 이야기를 들었다. 해리스는 5캠프 근처 곱사등같이 짧은 설사면을 글리세이딩 할 때 구사일생으로 위기를 모면했다. 눈이 너무 딱딱해서 중심을 잃고 넘어져 동쪽 롱북 빙하로 직하하는 1,200미터의 절벽을 향해 미끄러지기 시작했다. 절망적인 순간이었다. 얼굴을 눈 바닥 쪽으로 향하게 돌아누워서 눈 속으로 피켈의 피크를 박아 넣으려 애를 썼다. 이렇게 하는 것이 제동할 수 있는 유일한 방법이었다. 제때에 멈출 수 있는지가 관건이었다. 왜냐하면 처음에는 감히 피켈을 깊이 박아 넣을 수 없었다. 너무 깊이 박으려 들면, 그 반발력으로 튕겨져 피켈을 놓칠 수 있기 때문이었다. 절벽 가장자리 몇 미터까지 미끄러져 내려가서 멈추기까지 무한히 긴 시간이 흐른 것 같았다고 그가 말했다. 사망자가 있었는데, '경찰'이 그 슬픈 운명의 주인공이었다. 일의 결말을 끝까지 지켜보려고 '경찰'이 전진 3캠프까지 올라왔고, 그 후로 보이지 않았다. 틀림없이 크레바스가 '경찰'을 삼켜버렸을 것이다. 아마 캠프 주위를 돌아다니다가 스노브리지 틈 속으로 빠졌을 것이다. 우리는 그놈이 고통스럽지 않고 빨리 죽기를 바랐다. 너무 부끄러워하고 너무 독립적인 성격이어서 그놈은 하나의 연구기관 같았다. 그래서 그를 잃었다.

그날 저녁 많은 문제들이 극지용 텐트에서 논의됐다. 조그마한 텐트 안에 비참하게 유폐된 후에도 바뀐 것은 아무것도 없었다. 여전히 춥고, 불편하고, 즉시 필요한 것 외에는 아무것도 관심이 없었다. 먹이를 놓쳐서 화가 난 것처럼 바람이 텐트 밖에서 으르렁거렸지만, 이제 우리를 해할 정도의 힘은 아니었다. 그저 행복한 재회와 큰일에 어울리는 반주(伴奏) 정도의 역할을 했다.

행운이 없이는 어떤 원정대도 우리가 경험하고 있는 이런 날씨를 이기고 안전하게 전진할 수 없을 것이다. 해리스의 말처럼 우리는 살아 있는 것이 아니라 유령들이 모여 있는 것이나 다름없었다. 그날 저녁에 실제로 그랬다. 우리는 절인 호두를 아주 많이 먹는 다소 괴상한 유령이었다. 우리는 살아 있었고 "빌어먹을 운이라니!"가 일반적인 소회였지만, 운이란 다른 것이 아니라 신의 섭리의 다른 표현이라는 것을 우리 모두는 마음속으로 알고 있었다. '프리무스'가 내는 소리가 얼마나 유쾌한지! 나는 전에는 이 소리가 어떻게 그렇게 유쾌할 수 있는지 알지 못했다. 그리고 김이 나는 초콜릿 냄새를 다시 맡을 수 있고 맛볼 수도 있었다. 그 향기는 더 이상 달콤할 수 없고, 꿀은 야위고 지친 육체에 결코 다시없는 은총이었다. 그러나 이보다 훨씬 달콤한 것이 있었다. 우리가 최선을 다했다는 인식이었다. 이런 인식은, 비록 등정은 실패했지만, 우리의 만족을 거의 성공 가까이로 고양시켰다.

누구보다도 러틀리지가 가장 힘들었다. 대원들이 구름 속으로 사라지는 모습을 보는 그의 마음을 도대체 누가 헤아릴 수 있을까? 여러 시간 동안 폭풍이 계속된다는 이야기 외에 4캠프로부터 아무 소식이 없을 때, 그는 자신이 할 수 있는 일이라고는 아무것도 없이 3캠프에서 속수무책으로 기다려야 했다. 이것은 외로운 일이고, 이런 일을 하는 사람이 원정대장이다. 원정대장 외에 누구도 그가 얼마나 외로웠는지 알 수 없다. 왜냐하면 책임은 그에게 있고, 무엇인가 잘못되면 비난 또한 그의 것이기 때문이다. 그는 아무 생각 없이 비판만 할 줄 아는 사람들의 비판 대상이다. 전쟁을 할 때나 평화로울 때나, 정치에서나 종교에서나 지도자는 그저 뒤따라

후퇴

가는 사람이 아니라 책임과 비난을 모두 짊어져야 하는 사람이다.

운이 좋은 원정대장도 있고 그렇지 못한 경우도 있다. 나는 러틀리지를 운이 좋은 대장으로 늘 기억한다. 그는 두 번이나 특별하게 어렵고 위험한 상황에서 에베레스트 원정대를 이끌었고 모두 안전하게 돌아왔다.

경험을 서로 비교해가면서 우리는 우리의 미래에 대해 생각했다. 등반조는 그 순간 또 다른 공격을 할 수 있는 상태가 아니었다. 베이스캠프에 있는 그린으로부터 온 무선 메시지는 철수를 강하게 주장했다. 생각이 다른 두 그룹이 있었다. 한쪽은 완벽한 휴식을 위해서 카르타 계곡으로 하산하자는 사람들이었고, 다른 쪽은 베이스캠프에서 잠시 쉬는 것만으로도 다음 공격을 위해 충분한 준비가 된다고 믿는 사람들이었다. 왜냐하면 그래야 이 산을 가까이서 계속 살펴볼 수 있고, 내려가면 그럴 수 없기 때문이다.

해리스는 후자의 계획을 강력히 지지했다. 그의 심장에 다소 무리가 있기는 했지만, 분명히 그 당시에는 그와 내가 이 두 번째 계획에 가장 적합한 인물이었다. 한두 번 더 공격해보고 돌아가자는 것이 우리의 생각이었다. 몬순이 시작되었으니 공격할 수 있는지는 두고 볼 일이다. 그런데 러틀리지

CHAPTER 16

가 베이스캠프에 머무는 것이 좋겠다고 발표함으로써 이 문제는 간단히 해결됐다. 노스콜 위로 올라갔던 사람들의 대부분이 심장통으로 고생했지만, 내 심장은 별 탈이 없어서 내가 최적의 인물이라고 생각했다. 그러나 나는 버니를 제외한 다른 사람들보다 동상이 훨씬 심했다. 또 다른 공격으로 발가락 몇 개를 잃을지도 모를 일이었다. 그러나 '그날의 괴로움은 그날로 족하다.' 중요한 것은 베이스캠프에서 며칠 쉬는 것이다.

다음 날인 7월 4일 아침은 지금까지 3캠프에서 경험한 가장 따뜻한 날이었다. 우리는 베이스캠프로 내려가기 전에 햇볕을 쬐었다. 몬순이 우리 가까이 있는 것이 분명했다. 만일 그렇지 않으면, 적은 바람과 비정상적으로 따뜻한 공기를 달리 설명할 방법이 없다.

빙하를 내려가는 우리 행렬은 슬프고 초라했다. 버니는 몸이 좋지 않아서 거의 걸을 수조차 없었다. 동상 입은 발이 그를 무척 괴롭혔다. 그는 몹시 고통스러워했다. 십턴도 여전히 두통을 겪고 있어, 한두 명과 함께 하루 더 3캠프에 남았다. 나머지 사람들에게는 즐거운 산책 정도였다. 나는 발가락에 신경이 쓰였는데, 걸을 때마다 격심한 통증에 시달렸다.

우리가 3캠프로 올라갈 때와는 상황이 매우 달랐다. 물

줄기가 골짜기를 흘러내렸고, 한 곳에는 길이가 90미터나 되는 호수가 생겼다. 높은 고도의 반사광에 지친 우리는 호수의 녹색 물을 보게 되어 기분이 좋았다. 거대한 얼음 첨탑의 숲이 물속에 솟아 있었다. 우리 대부분은 그 근처에 멈추어 햇볕이 데워놓은 커다란 바윗덩어리에 느긋이 앉았다.

그곳부터는 락크만 싱이 새로 만든 루트를 통해 빙하를 빨리 건널 수 있었다. 2캠프에서 락크만 싱이 우리를 보고 반가워했다. 그로서는 외로운 시간이었겠지만, 3캠프로 물품을 올려 보내는 중요한 일을 감독했다. 눈 바닥 대신에 이제 작은 호수가 있었고, 캠프 근처의 눈이 녹아서 바위 부스러기가 드러나 있었다.

버니는 상당한 어려움을 겪으며 그곳에 도착했는데, 쉐비가 그를 베이스캠프로 이송할 준비를 마칠 때까지 잠시 멈추자고 제안해서 모두들 매우 기뻤다. 나머지 사람들 또한 그곳에서 그날 밤을 보냈다. 추위에 떨며 여러 번 잠이 깰 정도로 예상외로 추운 밤이었다. 우리에게는 따뜻하게 체온을 유지할 정도로 살이 남아 있지 않았다.

7월 5일은 에베레스트에 바람이 거의 없는, 또 다른 완벽한 날이었다. 아마 우리가 위쪽에 있었더라면 상황이 훨씬 좋았을 것이고, 성공의 가능성도 그만큼 컸을 것이다.

느긋하게 아침을 먹고 해리스와 웨거스, 롱랜드 그리고 내가 산책하듯 1캠프로 내려갔지만, 길이 긴 데다 바위 부스러기가 몇 킬로미터나 펼쳐져 있어 동상 입은 발이 고생스러웠다. 그렇지만 우리가 겪고 있는 어떤 불편도 지금보다 편안한 곳으로 하산하게 되어 보상이 되고도 남았다.

고소에서 머무르는 몇 주 동안 무뎌진 우리의 육체적·정신적 감각이 다시 되살아났다. 연기가 자욱한 어두운 방에서 햇볕이 드는 우아한 정원으로 나온 것 같았다. 에베레스트에서 내려온 등산가에게는 '보통의 공기와 땅과 하늘은 천국이나 마찬가지다.'

1캠프에서 니마 도르제가 준비한 음식은 전에는 결코 경험 못한 맛이었다. 그 맛은 내 발의 동상을 잊게 했고, 한 시간 이십 분 만에 나머지 길을 내려가 베이스캠프에 이르도록 만들었다.

우리가 롱북 계곡을 떠났을 때는 그곳이 너무 황량했는데, 이제 공기에는 습기와 훈기가 있었다. 수줍은 작은 범의귀와 십자화가 돌 사이에서 잊힌 별무리처럼 살짝 보였다. 기적 같은 일이었다.

베이스캠프에서 우리를 맞은 토미는 엄청난 잔치를 준비했다. 그와 스미지가 다르질링에서 주문한 사치품도 있었다.

입맛이 되돌아오자 갑자기 우리가 지난 몇 주 동안 굶주렸다는 생각이 들었다. 우리는 식당 텐트에 앉아서 부끄럼 없이 마구 먹었다. 신선한 양고기와 솔라쿰부 계곡에서 온 야채, 순무, 양파도 있었다. '깡통에 든 구정물'을 먹으며 몇 주를 보낸 뒤의 신선한 음식이었다. 이런 음식을 먹을 수 있는 행복은 말로 다 표현할 수 없다.

우드 존슨 또한 베이스캠프에 있었다. 불쌍한 친구 같으니! 그는 위궤양을 앓고 있었다. 원기왕성하고 정력이 넘치는 사람에게는 참을 수 없는 일이었을 것이다.

니마 텐드룹이 환하게 웃으며 나를 맞아주었다. 나는 그가 3캠프의 일을 잘 마무리하고 4캠프로 짐 수송을 하는 일까지 하다가 병을 얻어 베이스캠프로 내려가게 되었다는 말을 들었다.

그날 저녁 나는 따뜻하고, 편안히 그리고 온전히 잠을 잤다. 고소에서는 생활의 일부분이 되어버린 자다 깨다 하는 일도 없었다. 해가 상당히 높이 떠 있었다. 나는 니마 텐드룹이 차와 뜨거운 세숫물을 준비해놓을 때까지 일어나지 않았다. 아침을 먹고 나서 뜨거운 물로 목욕할 때가 절정의 순간이었다. 깊이 밴 때를 밀 수 있다니 이 얼마나 축복인가! 내가 목욕물 속에 들어가 있을 때 '이제 한 막이 끝났구나' 하고 생각

CHAPTER 16

했던 것을 기억한다. 앞으로는 어떨까?

최후의 시도

베이스캠프로 철수해야 한다는 레이먼드 그린의 주장이 옳았다. 우리는 3캠프에서 잠시 쉬고 나면 다시 공격이 가능하지 않을까 생각했지만, 베이스캠프는 3캠프와 달리 우리 자신과 돌아가는 상황을 자세히 살펴볼 수 있도록 만들어주었다. 고소로 올라갔던 사람들 중에 온전히 힘이 남은 사람은 십턴과 나뿐이었다. 버니는 만신창이가 됐다. 그와 맥클린은 빙하 아래로 이송되어야 했다. 비록 노스콜에 가본 경험이 있기는 하지만, 맥클린이 특히 안 좋았다. 그린이 한쪽 폐렴 진단을 내렸다. 결국 여러 시간 동안 산소를 공급했다. 한편 십턴은 3캠프에 도착했을 때는 환자였지만 건강을 빨리 회복했다. 해리스도 심장이 정상으로 되돌아왔을 때 그대로 '가만히 있었더라면' 십턴처럼 건강을 회복했을 것이다. 웨거스도 심장에 많은 무리가 있기는 했지만, 어쨌든 강인한 사람이었다. 그가 무엇을 했는지는 알 방법이 없다. 비록 다른 사람들같이 체중이 많이 빠졌지만, '배짱'이 아주 좋은 롱랜드도 3캠프에서 무엇을 했는지는 알 방법이 없다. 그랬다. 크로포드와 브로클뱅크는 노스콜에서 격렬히 힘을 쓰고 나서도 더 많은 일을 할 준비가 되어 있었다. 노스콜 위에서 그들의 일은 대단히 힘들었는데, 그들은 이기심이 없었다. 마침내 보스테드의 등산 휴가가 끝나,[65] 그는 정상으로의 시도가 있기 전에 다르질링으로 급히 돌아갔다.

내 심장은 온전했다. 또 다른 시도를 할 수 있을 정도로 몸 상태가 좋아졌지만, 다른 사람과 달리 나는 많이 여위었다. 베이스캠프에 도착한 다음 날 아침, 목욕을 하려고 앉아 있을 때 내 모습을 처음으로 온전히 본 것을 결코 잊을 수 없다. 양 손으로 넓적다리를 거의 두를 수 있을 정도였다. 어떤 사람이 제안했던 것처럼, 우리 모습을 사진에 담아서 '굶고 있는 러시아 난민'이라고 신문사에 보내도 될 정도였다. 6,400미터 이상의 고소에서 계속 머문 영향으로 지방뿐만 아니라 근육도 빠졌다. 나는 다리에 근육 손상을 심하게 입었고, 처음 하루 이틀 동안은 한 번에 몇 미터밖에 걸을 수 없었다. 다른 무엇보다도 이로 인해 6캠프에서의 하산이 어렵고 위태로웠다. 그럼에도 그린의 말에 따르면, 나는 대부분의 다른 사람들보다 살이 덜 빠졌다. 동상에 걸린 엄지발가락 두

---

65 그는 현역 군인이었다. (역주)

CHAPTER 17

개가 매우 안 좋았다. 하나는 거의 검게 변했고 하나는 고름으로 가득 찼지만, 그린은 단지 발톱만 빠질 거라고 했다. 손끝의 피부가 벗겨져 쓰리고 아프기는 했어도 다행히 손가락은 괜찮은 편이었다. 6캠프에서 하산하는 동안 왜 더 심한 동상에 걸리지 않았는지는 그 이유를 모르겠다. 아마 좋은 등산화 그리고 등산화 안에서 발가락을 꼼지락거리는 습관이 심한 동상을 모면하게 해주었을 것이다.

상황이 좋아져 몬순이 잠시 멈출지도 모른다는 생각을 하고 있을 때조차 우리가 다시 정상에 도달하려면 얼마나 큰 어려움을 이겨내야 하는지는 너무나 자명했다. 베이스캠프로의 하산은 습기로 가득 찬 몬순의 구름이 도착하는 것과 동시였다. 구름이 에베레스트를 둘렀고, 하루 이틀 만에 이 산은 바위를 거의 찾아볼 수 없는 설탕 케이크처럼 보였다. 롱북 지역에 사는 사람들은 곧 북서풍이 다시 힘을 발휘해서 세차게 불 것이라고 했다. 그러면 태양은 거의 힘을 쓰지 못하고, 눈이 세력을 넓혀 에베레스트를 온통 눈의 산으로 바꿀 것이며, 일정 고도 이상의, 아마도 노스콜 위쪽의 눈은 분설로 변할 것이다. 따라서 이런 상황에서는 우리가 접근할 수 없다. 그러므로 우리의 한 가지 희망은 산에서 눈을 날려버릴 수 있도록 일시적이나마 강풍이 부는 동시에 몬순이 잠시 멈추는 것이었다.

7월 12일 버니와 우드 존슨, 맥클린이 병원 캠프가 설치될 예정인 초종을 향해 베이스캠프를 떠났다. 그 정도의 고도에서는 베이스캠프보다 더 쉽게 회복할 수 있을 것이다. 불쌍한 우드 존슨은 매우 우울해했지만, 적어도 상당 기간 동안 우리가 이 산을 다시 시도하지 않으리라는 사실에서 약간의 위안을 얻은 듯했다. 우리가 식당 텐트에 앉아 있을 때 그가 말했다. "올라가는 것에 대해서는 상관하지 않겠습니다. 정상에 도달하지 못할 테니까요. 날씨가 너무 안 좋습니다." 이에 대해 아직도 말을 거의 제대로 못하는 십턴이 "저는 그렇게 생각하지 않습니다." 하고 쉰 목소리를 냈다. 그렇지만 사실 십턴의 이 말은 펀치 씨Mr. Punch의 표현을 빌리면, '명백한 것을 어렴풋이 본' 것이었다. 우리의 희망은 가능성이 없었다.

7월 11일 크로포드와 브로클뱅크가 노스콜을 정찰하고 가능하면 4캠프까지 루트를 다시 뚫어보려고 출발했다. 13일에는 러틀리지와 그린, 십턴 그리고 토미가 뒤따라갔다. 베이스캠프에서 일주일이 기적을 만들어냈다. 좋은 음식과 피로를 회복시키는 긴 잠은 호기심과 희망과 힘을 다시 되살려주었다. 몇몇은 얼음물에서 목욕도 했고, 모두들 햇볕 속에서 따뜻하고 촉촉한 공기를 마시며 여유로운 시간을 보냈다.

CHAPTER 17

다음 날 아침 해리스와 나는 1캠프로 출발했다. 우리 둘은 믿기 어려울 정도로 몸이 좋아져 있었다. 해리스의 심장은 분명하게 정상을 회복했다. 내 다리는 근육도 많이 좋아졌다. 다만 발끝의 동상만 성가셨다. 전형적인 몬순 날씨였다. 남쪽에서 생긴 높은 구름이 에베레스트와 롱북 빙하 위쪽 지역을 가리면서 오후에는 눈보라가 쳤다.

우리가 거의 평지의 속도로 걸어서 두 시간 만에 1캠프에 도착하니, 바하두르 구룽이 차를 준비해놓고 우리를 맞았다. 바람 한 점 없는 아름다운 오후였지만, 이따금 소나기눈이 내렸다. 몬순이 여전히 한창이었다. 십중팔구 에베레스트에는 눈이 깊게 쌓였을 것이다.

니마 도르제가 맛있는 저녁을 해주었다. 우리가 잠자리에 들었을 때는 날씨가 매우 따뜻했다. 텐트가 갑갑해서 입구를 열어놓지 않고 잘 수가 없을 정도였다.

다음 날 아침, 청명한 하늘은 우리 속에 잠재된 낙관적인 생각을 다시 일깨워주었다. 정말로 몬순이 잠시 멈추려는 것일까? 나는 우리가 낙관적 시늉을 하는 만큼 마음속으로라도 낙관적으로 느낄 수 있기를 바랐다. 에베레스트에서 눈을 청소하려면 좋은 날이 많이 필요할 것이다.

조용하고 따뜻한 공기 속에서 세 시간을 편하게 올라가

니 2캠프가 나왔다. 짐꾼들은 조금 늦게 도착했다. 그들은 매우 건강했고, 우리처럼 설욕의 기회를 엿보고 있었다.

다시 한 번 2캠프에서 잠을 제대로 못 잤다. 완벽하게 고소적응이 되기는 했지만, 처음 이 고도에 도착했을 때 느꼈던 것처럼 몸이 이상했다. 이 고도가 내게는 결정적인 높이인 것 같다. 이 고도 위나 아래에서 나는 늘 더 편안했다. 나는 잠을 자려 갖은 애를 쓰다가 해리스의 텐트에 불빛이 있는 것을 보았다. 그 또한 깨어 있었다.

3캠프로 계속 전진하기 전에 우리는 망원경으로 에베레스트를 관찰했다. 에베레스트에는 한겨울 고산의 산봉우리만큼 눈이 많은 것 같았다. 곳곳에 눈사태가 지나간 자국이 보였다. 길고 좁은 고랑은 느슨한 분설이 미끄러져 내려온 흔적을 암시했는데, 옐로밴드와 노턴의 횡단 바위지대에서 특히 그랬다. 6캠프의 텐트는 여전히 그 자리에 있었지만, 실제로는 눈에 묻혀 있는 것 같았다. 이런 관찰을 하고 나니 다시 비관적인 생각이 들었다. 눈이 조금만 내려도 그 바위지대는 통과할 수 없다. 이제는 가장 안 좋은 상태의 눈이 그 위에 6~9센티미터 정도 쌓여 있는 것 같고, 몬순은 잠시도 그칠 기미가 없었다.

우리가 골짜기에서 출발하자 곧 눈이 내리기 시작했고,

3캠프로 접근하고 있을 때는 훨씬 더 많이 내렸다. 앞서 갔던 사람들이 극지용 텐트 안에 모여 있었다. 우리가 3캠프에서 처음 들은 소식은 노스콜 비탈면의 눈 상태가 위험해서 크로포드와 브로클뱅크가 4캠프에 도달하지 못했다는 것이다. 그들은 비탈면 아래쪽의 로프를 가까스로 파낼 수 있었지만, 크레바스 위쪽의 것은 눈 속에 깊이 묻혀 있어 그렇게 할 수 없었다. 눈사태가 줄사다리를 휩쓸었고, 펀치 볼 같은 곳의 눈은 너무 불안정해서 통과할 수 없었다.

잠깐의 토론 끝에 일단 이달 말까지 3캠프에 남아 있자는 결론이 났다. 몬순이 잠시 멈추면 눈이 안전하게 언 밤에 비탈면을 등반해서 노스콜 루트를 다시 열 수 있을지는 모르겠지만, 최소한 몇 주 내로 이 산을 시도할 기회가 다시 찾아오리라고 믿는 사람은 아무도 없었다.

내가 자려 할 때도 눈은 여전히 내리고 있었다. 한밤이 지나도록 오랫동안 내 텐트에 후두두 소리가 났다. 동상에 걸린 발가락이 아파서 밤의 대부분을 뒤척였기 때문에 나는 이를 잘 알고 있다. 게다가 나중에는 눈사태가 나는 엄청난 소리 때문에 잠을 못 이루었다.

7월 17일 아침은 맑았다. 몬순기간에는, 보통 아침은 맑고 정오 전에 구름이 끼고 눈이 내리기 시작한다. 짐꾼들은 모두 쾌활했고 다시 높이 오르려는, 걱정 없는 지원자가 많았다. 아마 상여금이 그들을 그렇게 만들었을 것이다. 5캠프에 올라간 사람은 30루피, 6캠프에 올라간 사람은 60루피를 받는다. 베이스캠프의 스미지로부터 맥클린이 늑막염에 걸렸다는 소식이 무선통신으로 왔다. 심각하면 그린이 내려가야 하고, 그렇게 되면 등반조의 전력은 훨씬 약해질 것이다.

오후와 저녁 내내 눈이 많이 내렸지만 저녁에는 구름이 흩어졌고, 내가 잠자리에 들 무렵에는 하늘에 별이 가득했다. 은하수가 별들 속에 현수막처럼 걸려 있었다. 불안하게 막전幕電[66]이 남쪽에서 깜빡거렸다. 발가락이 욱신거리는 아픔 때문에 잘 수 없어서, 약으로는 처음으로 수면제를 먹은 생각이 난다. 그래서 몇 시간 잠을 잤지만, 한밤중이 지나 다시 깨서 새벽이 되도록 자지 못했다. 잠을 제대로 이루지 못하는 것이 고소 등반을 하면서 겪는 가장 우울한 일이다. 잠을 자려면 고되게 하루 일과를 마치고 피곤해야 한다. 고소에서는 활동하지 않으면 육체와 신경이 둔해진다.

다음 날 아침은 완벽한 날씨였다. 크로포드와 십턴, 브로클뱅크가 라피우 라Lapiu La에 가보았다. 이 고개는 동쪽 롱북 빙하와 캉슝Kangshung 빙하를 나누는 능선 상의 6,995미터

---

66 먼 곳에서 활동하는 뇌우의 번갯불을 받아서 구름 전체가 밝아지는 현상 {역주}

봉우리와 에베레스트 북동릉 사이의 콜인데, 북릉의 3캠프보다 약간 더 높다. 그들이 에베레스트 남동벽과 마칼루, 초몰론조Chomolönzo에 대한 최상의 의견을 보고해주었다.

아침에는 햇볕이 너무 뜨거워서 믿음의 눈으로는 에베레스트의 바위에서 눈이 녹는 것을 보았지만, 현실은 평소처럼 정오에 구름이 꼈고 오후에 눈이 내렸다. 오후 여러 시간을 하릴없이 텐트에 틀어박혀 우울한 시간을 보냈다. 따뜻하고 습한 몬순의 공기가 우리의 목을 빨리 치료했다. 십턴의 목소리가 되살아났다. 케냐에서 농장주와 정부 관료들과의 관계에 대하여 해리스와 논쟁을 할 때는 되살아난 자신의 목소리를 최대한 활용했다. 이 논쟁은 여러 시간 계속됐는데, 거인이 생기를 되찾은 듯 그들은 매일 이 논쟁을 반복했다. 이것이 모든 다른 논쟁을 무의미하게 했다. 싸움이 계속되어 곧 욕설이 난무할 것 같으면, 우리 나머지는 이따금 사리에 안 맞는 말로 당파심을 조장한 사람을 비꼬기도 했지만 보통 말없이 조용히 뒤로 물러났다. 케냐에 대한 내 느낌은 케냐에는 농장주를 힘들게 하는 정부 관료가 너무 많다는 것이다. 농장주가 얼마나 부당한 짓을 했는지에 대해서는 말로 다 설명할 필요가 없다.

다음 날 새벽 십턴이 나를 깨웠다. 6시에 십턴과 러틀리지, 크로포드, 브로클뱅크 그리고 내가 라피우 라 북쪽의 6,995미터 봉우리를 등정할 목적으로 그 고개로 출발했다. 한 시간을 쉽게 올라가 고개에 도착하니 마칼루와 초몰론조의 환상적인 모습이 보였다. 초몰론조는 내게 에귀 베르트 Aiguille Verte를 떠올리게 했는데, 그 산의 왼편에 드류Dru와 똑같은 거대한 바위 첨봉이 서 있었기 때문이다. 장엄하고 무시무시한, 어쨌든 서쪽과 북쪽에서는 분명히 등반을 할 수 없을 것 같은 산들이 있었다. 세상에서 이보다 더 무시무시한 빙벽과 능선이 이어진 곳은 어디에도 없을 것이다. 번쩍이는 얼음이 낫 모양으로 커다란 곡선을 그린 캉슝 빙하에서 족히 2,100미터 이상 솟아 오른 능선도 있었고, 그 능선 사면은 면도날 같았다. 그 사면에서 똑같이 날카로운 사면들이 떨어지며 나누어지고 다시 나누어져서 연약한 주름으로 변했고, 이 주름들이 끝없이 쏟아져 내리는 사태로 인해 형성된 얼음 협곡들을 동강내고 있었다. 이른 시간인데도 결코 멈추지 않고 사태가 계속 이어지고 있어서, 탐조등처럼 내리비치는 햇빛을 받으며 이 거대한 산비탈이 불안하게 들썩이고 우르릉거렸다.

저 멀리 칸첸중가의 은빛 푸른 설원 남쪽에 회갈색 몬순의 구름 벽이 수평선에 걸려 있고, 손에 잡힐 듯 가까운 곳에는 양모 같은 안개가 몇 킬로미터나 드리워져 있어서 아룬 계곡과 그 지류들이 보이지 않았다. 구름의 가장 위쪽 물결은 햇빛을 받아 눈부셨고, 아래쪽 골짜기는 갈색을 띤 분홍색이었다.

6,995미터 봉우리의 설사면은 라피우 라 북쪽에서 곧장 솟아있었다. 우리는 잠시 멈춘 후 보다 멋진 풍경을 기대하며 설사면을 오르기 시작했다. 눈은 매우 부드러웠다. 그 상태를 살펴보니, 노스콜과 그 위에서도 이와 같은 상태를 기대할 수밖에 없겠다는 생각이 분명하게 들었다. 고소 등반은 불가능했다. 완경사의 비탈면을 빼고 모든 곳에 눈사태의 위험이 있었다. 걸음마다 무릎까지 빠져 선두를 자주 바꾸었다. 어려움은 없었다. 한 시간쯤 올라가서 높이가 정확히 가늠 안 되는 정상에 도착했다. 몬순의 안개가 일고 있었지만, 움직임이 더딘 안개 자락 사이 카르타 계곡 방향으로 까마득히 아래쪽에 고혹적인 고지대의 짙은 녹색 초원이 얼핏 보였다. 추운 땅에서는 결코 가능한 일이 아닌 것 같은데, 다시 풀이 있었다. 그때 느린 안개를 뚫고 아름답고 작은 봉우리인 카르체 Khartse(6,520m)가 우아하게 얼음을 입고 서 있는 모습이 보였는데, 얇은 얼음 주름이 정확히 정상까지 연결되어 있었다.

우리는 가장 멀리에서 에베레스트를 바라보았다. 이 방

향에서는 거대한 북동릉이 거의 맞은편에 보였다. 라피우 라에서 시작된 북동릉은 북동 숄더까지 2,130미터나 치솟았고, 숄더에서 정상까지는 일직선으로 5~6킬로미터 정도의 거리였다. 1922년 핀치가 이곳을 공격 가능한 루트라고 제안했지만, 지금도 시도되고 있는 노스콜과 북릉을 경유하는 루트에 비하면 추천할 만한 이점이 거의 없었다. 길이도 불리하고 캠프도 너무 많이 필요했다. 어려움 또한 처음 600미터는 심하지 않겠지만 북동 숄더 아래는 분명 대단할 것이고, 뾰족한 첨봉이 있는 숄더는 통과할 수 없을 것이었다.[67]

그렇지만 억지로라도 루트를 열 가능성에 대해 생각해보는 것은 재미있을 것이다. 만일 어떤 능선으로 온전히 에베레스트 등반이 가능하다면, 몬순 시즌에 시도해보는 것도 정당할 수 있겠다. 왜냐하면 바우어와 바이에른 사람들 한 조가 이 시즌에 칸첸중가를 공격했는데, 엄청난 난관을 극복해낸 그 시도는 얼음 능선과 씨름을 한 최고의 공격으로 자리매김 되었기 때문이다. 그러나 몬순의 눈이 내린 상태에서 특히 에베레스트의 북벽같이 바위지대가 많은 곳에서의 벽 등반은 불가능하다. 보통 높이의 봉우리를 등반할 때는 기온이 따

---

67 1982년 피트 보드맨Peter Boardman과 조 태스커Joe Tasker가 사라진 곳이 바로 이 지역이다. {원주}

뜻하고 강풍이 없어서 동상이나 갑작스러운 폭풍을 만날 위험성이 없기 때문에 몬순기간이 이상적이지만, 유감스럽게도 에베레스트는 시도할 수 없다. 왜냐하면 엄청나게 춥고 바람이 세찬 겨울의 끝과 몬순 사이 두 주간의 적당한 날씨가 에베레스트에서 기대할 수 있는 모든 것이고, 이조차 얻을 수 없는 시즌이 있기 때문이다.[68]

세계에서 가장 높은 산은 자신의 조건을 스스로 결정하고, 등산가는 산이 결정한 것 외의 것을 결코 가질 수 없다. 비록 자신의 운을 한탄하기도 하겠지만, 불확실성이 등산의 본질이라는 것을 등산가는 잘 알고 있다.

우리는 패배했다. 에베레스트는 우리가 더 이상 필요치 않았다. 거의 7,000미터가 되는 봉우리 정상에 겸손하게 서서 적의 아름다움과 웅장함에 그저 감탄할 수밖에 없었다. 에베레스트는 우리에게 적대적이었고, 살을 에는 추위와 갑작스레 몰아치는 폭풍 속에서 우리는 이 적개심 이면에 에베레스트가 혹시 우리에게 사사로운 감정을 갖고 있는 것은 아닌지 의심스럽기조차 했다. 무척 고통스럽게 애를 써야 했던 희박한 공기 속에는 우리의 전진을 반대하는 무어라 형언할 수 없는 것이 가득 차 있었다. 희박한 공기 속에 은밀하게 퍼져 있는 무기력이 우리를 좌절시켰고, 시간이 지나면서 우리가 가진 첫 열정의 날카로운 칼날은 차차 무뎌졌다. 우리는 스스로를 불청객이라 여겼다. 아마 우리는 이 산을 오를 자격이 없는지도 모른다.

그러나 우리는 더 이상 우리의 연약한 면을 에베레스트와 결부시킬 수 없었다. 에베레스트는 이제 우리에게서 멀리 떨어져 있어, 우리의 상상만이 구름이 서서히 흐르는 저 면 정상으로 갈 수 있기 때문이다.

몬순은 잠시도 멈추지 않았다. 매일 눈이 왔다. 눈사태가 우르릉거렸고, 에베레스트에서는 설연이 일었다. 밤에는 번개가 남쪽 하늘에서 소리 없이 번득였다. 일기예보는 계속 희망이 없었다. 3캠프에 있어봐야 얻을 것이 아무것도 없었다. 7월 21일 2캠프로 철수해서, 다음 날 베이스캠프로 다시 철수했다. 다시 한 번 입맛이 돌아왔고 잠을 잘 수 있었다. 얼마나 잘 잤는지! 전에는 이런 만족스러운 축복의 잠을 한 번도 자본 경험이 없다. 앞일에 대해서 이야기하는 것 외에 할 일이 없었다. 몬순이 끝나기를 기다릴 필요가 있을까? 우리 모두는 이에 대해 지겹도록 논의했다. 그러는 동안 3~4미터의 큰 바윗덩어리들이 있을 것으로 예상되는, 눈사태가 지나간 자국만이 보일 뿐 에베레스트는 몬순의 눈으로 더욱 깊게 덮였다. 아침에는 태양이 따뜻하게 빛났고, 은하수같이 촘촘히 범의 귀 꽃이 피었다. 오후에는 대개 구름이 꼈고, 낮은 산에는 우박을 동반한 폭풍이 청회색 치맛자락으로 자신의 흔적을 남겼으며, 천둥소리에 롱북 계곡의 고요가 깨졌다.

저녁에 무선통신 텐트에서 생경한 소음이 났다. 사보이 오피언스Savoy Orpheans와 빅 밴드Big Band의 곡조였다. 물론 전 세계가 한꺼번에 티베트의 고독에 대해 언급한다면 이상한 일이다. 빙하의 격류가 천둥같이 우르릉거리는 소리와 별 아래 창백한 에베레스트의 설원은 우리와 함께 있고, 웨스트민스터 다리 위에서 도망치듯 서두르는 수많은 노동자는 영국에 있다.

샴페인 한 상자가 있었다. 우리는 성공을 위해 마실 수 없어서 롱랜드의 생일을 축하했다. 이런 고도에서도 코르크는 하늘로 날았고 샴페인은 샘처럼 솟구쳤다. 들통 하나가 샴페인의 충일함에 대처할 수 있는 유일한 용기였다. 우리가 어느 정도 예상한 대로 철수를 명령하는 지시가 영국에서 날아왔다. 또한 우리의 실망을 위로하고 다음에 더 많은 행운이 있기를 기원하는 왕의 전문電文도 있었다.

'다음'이 있을까? 우리 텐트가 내려앉았다. 슬픈 아침이었다. 텐트는 지금쯤 갈색 땅과 하나가 되었을 것이다. 느릿느릿 움직이는 야크, 무거운 짐을 지고 몰이꾼의 욕설을 들으며 평소처럼 인내하는, 다리가 가늘고 걸음이 빠른 작은 당나귀들의 긴 행렬이 또 한 번 있었다. 그렇지만 이번에는 에베레스트가 우리 뒤에 있었다. 따뜻한 햇볕과 짙푸른 하늘도 있었다. 그런데 떠나다니 어처구니없었다.

하루가 지나서 우리는 롱북의 라마승에게 이별을 고했다. 계곡 상단 부분에 모여 있는 구름이 에베레스트를 가렸다. 한 시간 후에 나는 마지막으로 뒤돌아보았다. 대기는 조용하고 따뜻했으며, 사방의 돌 사이에서 피어나는 꽃으로 공기는 향기로웠다. 그날은 8월 3일이었다. 두 달 보름 전에 우리는 엄청난 바람을 맞으며 이 길을 느릿느릿 올라갔다. 땅에는 가루눈이 덮여 있었고 길을 따라 흩날렸었다. 그리고 에베레스트는 우리 앞에 완벽하게 솟아 있었다. 그런데 지금은 꽃과 따뜻하고 훈훈한 대기가 있고, 에베레스트는 눈 속에 묻혀 있다. 이 거대한 산은 구름에게 재미있는 이야기를 들려주고 있을 뿐 보이지 않았다. 이 산이 우리 모두를 놓아주었다. 신의 섭리는 친절했다. 롱북의 늙은 라마승이 우리의 안전을 기원했었는데, 이제 그 응답을 받았다.

　　우리는 앞일을 생각해야 한다. 아마 하루 동안은 티베트의 짙푸른 하늘 아래에서 다시 돌길을 걸으며, 쉼 없이 부는 서풍의 메시지를 기록 중인, 흰 설연이 이는 그 황색 피라미드를 볼 수 있을 것이다.

최후의 시도

—

에베레스트에서
발견된 피켈

—

옮긴이의 글

—

찾아보기

—

에베레스트에서 발견된 피켈

6캠프 위쪽에서 발견된 피켈에 대한 논란이 지금도 상당히 뜨겁기 때문에 그것의 존재를 설명하려는 이론들과 사실들을 여기서 다시 언급해도 그리 지겹지는 않을 것이다. 북동릉 사면 아래 18미터 지점이자 퍼스트스텝 동쪽 230미터 지점에서 발견된 그 피켈은 바위 턱이나 크랙이 없는 평편한 바위지대 위에 피켈 자체의 마찰력만으로 놓여 있었다. 비록 피켈이 바람의 저항을 거의 받지는 않았지만, 에베레스트에서는 바람이 시속 160킬로미터 이상으로 부는 것을 감안하면 그곳에 그대로 남아 있었다는 것은 놀라운 일이다. 그렇기는 해도 이런 엄청난 속력에 가까운 어떤 바람도 그 바위지대의 표면에 불지 않은 것 같고, 피켈이 발견된 지점은 그곳의 지형적 특성 때문에 태풍같이 강력한 바람도 미치지 못한 것 같다. 어떻게 그 피켈이 그곳에 있게 되었을까? 피켈이 정상으로 이어지는 바위지대 위쪽으로 나아가려는 그들에게 방해가 되었기 때문에 맬러리나 어빈이 일부러 피켈을 그곳에 놓아두었을 것이라는 의견도 있다. 에베레스트의 8,300미터 위쪽에서 등반을 해본 사람이라면 어느 누구라도 피켈이 꼭 필요하다는 것에 동의한다. 피켈은 바위지대를 횡단할 때 유용한 장비일 뿐만 아니라 작은 설원지대를 가로지를 때도 반드시 필요하다. 맬러리와 어빈은 능선을 등반하면서 작은 설원지대를 여러 차례 가로질러야 했을 것이다. 게다가 세컨드스텝 위쪽의 마지막 피라미드로 접근 중인 등반자라면, 쉽지 않은 우회를 해야만 도달이 가능한 측면의 바위지대보다 훨씬 쉽고 편한 정상 루트를 제공해줄지도 모르는 100여 미터 크기의 설원지대가 마지막 피라미드의 북동릉 위에 있다는 것을 안다. 더욱이 북동릉의 결정적인 부분, 즉 그 산의 정상 부분은 등산가라면 피켈 없이는 꿈도 꾸지 못할, 60미터 길이의 눈과 바위로 된 칼날 능선으로 이루어져 있다. 또한 노턴의 루트를 따라간다 하더라도 피켈은 훨씬 더 필요할 것이다. 나는 단단한 설원과 그레이트 쿨르와르를 가로지르며 많은 스텝을 만들어야 했다. 또한 내가 그 옆쪽 쿨르와르에 도달했더라도 피켈은 똑같이 필요했을 것이다. 왜냐하면 마지막 피라미드 북벽에는 정상으로 이르기 위해서 가로지르거나 등반을 해야하는 상당히 큰 설원지대가 있기 때문이다. 설원지대를 가로지를 때의 유용성은 차치하더라도 내 경우 옐로밴드의 바깥쪽으로 경사진 바위 턱에서는 피켈이 내 세 번째 다리나 마찬가지였다. 맬러리와 같은 등반 능력을 가진 등산가라면 누구도 이처럼 성공에 결정적인 장비를 일부러 내려놓지는 않을 것이다.

그러면 우연히 장비를 떨어트렸다는 말인가? 만일 그렇다면, 등반조는 피켈이 발견된 지점과 그 능선 사이 어느 지점에 피켈을 떨어트렸을 것이고, 내려가서 되찾으면 그만인 단순한 문제였을 것이다.

가장 강력하게 지지할 수 있는 이론은 그 피켈이 그들이 미끄러진 현장을 표시하고 있다는 것이다. 그 지점에서 등반이 쉽기는 하지만, 일단 미끄러지면 자신을 제동할 수 없을 것이고, 등에 진 무거운 산소 장비 때문에 그럴 기회조차 없을 것이다. 옐로밴드의 보다 쉬운 바위지대에서조차 몸의 균형을 온전히 유지하는 것이 필수적인 것을 감안하면, 산소 장비가 이 재앙의 주 원인인 듯하다. 아마 이것이 거의 확실할 것이다. 둘은 로프를 함께 묶었을 것이다. 아마 맬러리는 등산 경험이 자신에게 못 미치는 동료와 로프를 함께 묶는 것이 그의 의무라고 생각했을 것이다. 비록 자신이 미끄러져 넘어지더라도 동료가 자신을 잡아줄 수 없다는 것을 잘 알고 있었을 것임에도 불구하고 … 부서진 바위들이 있고 그래서 아마도 더욱 힘들었을 북동릉 자락으로 나아가려고 그 바위지대를 횡단하고 있었을 것이다. 그때 그들 중 한 명이 미끄러져 넘어졌고, 또 다른 한 명이 본능적으로 자신의 피켈을 떨어트렸거나 혹은 내려놓고 동료의 추락을 제동하려고 양손으로 로프를 잡았을 것이다. 그는 실패했고, 로프에 딸려 내려갔을 것이다. 이것은 추상적인 이론이 아니다. 1934년 나는 두 명의 옥스퍼드대학교 재학생의 시신을 찾기 위해 몽블랑 남면에서 가이드 한 조와 등반을 한 적이 있다. 우리는 그들이 미끄러진 현장을 표시하는 피켈 한 자루를 발견했는데, 이것이 사고였구나 하고 직감했다. 그들이 미끄러진 곳은 에베레스트에서 피켈이 발견된 지점보다 훨씬 등반하기 쉬운 바위지대였다. 뒤따라가던 사람은 선등자가 미끄러지는 것을 제동하려고 피켈을 포기했을 것이고, 이어 로프에 딸려갔을 것이다.

논의의 여지가 있는 또 다른 점은 사고가 발생했을 때 그들이 등반 중이었는가 아니면 하산 중이었는가 하는 것이다. 만일 오델이 그들이 세컨드스텝 위에 있는 것을 보았다면 사고는 하산 중에 발생한 것이다. 그렇지만 세컨드스텝 아래쪽 능선의 등반 난이도와 세컨드스텝 자체의 엄청난 난이도를 감안하면, 사고는 등반 중에 발생했을 것이고, 이미 말한 대로[69] 퍼스트스텝 아래쪽 두 개의 돌출 오르막 중 하나에 그들이 붙어 있는 것을 오델이 보았다는 것이 훨씬 더 가능성이 있다. 이 이론을 지지할 경우, 퍼스트스텝은 능선에서 직접 돌파해야 할 곳은 아닌 것 같다. 지금까지 알려진 것처럼, 퍼스트스텝 남쪽은 순전히 얼음 비탈면이기 때문에 북쪽으로 그 스텝을 우회하는 것이 불가피해 보인다. 그 둘이 퍼스트스텝을 돌파하고 내려가는 중이었다고 가정하면, 그들이 북동릉 사면 매우 가까이서 횡단하고 있었다고는 믿기지 않는다. 게다가 맬러리는 옐로밴드(그 피켈이 발견된 지점 바로 아래)를 가로질러 아래쪽으로 대각선을 그리며 경사진, 노턴과 소머벨이 택한 그 루트를 잘 알고 있었을 것이 틀림없기 때문이다. 에베레스트에서 내려가는 등반조는 가능한 한 빨리 고도를 낮추는 데 관심이 있다. 맬러리와 어빈이 옐로밴드 아래쪽으로 내려가는 분명하고 빠른 루트가 그들 앞에 보이는데, 북동릉의 사면 위이거나 가까이서 거의 수평인 데다 지루하기까지 한 횡단을 계속했을 리는 만무해 보인다.

마지막 가정은 이렇다. 만약 그들이 노턴과 소머벨같이 북동릉의 명백한 어려움과 거의 수직인 세컨드스텝을, 해수면에 있다 해도 엄청난 문젯거리인데, 1924년 당시 장비의

---

69   326쪽 참조 {원주}

조잡함과 불편함을 감안하면 해발 8,500미터나 되는 곳에서는 등반이 거의 불가능한 대상인 그곳 절벽 위로 16킬로그램이나 나가는 산소 장비를 지고 올라가는 것은 불가능하다는 것을 알고 그 횡단 루트를 따라갔다면, 노턴과 소머벨처럼 내려갈 때 더 낮은 루트를 택해서 그 피켈이 발견된 지점 바로 아래쪽으로 지나갔을 것이다.

등산가들은 맬러리와 어빈이 에베레스트 정상에 도달했기를 바란다. 그렇지만 여러 사실이 이를 반증하고 있다는 것 또한 부정할 수 없다. 정말로 그 피켈이 사고가 일어난 현장을 표시한다면, 또 다른 흔적이 옐로밴드 아래쪽의 부서진 바위들과 눈, 무너져 내린 바위 부스러기로 된 비탈면에서 발견될 가능성이 있다.[70]

---

70 1999년 5월 1일 미국 산악인 콘래드 앵커가 이끄는 수색 원정대가 75년 만에 맬러리의 시신을 발견한 곳이 바로 이 근처였다. 『Fallen Giants』(하루재클럽) 서문 참조. (역주)

에베레스트에서 발견된 피켈

스마이드를 읽는 즐거움
오르고자 하는 열망과 동료애, 배려
그리고 자기 탐구의 기록

『꽃의 계곡』(하루재북클럽, 2016년, 김무제 번역) 이전에 국내에서 출간된 프랭크 스마이드의 작품으로는, 연대순으로 『山과 人生』(금문사, 1968년, 박성용 번역), 『산의 환상』(수문출판사, 1989년, 안정효 번역), 『산의 영혼(수문출판사, 1990년, 안정효 번역)이 있다. 그렇지만 이 네 권을 통해서는 스마이드를 제대로 알 수 없다. 왜냐하면 저자의 8천 미터 이상 고산 등반 모습이 빠져 있기 때문이다. 『山과 人生』, 『산의 환상』, 『산의 영혼』에는 등반보다는 산에 대한 개인적 감상과 철학적 생각이 주로 담겨 있고, 『꽃의 계곡』이 6,000 ~ 7,000미터 급 산에서의 등반 활동을 비교적 자세히 보여주고 있기는 하지만, 그래도 그것만으로는 저자의 고산 등반 활동을 제대로 알 수 없다. 『CAMP SIX』는 이런 부족한 면을 채워줄 수 있어, 독자들이 스마이드에 대한 균형적 시각을 갖는 데 큰 도움이 되리라 생각한다.

나는 이 책을 통해 당시 영국의 에베레스트 등반 과정을 엿볼 수 있어서 즐거웠다. 1933년 영국 에베레스트 원정대의 대원으로서 프랭크 스마이드는 산소, 프런트 포인팅 기술, 현대식 피켈, 아이젠조차 없이 에베레스트를 등반했다. 물론 저자가 이런 선택을 하게 되기까지는 당시의 등반 기술의 한계도 있었겠고, 개인적인 취향이나 등산 윤리 혹은 신념도 작용했겠지만, 어쨌든 그 결과 어려움이 어땠을지는 나름 짐작이 간다. 저자는 이런 어려움 — 당시 저자가 어려움으로 인식했는지는 모르겠지만 — 을 이 책에 자세히 기록했다. 역설적이고 미안한 이야기지만, 그래서 그의 기록을 읽는 즐거움은 그만큼 컸다. 게다가 기록이 지나치다 싶으리만치 자세해서 이 책을 읽다 보니 나도 모르게 고산 등반에 대한 많은 정보를 얻게 됐다. 물론 이런 정보가 요즘의 등반에 그대로 적용되는지는 모르겠지만, 기본적 내용은 큰 차이가 없으리라 생각된다.

높은 산이든 낮은 산이든 산은 변함없는 산 그 자체이지만, 산을 오르는 사람들의 기록은 모두 제각각이고, 저마다 제 인생을 살듯이 산을 오르지만 결국 우리는 자신만의 산을 오르는지도 모르겠다. 그런 면에서 모든 등반기는 자신에 대한 기록일 것이고, 그래서 같은 산의 등반기라도 읽을 때마다 늘 새롭고 흥미로울 수 있는 것 같다. 번역을 마치고 보니 에베레스트는 모르겠지만 이제 스마이드는 좀 더 알게 된 것 같다.

스마이드는 1930년 칸첸중가 등반에 이어, 1933년, 1936년, 1938년 영국 에베레스트원정대에 연속으로 참가했고, 히말라야 등반 개척기에 선구적인 역할을 한 산악인이다. 그는 산을 좋아했고, 또 늘 자유스럽게 산을 오르고 싶어 했다, 우리들처럼. 다만 좀 다른 것이 있다면 그는 늘 기록했다, 글이든 사진이든.

끝으로 히말라야 등반 기록의 고전이랄 수 있는 이 책이 출간되어 무척 기쁘고, 이 책을 읽으며 동서고금을 막론하고 변치 않는 산악인들의 동료애와 자기희생, 산을 오르고자 하는 열망을 다시 한 번 확인하게 되어 산을 좋아하는 한 사람으로서 매우 감격스럽다.

『CAMP SIX』의 번역본은 2000년 영국의 바턴 윅스 Baton Wicks와 미국의 더 마운티니어스The Mountaineers가 런던과 시애틀에서 동시에 출간한, 저자의 작품 모음집『FRANK SMYTHE—The Six Alpine/Himalayan Climbing Books』중에서 네 번째 작품인『Camp Six』를 사용했다.

2017. 8. 옮긴이 김무제